분노,
어떻게 다스릴 것인가

분노,
어떻게 다스릴 것인가

박찬욱 · 윤희조 기획, 한자경 편집 | 구병수 · 권석만 · 김광기 · 김문조 · 김호귀 · 정준영 집필

운주사

기획자 서문

분노를 잘 다스려 성숙하고 행복하게
살 수 있기를 기원하며

사람은 살아가면서 다양한 경험을 하고 그 경험들은 우리들의 마음에 흔적을 남깁니다. 매 순간 우리들은 지금까지 살아온 경험의 총체로서 상황에 반응하면서 마음에 새로운 변화를 일으킵니다. 그렇게 삶은 흘러왔고 흘러갑니다. 그 흐름 속에서 우리는 때론 즐거워하고 때론 괴로워합니다. 그 출렁임이 고만고만하기도 하지만 우리를 완전히 압도하기도 합니다.

사람들은 인생의 항로에서 종종 분노의 격랑을 만납니다. 분노 에너지는 매우 강력하여 잘 다스리지 않으면 자신의 삶을 구렁텅이에 빠트릴 뿐만 아니라 타인의 삶마저도 엉망으로 만듭니다. 성숙하고 행복한 삶을 살기 위해서는 삶 속에서 맞닥뜨리곤 하는 분노를 이해하고 다스릴 수 있는 지식과 기술을 배우고 익혀야 합니다. 그런 과정을 통하여 지혜와 자비의 힘이 커지고 부정적 에너지가 긍정적으로 전환됩니다.

이번 제15회 학술연찬회에서는 초기불교, 선불교, 사회학, 심리학, 서양의학, 한의학에서의 분노에 대한 관점들과 연구 결과들을 입체적으로 살펴봄으로써, 분노를 어떻게 다스려야 할지 파악해 보고자 합니다.

6

밝은사람들연구소는 2006년부터 매년 한두 차례 개최해온 학술연찬회에서 논의되는 내용을 '밝은사람들총서'로 출간하고 있으며, 2012년부터는 서울불교대학원대학교 불교와심리연구원과 공동 주최하고 있습니다. 학술연찬회와 밝은사람들총서 내용을 더욱 알차게 꾸리기 위하여 두 기관과 출판사 관계자들이 주제 선정 과정부터 머리를 맞대고 함께 고민하였습니다. 거의 1년에 가까운 준비 기간 동안 시간을 쾌척하시고 성심을 다해주신 성승연 교수님, 박성현 교수님, 정준영 교수님, 한자경 교수님, 김시열 사장님께 이 자리를 빌려 감사의 마음을 전합니다.

또한 주제 발표자로 확정된 이후 여러 준비 과정에 진지한 태도로 참여하시고, 각자 전문분야의 관점과 연구 성과를 일목요연하게 정리하신 정준영 교수님, 김호귀 교수님, 김문조 교수님, 권석만 교수님, 김광기 교수님, 구병수 교수님, 그리고 여섯 분의 주제발표 원고를 조율 정리하시고 학술연찬회 좌장 역할을 하시는 한자경 교수님께 진심으로 감사드립니다. 그리고 옥고를 단행본으로 출간해주신 운주사 김시열 사장님과 직원 여러분의 노고에도 감사드립니다.

특히 2006년 초 밝은사람들연구소 발족 이래 지금까지 불교와 사회의 상생적 발전을 촉진하는 연구소 사업을 물심양면으로 적극 지원해주고 계신 수불 스님과 안국선원에 깊이 감사드립니다.

일상에서 늘 행복하시길 기원하며

2016년 11월

박찬욱, 윤희조

분노, 왜 생기고 어떻게 다스려야 하는가

한자경(이화여자대학교 철학과 교수)

1. 분노에 찬 현대인과 현대사회

분노는 현재 상황이 맘에 들지 않는 불만과 불평과 증오가 부글거리는 내적 감정 및 그 표현을 말한다. 불만족스러운 현재 상황을 부정하고 파괴하고픈 마음인 분노는 흔히 폭언과 폭행 등 폭력으로 표출되며 극단의 경우 살인으로까지 이어질 수 있다. 분노는 밖으로 표출될 수도 있고, 안으로 향할 수도 있다. 분노가 밖으로 향해 타인이나 사회가 분노의 대상이 되면 그 분노는 폭력이나 살인, 테러나 전쟁 등으로 발전하게 되고, 분노가 안으로 향해 자신이 분노의 대상이 되면 그 분노는 자기부정과 자기파괴가 되어 우울이나 자해나 자살로 나아갈 수 있다. 이처럼 부정적이고 파괴적인 분노를 우리는 '화'라고도 부른다. 성냄, 화냄의 화는 불 화火에서 왔을 것이다. 불이 평생에 걸쳐 이룩한 소중한 자산과 삶의 터전을 이것저것 가리지 않고 모두 순식간에 태워 없애버리는 것처럼 내면의 불인 화는 그동안 공들여 쌓아온 일체 공덕을 순식간에 모두 소멸시켜버린다. 그만큼 분노는 맹목적으로 확산되면서 엄청난 파괴력을 가진다. 따라서 우리는 분노에 휩쓸리지 않고 분노를 슬기롭게 다스릴 방도를 묻게 된다.

　분노의 문제는 크게 두 차원으로 나뉜다. 첫째는 개인적으로 일어나는 사적 분노를 어떻게 다스릴 것인가 하는 문제이고, 둘째는 불의한 사회구조에 대해 일어나는 공적 분노, 공분公憤을 어떻게 다스릴 것인가 하는 문제이다.

　1. 사적 분노, 즉 나의 개인적 분노를 어떻게 다스릴 것인가?
　2. 공적 분노, 즉 불의한 사회구조에 대한 공분을 어떻게 다스릴 것인가?

　그런데 이 둘은 서로 밀접하게 연결되어 있으며, 실제 상황에서 이 둘을 분리하는 것은 쉽지 않다. 개인적 분노가 실은 장기간 축적된 공분의 폭발일 수도 있고, 공분을 표명한 분노가 실은 개인적 분노의 표출일 수도 있으니, 이것은 결국 개인과 사회가 하나로 엮여 있기 때문이다. 분노는 탐욕과 어우러져 일어난다. 탐욕이 넘치면 그 채워지지 않는 탐욕은 불만과 증오를 낳고 그로 인해 분노가 일어난다. 현대 자본주의사회는 인간의 무한한 욕망, 끝없는 탐욕에 의거해서 유지되는 사회이다. 탐욕이 커지는 만큼 채워지지 않는 공백은 불만을 낳고, 불만은 분노로 표출된다. 결국 현대사회는 탐욕을 부추기고 분노를 조장하는 사회이다. 자본주의사회가 분노의 사회가 되기 쉬운 것은 그것이 경쟁의 사회이고 빈익빈 부익부의 사회이기 때문이다. 경쟁은 기본적으로 다수의 패자와 소수의 승자를 만들어낸다. 패자로서 빈익빈을 경험하다보면 자신에 대한 불만과 타인 내지 사회에 대한 불만은 커질 수밖에 없고, 그처럼 자신에 대한 불만족과 사회에 대한 불만족은 결국 분노로 바뀌게 된다. 그래서 오늘날 많은 사람들은 가슴 속에 분노를 안고 살아간다. 가슴 속 분노는 언제 폭발할지 모르는 폭탄처럼 장착되어 있고, 거기 연결된 도화선은 사소한 부딪침, 평범한 눈길이나 우연한 말 한마디 손짓 하나만으로도 불붙기 시작하여, 끝내 엄청난 파괴력의 폭발로 이어진다. 오늘날 '분노조절장애'는 평범한 일상용어가 되었고, 그렇게 분노조절능력을 상실한 사람들이 도처에 폭탄처럼 존재한다. 결국 분노사회는 언제 어디서 폭발이 일어날지 모르는 불안사회, 서로가 서로를 신뢰하기 어려운 불신사회를 낳는다.

분노는 갈등과 대립, 충돌과 파괴를 낳기에, 우리는 분노를 극복하고 제거되어야 할 문젯거리로 여기게 된다. 분노를 내적으로 잘 다스리지 못하면 분노는 공격성으로 발전하고 결국은 상호충돌과 상호파괴로 끝나고 말기에, 그런 파국에 이르지 않도록 인간은 인내하고 기다리며 화를 가라앉히고 물러서기를 교육받아왔다. 불교의 인욕바라밀이나 기독교의 "누가 오른뺨을 때리거든 왼뺨도 내밀라"가 그렇다. 그러나 분노는 참고 누른다고 사라지는 것이 아니라, 오히려 누르면 누를수록 내면에서 더 강한 폭발력으로 응집되는 것인지도 모른다. 더구나 참으면 참을수록 외부로부터 압박해오는 분노 요인은 사라지기는커녕 오히려 점점 더 크게 늘어나며, 결국 참는 자의 파멸로 끝나는 것인지도 모른다. 그러므로 우리는 다시 묻게 된다. 분노는 과연 무엇인가? 분노는 왜 생기고, 우리는 분노를 어떻게 대해야 하는가?

2. 분노에 대한 다양한 태도

분노의 화는 불 화火와 통한다. 화火는 무엇이든 다 태우지만 그렇다고 그것이 단지 극복되거나 제거되거나 이 세상에서 사라져야 하는 것은 아니다. 긍정의 이면에 부정이 있듯, 부정의 이면에는 긍정이 있다. 불은 병균을 태우고 쇠를 녹이며 어둠과 냉기를 몰아내는 등 우리의 삶에 기여하는 바가 크다. 불은 파괴적이고 위험하지만, 그만큼 우리에게 필요한 것이기에 우리가 조심하며 안고 가야 할 것이지 치워버릴 것이 아니다. 그렇듯 분노 또한 그것이 아무리 위험하고 파괴적일지라도 그것이 우리 곁에 늘 머물러 있다는 것은 그만큼 그것이 우리 삶에 필요하다는 것을 말해준다. 분노는 삶에 어떤 역할을 하는가?

생명체는 자신의 기본적 욕구를 충족시켜줘야 자신의 생존과 안락을 보존하고 유지할 수 있다. 따라서 모든 살아있는 것은 본능적으로 자신의 욕구 충족을 방해하는 상대방에 대해 반감과 적대감을 느끼고 그것에 저항하기 마련이다. 분노는 자신의 욕망 성취를 방해하는 것에 대해 일어나는 적대 감정이며, 따라서 분노는 자신을 적으로부터 방어하고 보호하는 기제로 작동한다. 분노는 한마디로 자신의 생존과 안락을 지키기 위해 일어나는 자기 방어 본능이다. 생명체가 계속 살아남고자 한다면 이러한 생존차원의 분노, 생존전략으로서의 분노를 포기할 수 없다. 신체의 면역력이 몸 안에 침투된 병균에 저항함으로써 그 개체의 생명을 지켜주는 것처럼, 분노는 몸 밖에서 닥쳐오는 위험으로부터 개체의 생존과 안락을 지켜내기 위해 일어나는 불가피한 감정이다.

　이런 맥락에서 현대사회는 다른 감정과 마찬가지로 분노의 감정도 기본적으로 긍정하며, 과유불급의 적절성을 요구할 뿐이다. 다른 개인으로부터 나를 지켜내는 사적인 '방어적 분노'와 전체 사회로부터 나를 지켜내는 '공분公憤'을 모두 긍정한다. 사적 분노는 건강한 개체를 유지하기 위해 필요하고, 공분은 공정한 사회를 유지하기 위해 필요하다고 여기는 것이다.

　사적인 방어적 분노에 대한 긍정은 멀리 고대로부터 찾아볼 수 있다. 서양의 고대 아리스토텔레스는 분노를 단지 부정적으로만 보지 않고 자신에게 가해진 부당한 모욕에 대한 정당한 감정으로 설명한다. "분노는 자기 자신이나 자기와 가까운 사람들에게 가해진 부당한 모욕에 대한 복수의 욕망이다."[1] 따라서 분노할 만한 일에 대해 분노할 만한 사람에게 적당한 때에 적당한 만큼 분노하는 사람은 현명한 사람이고, 오히려 그렇지 못한 사람은 어리석은 사람이라고 평한다. 그는 "마땅히 화를 내야 할 일에 대해 화를 내지 않는 사람은 어리석은 사람이다. …… 자기 자신이나 자신의 친구들에게 가해지는 모욕을 참는 것은 노예적이다"[2]라고 말한다. 자기 자신과 주변 사람들의 생존과 안락과 명예를 지키기 위한 사적 분노는 마땅하고 정당한 분노라고 보는 것이다. 서양에서 17~18세기까지 개인적 결투가 명예로 받아들여지던 것은 이런 맥락에서 이해될 수 있다.

　반면 동양의 유학은 개인적인 사적 이익과 연관된 사적 분노에 대해서는 "마음에 분노가 있으면 그 바름을 얻지 못한다"[3]고 하여 비판적으로 본다. 그렇지만 사적 이익과 무관하게 옳지 못함을 보고 일어나는 소위 공분에 대해서는 그 분노가 마땅하다고 보며, 마땅히 화를 내어야 할 곳에서 화를 내는 것은 옳다고 본다. 유학은 그런 식으로 제어해야 할 사적 분노와 유지해야 할 공적 분노를 구분한다. 전자는 희·노·애·구·애·오·욕 7정情 중의 하나인 노이다. 분노의 노怒는 종 노奴에 마음 심心이 더해진 것으로 곧 노예의 마음을 뜻한다고 볼 수 있다. 주변 환경이나 자신의 사적 욕망에 이끌려 분노하는 것을 노예적이라고 본 것이며, 결국 분노를 스스로 주인이 되지 못하고 주변에 이끌려 다니는 비자립적 마음의 표현이라고 여긴 것이다. 이처럼 개인적 욕망에서 일어나는 사적 분노는 부정적으로 본다. 반면 공적 차원에서 정당하게 일어나는 화는 '수오지심羞惡之心'이라고 부른다. 수오지심은 사단四端의 하나이며 의義의 덕성에서 일어나는 감정으로, 불의한 자신을 부끄러워하고 불의한 남을 미워한다는 뜻이다. 공적 분노는 상황이 내게 불리하기 때문에 일어나는 화가 아니라, 상황이 옳지 못하기 때문에 일어나는 화이다. 그러므로 화내는 자는 화낼 자리에서 화를 낼 뿐 그 화를 다른 대상으로 옮기지 않는다. 공자는 "안회는 화를 옮기지 않는다(不遷怒)"[4]라고 하여 그를 높이 평가하였다. 분노해야 할 상황에서 분노해야 할 대상에 대해서만 분노하고 그 분노를 다른 사람에게 옮기지 않는 것은 그 분노가 사사로운 분심에서 일어나 마음을 어지럽히는 사적 분노가 아니고, 옳지 못함에 항거하기 위해 의도적으로 표출된 공적 분노이기 때문에 가능하다. 이처럼 유학은 개인적 이익과 무관하게 일어나는 공적 분노에 대해서는 긍정하였다고 볼 수 있다.

　그런데 불교는 분노에 대해 그것이 사적 분노이든 공적 분노이든 시종일관 비판적이다. 자기 자신의 생명을 지키기 위한 방어적 분노에 대해서조차도 불교는 인욕을 주장한다.

> 내가 그 옛날에 마디마디 잘려질 때, 만약 내게 아상·인상·중생상·
> 수자상이 있었다면 응당 분노와 미움을 일으켰을 것이다.[5]

자신의 생존과 안락이 위협당하여 방어적 분노가 일어날 만한 상황에서도 인욕바라밀을 닦아서 화를 내지 않았다는 것이다. 신체 할절割截을 당해도 분노하지 않고 인욕바라밀을 실행할 수 있는 것은 아상我相이 없기 때문이라고 설명한다. 그러나 만약 정신 나간 독재자에 의해 수많은 사람이 신체 할절을 당하고 있음을 목격한다면, 그때는 어떻게 하겠는가? 공분으로 그를 제거하고 죄 없는 사람을 구하는 것이 바람직하지 않겠는가? 그러나 이런 경우에도 불교는 다음과 같이 말한다.

> 분노는 분노로 다스려지지 않는다. 분노는 분노가 아닌 것(자비)에
> 의해 사라지니, 이것은 영원한 진리이다.[6]

이것은 공분을 비판하는 것처럼 보인다. 공분으로 그를 처치하지 않고 오히려 나의 분노를 다스리며 인욕만 닦고 있다면, 그로써 우리가 얻는 것은 결국 무엇이란 말인가? 이 때문에 우리는 묻게 된다. 불교가 너무 개인수행에만 몰두하고 사회적 공분에 대해 눈감고 있는 것은 아닌가? 일체 중생을 이고득락離苦得樂으로 이끌겠다면서 정작 무수한 중생을 처참한 고통으로 몰아넣는 불평등하고 정의롭지 못한 사회구조에 대해서는 수동적 순응을 가르치는 것은 아닌가? 그것이 아니라면,

위의 구절이 의미하는 바는 무엇인가? 불교는 과연 인간의 분노를 무엇으로 이해하고, 분노에 대해 어떤 답을 주고 있는가? 분노에 빠진 우리 현대인과 현대사회에 불교가 해줄 수 있는 말은 과연 무엇인가?

3. 불교에서 분노의 이해

1) 분노의 발생 구조

분노는 정확히 무엇을 의미하는가? 분노는 ①불만족과 불쾌의 느낌인가? ②특정 대상을 싫어하거나 미워하는 적의나 혐오의 감정인가? 아니면 ③현재 화가 일어나고 있지 않아도 마음속에 내재된 화의 잠재적 성향을 말하는가? 일상적으로 분노라는 개념이 이 셋을 모두 아우르며 사용되기는 하지만, 불교는 이 셋을 정확히 구분하며 이 셋의 얽힌 관계를 풀어낸다.

①불만족과 불쾌의 느낌은 느낌 수受 중 고수苦受에 해당하고, ②적의나 혐오의 감정은 증憎인데, 불교는 애와 증을 묶어서 애愛라고 부른다. ③화내는 성향은 근본번뇌인 탐·진·치 중 하나인 진심瞋心에 해당한다. 위의 도표는 느낌에서 감정으로, 수에서 애로 나아가는

것은 탐심과 진심의 근본번뇌가 작동함으로써 비로소 가능하다는 것을 표현한 것이다.

여기서 진심은 화의 느낌이나 감정이 현재적으로 일어나고 있지 않아도 이미 마음속에 내재되어 있는 화의 잠재적 성향을 말한다. 성향은 한 개인이 과거 화내는 경험을 많이 하다보면 그 경험이 습관이 되고 버릇이 되어버린 기본 성품 내지 성향일 수도 있고, 또 한 개인을 넘어 인류의 경험이 축적되어 유전자에 새겨지는 소위 진화를 거쳐서 얻어진 성향일 수 있다. 성향은 이런저런 환경과 조건에 의해 특정한 감정으로 표출된다. 불교는 이런 잠재적 성향을 '번뇌'라고 부르며, 인간의 대표적 근본번뇌를 탐·진·치 셋으로 설명한다. 탐은 탐욕, 진은 분노, 치는 어리석음이다. 이 셋을 인간의 삶을 고통스럽고 힘들게 만드는 근본번뇌라는 의미에서 3독심毒心이라고도 부른다.

근본번뇌: 3독심毒心
1. 탐(貪, rāga): 탐욕
2. 진(瞋, dosa): 번뇌(잠재적 성향)로서의 분노
3. 치(癡, moha): 어리석음

느낌에서 감정으로, 수受에서 애愛로의 이행은 불교 12지 연기 중의 일부이다. 12지 연기는 앞의 항을 조건(연)으로 해서 그 다음 항이 일어나게 되는 연기관계를 밝힌 것이다.

무명無明 → 행行 → 식識 → 명색名色 → 육입처六入處 → 촉觸 →
수受 → 애愛 → 취取 → 유有 → 생生 → 노사老死

여기에서 다른 항목들은 모두 전항의 결과로서 자동 결정되는 데
반해, 수에서 애로의 이행은 그렇지 않다. 우선 느낌은 어떻게 해서
일어나는가? 세포가 세포막으로 둘러싸여 있듯이 나는 **명색名色**, 즉
색·수·상·행·식 5온蘊의 막인 벽에 싸여 있다. 이 벽이 바로 나와
너, 나와 세계를 가르는 벽이다. 벽 안쪽의 나를 구성하는 것이 5온이고,
이것은 곧 안·이·비·설·신·의 6근根, 즉 육입처六入處이다. 나와 세계
는 이 벽에서 서로 부딪치게 된다. 벽 안의 근根과 벽 밖의 대상인
경境, 그리고 그 둘을 포괄하는 마음인 식識, 이 근·경·식 3사事가
함께 부딪침이 **촉觸**이며, 이 촉으로 인해 느낌인 **수受**가 일어난다.
느낌은 나의 벽에 부딪치는 경이 내게 수순하는 것인가 거스르는 것인가
에 따라 다를 수밖에 없다. 수순하는 경계상은 내게 즐거운 느낌인
락수樂受를 일으키고, 반대로 거스르는 경계상은 내게 괴로운 느낌인
고수苦受를 일으키며, 특별히 거스르지도 않고 수순하지도 않는 경계상
은 내게 고도 아니고 락도 아닌 느낌인 **사수捨受**를 일으킨다.

느낌:
1. 락수(樂受, sukha)
2. 고수(苦受, dukkha): 불쾌와 불만족의 느낌
3. 사수(捨受, upekkha)

우리는 일상적으로 고락의 느낌에 따라 락수를 일으키는 대상을 좋아하고 고수를 일으키는 대상을 싫어하는 애·증의 애愛를 일으키며, 나아가 좋아하는 대상을 취하고 싫어하는 대상을 멀리하려는 취·사의 취取의 분별을 행한다. 따라서 우리는 대개 느낌(수)에서 감정(애)으로의 이행을 필연적이라고 생각하지만, 불교는 수에서 애로의 이행이 필연적 연결이 아니라고 밝힌다. 수는 수동적 느낌인데 반해 애는 능동적 업業 지음이며, 이 수에서 애로 나아가게 하는 것이 바로 탐·진의 근본번뇌이다. 탐·진에 입각하여 애·취의 행行으로 업을 쌓으면 그 업력이 결국 다음 생을 이끌어오는 에너지로 유有가 되며, 그로 인해 생生과 노사老死의 삶이 반복된다.

탐심과 진심은 오온의 벽을 중심으로 작동한다. 오온의 벽은 나와 너, 나와 세계를 가르는 경계선이다. 그 선을 밀어내어 나의 영역을 확장하고자 남을 공격하는 성향이 탐심이고, 남으로부터 공격받아 선에서 밀려나는 것을 싫어하는 성향이 진심이다. 그러나 나와 너의 경계선은 고정적으로 정지해 있지 않고 항상 출렁인다. 나를 확장하고자 하는 탐심이 작동하므로 내가 공격받는다는 진심이 일어나게 되고, 내가 공격받는다는 진심이 일어나므로 다시 나를 확장하고자 하는 탐심이 일어난다. 그렇게 탐심과 진심은 서로 불을 지핀다. 그 경계선을 타고 나와 너는 탐심과 진심으로 얽혀 있다. 나의 탐심은 너의 진심을 불러일으키며, 그렇게 우리는 서로 갈등과 폭력에 빠져든다.

불교는 이러한 탐심과 진심은 근본무명인 치심癡心에 근거해서 작동하는 번뇌라고 논한다. 나를 확장하고 나를 지키고자 하는 탐·진의 번뇌는 나와 너를 가르는 경계선이 고정되어 있다는 망견妄見, 나와 너가 각각 별개의 실체로 존재한다는 아상我相과 아집我執에서 비롯된다. 경계선은 인연 따라 출렁이며 나와 너 또한 인연 따라 모였다 흩어지는 가假의 존재이다. 그래서 불교는 끊임없이 오온은 고苦이고 무상無常이며 무아無我라는 것을 논한다. 이 무아를 알지 못하는 것이 무명無明, 즉 치癡이다. 탐심과 진심은 무아를 모르고 현재의 오온을 나로 알고 그 나를 지키고자 하는 번뇌, 곧 무명에서 비롯된 번뇌이다. 삶이 반복되는 윤회의 연기 고리는 이 무명에서 비롯된다. 무명은 12지 연기에서 가장 먼저 등장하는 항이다.

무명 → 행 → 식 → 명색 → 육입처 → 촉 → 수 → 애 → 취 → 유 → 생 → 노사
　↑　　　　　　　　　　　　　　　　　　　락·고 ↑ 애·증
　치　　　　　　　　　　　　　　　　　　　　탐·진

　이상과 같이 불교는 현재 순간 불같이 일어나는 분노의 감정이 얼마나 깊은 번뇌의 뿌리를 가지고 있는지, 그리고 그 번뇌 속에서 우리 모두가 얼마나 복잡하게 서로 얽혀 있는지를 밝힌다. 이에 근거해서 불교가 왜 분노의 직접적 표출보다는 인욕을 강조하는지, 왜 공분보다는 자비의 실천을 말하는지를 논해보도록 한다.

2) 분노의 표출 대신 분노의 알아차림을 강조하는 이유

우리는 불쾌하고 불만족스런 느낌을 주는 대상을 본능적으로 싫어하고 미워하며, 따라서 나를 기분 나쁘게 만드는 자는 곧 나의 분노의 대상이 된다. 우리는 그렇게 느낌에서 감정으로, 수에서 애로 자동으로 이행해 간다. 그러나 불교는 그 이행이 필연적인 것이 아니며, 그 사이에

탐·진의 번뇌가 작동하고 있음을 밝힌다. 자신 안의 그 탐·진의 번뇌를 그대로 따르는 자가 범부이고, 자신 안의 그 탐·진의 번뇌를 덜어내고자 노력하는 자가 수행자이다.

어리석고 무지한 범부는 고·락·사의 느낌을 낸다. 지혜롭고 거룩한 제자도 고·락·사의 느낌을 낸다. 그럼 어떤 차이가 있는가? …… 어리석고 무지한 범부는 몸의 촉으로 느낌이 생기고 고통이 더해 목숨까지 빼앗기게 되면 슬퍼하고 원망하며 울부짖고 통곡하여 마음에 광란이 일어난다. 이는 두 가지 느낌을 증장시키는 것이니, 신수와 심수가 그것이다. 비유하면 두 개의 독화살에 맞은 것과 같다. 밝게 알지 못하기에 락수의 촉으로 인해 락수를 받으면 탐욕 (탐)의 사자의 부림을 받고, 고수의 촉으로 인해 고수를 받으면 성냄(진)의 사자의 부림을 받고, 사수가 생기면 어리석음(치)의 사자의 부림을 받는 것이다. 탐·진·치에 매어 생로병사 및 슬픔과 번뇌에 매이게 된다. 반면 지혜로운 거룩한 제자는 몸의 촉으로 인해 고수가 생기고 큰 고통이 닥쳐 목숨까지 빼앗기게 되어도 슬퍼하고 원망하거나 울부짖고 통곡하며 마음의 광란을 일으키지 않는다. 신수의 한 가지 느낌만 생기고 심수를 일으키지 않는 것이다. 비유하면 하나의 독화살을 맞아도 두 번째의 독화살은 맞지 않는 것과 같다. 락수가 있어도 탐욕에 물들지 않고, 고수에 대해서도 성내지 않고, 사수에 대해서도 어리석음의 사자에 부림을 당하지 않는다.[7]

여기에서는 "고통이 더해 목숨까지 빼앗기게 되면" 범부는 탐·진·치로 인해 마음의 광란이 일어나고, 수행자는 그렇지 않다고 말한다. 모든 생명체는 본능적으로 자기 자신의 생존을 위해 탐·진의 번뇌를 놓을 수 없으므로 마음의 광란이 일어나는 것은 어쩌면 당연할 것이다. 그러므로 그렇지 않은 자를 범부가 아닌 수행자라고 한 것이다. 그러나 위의 비유의 핵심은 수행자로서 죽도록 인욕하라는 데에 있지 않다. 오히려 일반 범부가 자신의 고통과 분노와 번뇌를 덜어가는 수행의 첫걸음을 제시하는 데에 있으며, 이를 위해 두 개의 화살을 비유한 것이다. 첫 번째 화살은 바깥으로부터 닥쳐오는 고·락·사의 느낌인 신수身受에 해당하고, 두 번째 화살은 그것으로 촉발되어 나 자신의 탐·진·치 번뇌에 이끌려 일어나는, 슬퍼하고 원망하며 통곡하는 마음의 광란인 심수心受에 해당한다.

신수: 고·락·사 ──────▶ 심수: 원망 통곡 = 애 → 취

(제1화살)　　　　　　 ↑　　　(제2화살)

탐·진·치

비유가 말하고자 하는 것은 우리가 흔히 수동적으로 당하는 것이라고 여기는 고통의 느낌, 그리고 그 느낌이 당연히 불러일으킨다고 여기는 분노의 감정 중 많은 부분은 실제 자기 자신이 산출한 허구의 느낌이고 허구의 감정이라는 것, 자신의 탐·진의 번뇌에 의해 부풀려진 과잉 느낌이고 과잉 분노라는 것이다. 첫 번째 화살 이후 두 번째 화살은 실은 내가 쏜 화살이며, 결국 내가 쏘지 않으면 맞지 않아도 되었을

잉여 고통이고 잉여 분노인 것이다.

분노를 느낄 때 우리의 마음은 오직 분노의 대상으로만 향해 있다. 분노는 불쾌하고 불만족스러운 고수를 안겨준 그 대상에 꽂혀 있다. 따라서 우리는 분노의 원인을 바로 그 대상일 뿐이라고 생각하고, 내 마음의 분노는 그로 인한 필연적 결과라고 생각한다. 반면 불교는 분노의 대상은 나의 진심을 건드린 촉매역할만 할 뿐이고 분노의 더 깊은 원인은 바로 나 자신의 진심이라고 말한다. 분노는 내 안에 장착된 폭탄의 폭발이지 상대가 만들어낸 것이 아닌 것이다. 분노는 내가 나 자신의 탐·진의 번뇌에 가려 있기에 상대의 의도를 오해하거나 상대의 처지를 제대로 고려하지 못한 탓일 수도 있다. 나의 아상 때문에 나 스스로 나의 상황을 있는 그대로 보지 못하고 상대에게도 있는 그대로 드러내지 못한 탓일 수도 있다. 분노는 나를 괴롭히는 상대를 이기고 제거한다고 사라지는 것이 아니라, 내 안의 진심의 번뇌가 사라져야 비로소 사라질 수 있는 것이다.

불교가 이처럼 자신의 내면에 주목하는 것은 첫 번째 화살의 아픔을 제외한 나머지 고통은 실제 나 스스로 만든 과잉 고통이고 과잉 분노이기 때문이다. 과잉이고 잉여이기에 나 스스로 극복할 수 있다. 내 안에서 타오르는 분노가 나의 번뇌가 일으키는 분노라는 것, 나의 탐·진 번뇌의 연료를 태우며 일어나는 불길이라는 것을 알아차리는 순간, 나는 분노의 연료 공급을 멈추어 그 불길을 잠재울 수 있다. 그러므로 불교는 분노를 확산하지도 말고 도피하지도 말고 분노를 있는 그대로 주시하고 알아차리라고 말한다. 분노에 휩쓸리지 않고 주시하면서 그 분노의 뿌리까지 살펴보라는 것이다.

분노를 있는 그대로 알아차리는 것은 알아차림의 사띠(sati) 수행인 사념처관四念處觀에 해당한다. 불교의 신·수·심·법 사념처 수행은 일단 몸과 느낌과 마음을 그 자체로 알아차리고자 한다. 내 몸이 무엇을 느끼고 내 마음이 무엇을 느끼는지를 정확히 분별해야 어디까지가 첫 번째 화살 때문이고 어디서부터가 두 번째 화살 때문인지, 어디까지가 어쩔 수 없는 결과이고 어디부터가 피할 수 있는데도 스스로 알지 못해 떠안은 잉여 고통이고 잉여 분노인지를 알아차리게 된다. 알면 넘어설 수 있다. 나로 인해 일어난 것은 결국 나에 의해 극복될 수 있기 때문이다.

이처럼 불교에서 분노는 불쾌하고 불만족스러운 느낌에 자극받아 내면에 있던 화의 잠재적 성향인 진심이 불같이 일어나 남을 미워하고 혐오하는 적대적 감정으로 번진 것이다. 고수를 연해서 진심에 이끌려 분노로써 남을 미워하고 폭력을 행사하는 악업을 지으면, 그로 인해 나의 번뇌가 더 커지고 결국은 더 큰 고통의 세계인 3악도에 떨어지게 된다. 따라서 불교는 분노의 직접적 표출에 앞서 분노를 알아차리고, 알아차림으로써 멈추기를 권하는 것이다.

3) 공분 대신 자비를 강조하는 이유

분노는 탐·진의 번뇌 위에서 일어나고, 탐·진의 번뇌는 다시 치癡의 번뇌, 즉 어리석음 내지 무명에 근거해서 일어난다. 5온의 나는 인연 따라 화합한 가아假我이며 상일주재常一主宰의 자아는 존재하지 않는다는 무아無我를 모르는 치심으로부터 일어나는 것이다. 내가 지키고 고수하고자 하는 나의 경계, 나의 벽이 고정적이지 않다는 것, 그

벽을 따라 내가 행하는 자타분별과 주객분별은 표층의식에서의 허망분별일 뿐이고 심층에서는 너와 내가 하나의 에너지로, 하나의 파동으로 함께 공명하는 존재라는 것을 알지 못하는 것이 어리석음, 치 번뇌이다.

'나'라는 것은 연기緣起 따라 형성된 일시적 현상이며 근본에 있어 나와 너, 나와 세계는 분리된 각각의 실체가 아니라는 무아의 깨달음을 통해 수행자는 아상我相을 버린다. 아상이 없다는 것은 곧 나와 너 사이에 벽을 두지 않는다는 것이다. 나와 너를 가르는 벽이 없으므로 탐심과 진심이 없게 된다. 그래서 석가모니가 전생에 신체 할절을 당해도 분노하지 않았던 것은 아상·인상·중생상·수자상이 없었기 때문이라고 말한다. 이것은 물론 수행이 완성된 부처의 경지에서나 가능한 이야기일 것이다.

그렇다면 아직도 나와 너를 가르는 자아의 벽을 갖고 사는 일반 범부에게 무아가 말해주는 것은 무엇일까? 무아라는 것은 일체가 연기緣起로 상의상관성에 있다는 것을 말한다. 불교는 "업과 보는 있지만, 업 짓는 자는 없다"[8]고 말한다. 무아이기 때문에 모든 업은 개별 자아인 내가 단독으로 짓는 것이 아니라 모두가 하나로 어우러져 함께 짓는 것이다. 즉 모든 업은 공업共業이다. 개별 자아가 홀로 고립되어 단독으로 짓는 업은 없다. 그리고 업이 공업이라는 것은 곧 그 업의 결과인 보報 또한 공보共報라는 것을 말해준다. 선업락과善業樂果 악업고과惡業苦果에서 선업이나 악업이 개별 자아의 업이 아니라 우리 모두가 함께 짓는 업이듯이, 그 업으로 인한 보報인 락과나 고과 또한 개별 자아 각각에게 돌아갈 각 개인의 보가 아니라 사실은 우리 모두가 함께 누리고 함께 짊어져야 할 공동의 보이다. 업으로 인한 고와 락은

각자의 몫이 아니라 모두 함께 짊어져야 할 공통의 고이고 공통의
락인 것이다. 만일 누군가 고통받고 있다면, 그것은 우리 사회가 고통스
런 사회이기 때문이며, 그런데도 그 속에서 내가 고통받고 있지 않다면
그것은 누군가 그 고통을 대신 짊어지며 대속代贖하고 있기 때문이다.
우리 중생의 삶은 그렇게 서로 얽혀 있고 서로 빚지고 있다.

우리는 이미 우리 모두의 상호의존성과 상호 얽힘을 알고 있으며,
공업과 공보의 원리도 직감하고 있다. 우리는 기본적으로 모두가 평등
하다는 것, 따라서 락과 고의 치우친 분배는 정당하지 않다는 것,
거기에는 인위적 왜곡과 조작이 작용했으리라는 것을 직감적으로 안
다. 그러므로 우리는 사회구조가 고와 락을 편향되게 배분하는 부당한
틀로 짜여 있음을 알게 되면 본능적으로 분노한다. 나를 괴롭히는
특정인뿐 아니라 그런 괴롭힘을 가능하게 하는 사회 전체를 향한 공분이
일어난다. 생명의 평등을 아는 일반 범부는 공분할 줄 안다. 공분은
나의 이익이 특정 개인을 넘어 그보다 더 큰 집단이나 사회 전체에
의해 구조적으로 침해당한다고 느낄 때 일어나는 분노이다.

불교는 모든 생명체가 공업과 공보로 얽혀 있음을 알기에, 생명은
모두 존귀하며 인간은 근본적으로 평등하다고 주장한다. 마지막 지옥
중생 한 명까지도 구제하리라는 보살 정신은 어느 누구도 고통으로
분노하여 악업을 짓는 일이 없는 그런 평등한 공동체를 이루리라는
서원이다. 그만큼 불교가 지향하는 사회인 불국토는 모두가 평등하고,
따라서 평화로운 공동체를 뜻한다. 그런 평등사회를 지향하는 한,
보살은 구성원에게 고통과 분노를 유발하는 부당한 사회구조에 저항하
며 고통받는 마지막 중생 한 명도 저버리지 않고 모두를 이고득락離苦得

樂으로 이끄는 노력을 계속할 것이다.

그런데 불교는 그러한 이상적 평등사회인 불국토로 나아가는 힘은 분노가 아니라 자비여야 한다고 말한다. 불평등한 사회구조를 변혁시키고자 하는 바람이 내가 그 구조로 인해 받은 불이익이나 부당한 고통, 그리고 그로 인한 분노 때문이라면, 그 분노는 결국 나의 이익을 증대시키고 더 많은 락을 얻으려는 탐욕과 맞물려 있기 마련이다. 나와 너가 탐욕과 분노, 탐·진의 번뇌 차원에서 만난다면, 그 부딪침에서의 갈등과 투쟁은 멎을 날이 없을 것이다. 일단 탐·진에 몸을 맡기면 인간은 여타 동물과 달리 욕망의 적정선을 유지할 수 있는 자연적 본능을 잃어버려 그 탐욕에 끝이 없다. 누군가의 욕망의 무한확장을 다른 누군가의 분노의 불로 조절하려는 것은 항상 더 큰 욕망, 더 큰 분노, 더 큰 불을 불러일으켜 결국 모든 것을 모조리 태워버리는 공멸共滅로 끝나고 말 것이다. 곡괭이를 넘어 화살로, 총을 넘어 대포로, 그리고 결국은 핵폭탄으로 나아갈 만큼 인간은 그렇게 무모한 존재이다.

일체 중생의 이고득락을 지향하는 보살의 마음은 자기 자신의 이익을 위한 탐·진의 번뇌에서 일어나는 마음이 아니다. 그것은 진심瞋心이 표출되는 '분노'의 마음이 아니므로 '공분'이라고 불러서는 안 된다. 불평등한 사회구조 안에서 부당하게 피해 받음으로써 일어나는 분노의 마음과 불평등한 사회구조가 모두를 고통과 악업으로 몰아넣고 있음을 가슴 아파하는 마음은 서로 다른 차원의 마음이다. 전자는 구조 안에서 일어나는 일차적 감정이고, 후자는 구조 밖에서 구조를 바라봄으로써 일어나는 이차적인 메타-감정이다. 보살의 마음은 자타분별을 넘어선 메타 차원에서 타인의 고통에 공명하고 공감하는 자비慈悲의 마음이다. 부당하게 남을 해치는 사람을 보면 보살은 당연히 그 행위를 저지하겠지만, 그것은 가해자에 분노해서가 아니라 가해자와 피해자 둘 다에 대한 자비심 때문이다. 가해자가 그 악업을 통해 받을 고통이 가슴 아프기 때문이고, 피해자가 현재 받는 고통뿐 아니라 그 고통으로 인해 분노하여 가해자를 증오하는 악업을 지어 또 다시 받게 될 고통이 가슴 아프기 때문이다. 결국 악업은 고통을 낳고 고통은 분노를 낳고 분노는 다시 또 악업을 낳는 순환이 반복될 것이고, 그 과정에서 고통은 눈덩이처럼 불어날 것이다. 그 업보의 연결에서 나와 너, 개인과 사회는 분리되지 않은 채 한데 얽혀 있다. 보살은 그렇게 고통받는 일체 중생을 자기 자신과 하나로 아는 자비의 마음을 갖고 마지막 지옥중생 하나까지도 저버리지 않는 존재이며, 불교는 그러한 보살을 지향한다.

이처럼 불교는 사회적 부정의와 불평등에 대해서도 공분이 아니라 자비를 주장한다. 아상과 아집의 탐·진 번뇌에 입각한 분노가 아니라 무아와 아공의 깨달음을 통해 탐·진·치의 3독심이 제거된 자비의 마음만이 진정으로 평등한 사회, 모든 생명체가 다함께 공생共生하며 공락共樂을 누릴 수 있는 평등사회의 초석이 되기 때문이다. 공분이 아닌 자비를 말하는 것이 불평등한 사회구조를 묵인하고 수용하며 인내하라는 뜻은 아니다. 그것을 수정하고 변혁시켜 일체 중생이 이고 득락할 수 있는 길로 나아가되, 그런 일을 행하는 마음이 분노에 사로잡힌 마음이 아니라 자비에 찬 마음이어야 한다는 것이다. 남의 고통에 공감하면서 그 고통을 덜어주고자 하는 마음은 자비이고 연민이다. 공정한 사회구조의 불국토를 이루고자 하는 마음 또한 자비의 마음이어야지, 고통을 주는 자를 응징하려는 분노의 마음이어서는 안 된다는 것이다. 이처럼 불교는 어떤 경우에도 분노를 긍정하지 않는다. 분노는 탐·진·치 3독심에 근거한 마음이기 때문이며, 분노보다 더 거룩한 것이 자비이기 때문이다.

이와 같은 분노의 이해에 입각하여 불교는 개인적인 사적 분노에 대해서는 직접적인 분노의 표출보다는 분노를 알아차림으로써 분노를 가라앉히기를 권한다. 그리고 사회적인 부정의에 대해서도 무명과 탐·진에 근거한 분노가 아니라, 무아의 깨달음에 근거한 자비의 실천을 권한다. 이것은 불교가 인간에게 탐·진·치 3독심을 제거하여 자타불이를 실천하는 보살의 삶이 가능하다고 보고, 그러한 보살의 자비심에 입각한 평등한 불국토의 건립이 가능하다고 보기 때문이다.

이상은 분노를 주제로 한 권의 책을 엮어내면서 편집자의 관점에서 분노에 대한 생각을 정리해본 것이다. 이는 어디까지나 서문에 해당하며, 각 분야에서 분노가 구체적으로 어떻게 이해되고 있는지는 본론에서 각 분야의 전문가들이 본격적으로 밝혀줄 것이다. 이하에서는 본론에서 논의될 내용을 편집자의 관점에서 간략히 정리해본다.

4. 각 분야에서 분노의 이해

1) 초기불교에서의 분노: 정준영

초기불교에서의 분노를 다루는 정준영은 불교는 열반을 목표로 하며 열반은 곧 탐·진·치 3독심의 소멸이라는 것, 분노는 바로 이 진瞋, 즉 성냄에 해당한다는 것을 밝힌 후, 초기경전에 나타나는 분노의 다양한 종류와 의미를 해명하고 그러한 분노에서 벗어나는 구체적 방법들을 논하며, 이어 석가가 과연 분노한 적이 있는가를 검토한다.

그는 초기경전에 등장하는 '성냄'에 해당하는 단어 23가지가 각각 어떤 문맥에서 어떤 의미의 성냄으로 사용되고 있는지 그 미세한 차이들을 경전을 직접 인용하면서 세밀하게 밝히고 있다. 23가지 성냄의 의미를 논한 후 그가 본문에서 도표화한 내용을 위의 편집자 서문과 연관 지어보면 다음과 같이 정리될 수 있을 것이다.

①안아따마나(anattamanatā) → ② ┌ 1. 빠띠가(paṭigha): 적의 - 수동적 분노
　마음의 언짢음과 불만족　　↑ 　└ 2. 위야빠다(vyāpāda): 악의 - 능동적 분노

　　　　　　　③도사(dosa)
　　　　　　　분노적 번뇌

안아따마나는 이익을 얻지 못하는 불만족스러운 마음상태이며, 이것으로 인해 도사의 분노가 작동하게 된다. 도사는 모든 분노의 근원지이며, 이 도사가 빠띠가와 위야빠다로 확장되어 표출된다. 정준영은 빠띠가의 예로 공격받은 코브라가 자신을 보호하고자 목을 빳빳이 세워 경고하는 것을, 위야빠다의 예로 맹수가 먹이를 얻고자 상대를 공격하는 것을 제시한다. 빠띠가는 수동적인 '방어적 분노', 위야빠다는 능동적인 '공격적 분노'를 뜻한다. 위야빠다는 마음의 평정을 장애하는 5개蓋 중의 하나이기도 하다.

이어 분노를 다스리는 방법으로 정준영은 사띠(sati)와 아누빠사나(anupassanā), 그리고 사무량심을 제시한다. 사띠는 념念으로 '알아차림'을 뜻하고, 아누빠사나도 '따라보다', '관찰하다', '분명하게 알다'의 의미를 가진다. 분노의 순간 그 분노의 감정에 점점 더 깊이 침몰하지

않고 그 분노로부터 벗어나는 길은 자신이 분노하고 있음을 스스로 알아차리고 주시하고 관찰하는 것이다. 대개 분노가 일어나면 마음은 분노의 대상으로만 향하게 되며, 대상은 나의 통제 밖에 있으므로 결국 나는 나의 분노를 벗어나기 어렵다. 그러나 분노의 순간 자신이 분노하고 있다는 사실을 알아차리면 그 분노로부터 벗어날 수 있는 길이 열린다. 즉 분노의 대상으로부터 시선을 되돌려 분노하고 있는 자신의 마음을 대상으로 보게 되면 스스로 마음을 통제함으로써 마음의 분노도 가라앉히고 극복할 수 있다는 것이다. 분노를 다스리는 또 다른 방법은 사무량심이다. 불교에서 성냄은 성냄으로써 극복될 수 있는 것이 아니라, 성냄 아닌 자비로써만 극복될 수 있음을 강조한다.

끝으로 정준영은 '붓다의 분노' 장에서 초기경전 중에 붓다가 분노한 사례를 찾아볼 수 있는지를 검토해보고, 그런 경우는 없다고 말한다. 붓다가 제자들을 야단치는 것이 마치 분노한 것처럼 보일 수도 있지만, 그것은 제자를 그 근기에 맞춰 꾸짖고 혼내는 것이지 분노하는 것은 아니라는 것이다. 상대를 교육하기 위해 혼을 내는 것은 상대를 아끼고 배려하는 자비의 표현이지, 상대를 미워하는 진심瞋心에서 표출되는 분노가 아니다. 붓다는 탐·진·치 3독을 극복한 무학無學의 각자覺者이며, 따라서 그 마음 안에는 진심이 남아 있지 않고 분노도 일어나지 않는다.

2) 선불교에서의 분노: 김호귀

김호귀는 선종에서 분노가 어떤 의미로 이해되고 있는가를 크게 세 차원으로 구분해서 논한다. 첫째는 일반 범부들이 느끼는 '중생적 분노'로서 탐심貪心과 치심癡心과 함께하는 진심瞋心의 분노이고, 둘째는 깨달음을 추구하는 선 수행자가 느끼는 '향상적 분노'로서 신심信心과 의심疑心과 더불어 일어나는 분심憤心의 분노이며, 셋째는 수행이 완성된 보살이 느끼는 '초월적 분노'로서 중생구제를 위한 선교방편으로서의 이타利他의 분노이다.

1. 범부의 중생적 분노: 탐·진·치 3독심 중의 진심瞋心 – 어떻게 극복할 것인가?
2. 선사의 향상적 분노: 대신심·대의심과 함께하는 대분심大憤心 – 어떻게 활용할 것인가?
3. 보살의 초월적 분노: 회향하는 선교방편으로서의 분노 – 어떻게 실천할 것인가?

중생적인 분노에 대해 김호귀는 우리가 그 분노를 어떻게 극복해야 하는지를 논한다. 중생적 분노는 3독심의 번뇌에 근거하여 일어나는 분노인 만큼 그것을 극복하기 위해서는 일단 분노를 느끼는 자아가 공空이며 분노 또한 실체가 없는 공이라는 것을 자각함으로써 무집착의 마음을 얻는 것이 중요하다. 공의 자각과 무아의 터득을 통해 아상·인상·중생상·수자상이 멸하면 인욕바라밀이 가능해지며 따라서 분노를 극복하게 된다. 그는 이러한 경우를 달마의 보원행報冤行으로 설명한다. 불법을 전파하기 위해 중국에 온 달마가 당시 교학자들로부터 목숨까지 위협받는 수많은 해코지를 당했지만 그는 철저한 반야공관에 입각해서 그들을 미워하거나 분노하지 않고 자비행을 베풀었다는 것이다.

선 수행에 있어서 분노는 단지 극복대상이 아니라 오히려 수행정진을 위해 활용된다. 진여심과 중생심, 지혜와 번뇌가 둘이 아니기에 번뇌를 뒤집어 지혜를 이루고 분노를 활용하여 깨달음에 이르는 것이 가능한 것이다. 즉 수행을 통해 중생의 탐·진·치 3독심은 그대로 계·정·혜 3학으로 완성된다. 이처럼 수행에 활용되는 분노를 김호귀는 '향상적 분노'라고 하고, 이를 거룩한 분노, 성스러운 분노라고 부른다. 자기 자신의 부끄러움을 통탄하는 참회의 반성적 분노는 수행의 원동력이 될 수 있으며, 그러한 분노를 통해 발심發心에 이르기도 한다. 참회적 분노의 예로 김호귀는 구지俱胝와 신수神秀, 그리고 임제臨濟의 경우를 들고, 발심의 분노로 무상無相과 지눌知訥의 경우를 들고 있다. 나아가 목숨 걸고 수행하는 화두참구에서 궁극의 깨달음에 이르려는 간절함은 대분심의 분노에서 온다. 대분심으로부터 수행자는 깨달음을 향한 향상일로에 고군분투孤軍奮鬪할 수 있는 힘을 얻는데, 그 예를 고봉高峰에서 찾아볼 수 있다.

수행이 완성된 보살이 중생교화를 위해 일으키는 이타적 분노를 김호귀는 '초월적 분노'라고 부른다. 이것은 정법을 수호하기 위한 자비와 연민의 분노이며 파사현정의 분노이다. 지눌이나 용성龍城이 시도했던 대로 정법불교를 구현하기 위한 결사운동이나 대각운동 등도 모두 중생구제를 위해 일어난 초월적 분노라는 것이다. 이런 분노는 대승의 회향정신의 표현으로서 대비의 분노이고 의로운 분노이며, 이런 식으로 선불교는 분노를 활용하고 실천하기도 했다는 것이다.

3) 사회학에서의 분노: 김문조

사회학적 관점에서 분노를 연구한 김문조는 우리 한국사회가 1998년
IMF외환위기 및 2008년 세계금융위기를 함께 겪으면서 성별과 나이와
계층에 상관없이 거의 모든 국민이 서로를 믿지 못하고 서로를 적대시하
는 분노사회, "분노의 불길이 도처에 넘실대는 거대한 화택火宅"으로
바뀌고 말았다고 진단한다. 그는 그러한 분노의 주된 사회적 원천을
좌절에서 찾으며, 좌절을 자신이 응당 누려야 할 것을 누리지 못한다는
열패감에서 비롯되는 감정이라고 설명한다. 그는 좌절이 어느 시점과
연관되느냐에 따라 좌절을 세 가지 형태로 구분한다.

> 좌절의 3가지 양상:
> 1. 불만(discontent): 현재의 삶에 대한 불만족. 낮은 출산율, 이혼율,
>   자살률 등
> 2. 회환(regret): 과거의 삶에 대한 후회감
> 3. 불안(anxiety): 미래의 삶에 대한 불안정. 학업·취업·주거·고용·승
>   진·노후에 대한 불안

나아가 김문조는 이러한 다방면의 좌절은 근본적으로 사회 전반에서
의 계급적 양극화에서 비롯된다고 분석하며, 이 양극화가 경제적 차원
뿐 아니라 사회문화적 차원 및 의식 차원에서도 전반적으로 일어나고
있음에 주목한다. 소수 상류층의 불로소득 및 상속성 부동산이나 금융
자산으로 인해 더욱 증폭되는 빈부격차가 결국은 예전에는 그래도
미래에의 희망을 갖던 다수의 중산층을 이제는 더 이상 아무런 희망이

없는 실망과 절망의 늪으로, 스스로를 하류층으로 의식하게 하는 절망 계급으로 추락시키고 있음을 논한다. 그리고 이러한 양극화를 통해 좌절이 어떤 방식으로 증폭되어 분노로 바뀌어 가는지를 밝힌다.

좌절이 분노로 바뀌는 양상:
1. 불만이 혐오(disgust)로: 적대적 갈등으로 바뀜
2. 회환이 원한(resentment)으로: 징벌적 보복으로 바뀜
3. 불안이 강박(obsession)으로: 극한적 갈망으로 바뀜

김문조에 따르면 불만과 회환과 불안의 방식으로 표출되던 좌절은 사회 전반의 심각한 양극화를 거치면서 혐오와 원한과 강박의 분노로 바뀌어 간다. 사회적 좌절이 증폭되어 결국 타 계층에 대한 적대감과 혐오, 절망과 상실감과 원한, 도태하지 않으려는 강박 등의 분노로 표출되는 것이다.

이러한 분노의 한국적 전형을 김문조는 '울화鬱火'로 규정하며, 울화의 기원을 외세에 의한 시달림이라는 역사지정학적 기원과 한국인 특유의 표출적 기질, 그리고 다음과 같은 사회현상의 발로로 설명한다. 이에 따라 오늘날 우리 한국인은 극도의 분노, 끝없이 치밀어 오르는 울화를 표출하면서 자신의 처지를 지옥보다 더 비참한 '헬조선'의 삶으로 규정한다는 것이다.

한국인의 울화의 표출:
1. 경쟁(competition)을 넘어선 사투(struggle)
2. 불신(distrust)을 넘어선 적의(hostility)
3. 비난(blame)을 넘어선 단죄(punishment)

이와 같은 한국적 분노 내지 울화를 극복하기 위해서는 다방면에서 진행되는 지나친 양극화를 효과적으로 저지할 수 있는 사회적 제도개선, 사회체계의 재구조화가 절실히 요구된다. 이에 덧붙여 김문조는 분노를 스스로 다스릴 수 있는 의식개혁의 필요성을 역설하며, 이를 위한 유용한 지침으로 빅터 프랑켈(V. Frankl)의 의미치료(logotherapy)를 제시한다. 스스로 삶의 의미를 찾고 또 스스로 자신의 삶에 의미를 부여하는 의식방식의 전환을 통해서만 자신의 마음의 상처 및 분노를 극복할 수 있으며, 그때 비로소 관용과 존중에 기초한 새로운 공동체의식이 싹틀 수 있다고 보기 때문이다. 개인주의와 무한경쟁으로부터 야기된 분노와 울분을 넘어서기 위해서는 결국 새로운 시민공동체 의식의 함양이 필요하다고 보는 것이다.

4) 심리학에서의 분노: 권석만

심리학에서의 분노를 다루는 권석만은 분노가 우울·불안과 더불어 인간의 3대 부정 정서 중 하나이며, 에크만(Ekman)이나 플루칙(Plutchik)이 논하듯 혐오·공포·기쁨·슬픔·놀람 내지 기대·신뢰 등과 더불어 인간의 기본정서 중의 하나라고 설명한다. 그는 우선 분노의 순기능과 역기능을 다음과 같이 설명한다.

분노의 기능:

1. 순기능 ⎡ 개인적 차원: 자기보호로 생존에 기여, 극단적 손상 회피, 개인 존엄성 보호
          ⎣ 사회적 차원: 구성원 간 갈등조절로 사회적 결속과 발전 촉진

2. 역기능 ⎡ 개인적 차원: 신체적 심리적 기능 손상
          ⎣ 사회적 차원: 과도한 분노로 구성원 간 상호관계 악화

권석만은 분노가 내적으로 경험되는 과정과 외적으로 표현되는 과정을 둘로 구분하여 분노를 고찰한다. 인지치료 창시자 아론 벡(A. Beck)이 논하듯이 분노가 경험되는 과정에는 인지적 사고과정, 즉 의미추론과정이나 의미평가과정이 중요한 요인으로 작용한다.

분노의 경험에 영향을 미치는 사고과정:
1. 의미추론과정: 분노촉발사고의 작동, 인지적 오류와 왜곡 발생
2. 의미평가과정: 비합리적 신념과 기대로 인한 잘못된 평가

분노의 경험이 각자의 인지체계에 따라 상이할 수 있는 것처럼, 분노를 표현하는 방식도 상이하다. 권석만에 따르면 분노로 인한 공격충동은 '대처자원의 평가'와 '대처방법의 선택'을 포함하는 '대처결정과정'을 거쳐서 외적인 분노의 표현이 있게 되는데, 분노 표현은 크게 기능적인 것과 역기능적인 것으로 구분된다.

분노의 표현 방식:
1. 기능적 표현: 분노통제
2. 역기능적 표현: 분노표출 또는 분노억제

분노는 무작정 표출하거나 억지로 억제하다 보면 신체질환이나 정신장애가 나타날 수 있으므로, 이 양극단을 피해 적절히 통제하는 것이 바람직하다고 할 수 있다. 권석만은 분노를 잘 표출하는 사람의 특성을 충동성, 반사회성, 공격성 등으로 설명하며, 통제되지 않은 분노가 어떻게 갖가지 정신장애를 유발하고 대인관계를 어렵게 만들며 결국은 범죄로까지 이어져 그 삶을 파괴하는지를 설명하고 있다. 그리고 그러한 역기능적 분노를 다스리는 심리치료적 방법을 상세히 설명한다. 그는 분노를 다스리기 위해서는 대상으로 향한 분노의 불길을 안으로 돌려 자기 마음속의 헛된 믿음이나 기대 등을 재검토해보는 회광반조의 정신이 필요하다는 것을 강조한다.

5) 서양의학에서의 본노: 김광기

뇌과학에서의 분노를 다루는 김광기는 분노의 원인을 다음과 같이 제시한다.

분노의 원인:
1. 과도한 스트레스: 면역체계 약화, 코티졸과 아드레날린 분비 증가
2. 호르몬(테스토스토론 등) 과다 분비, 신경전달물질(세로토닌, GABA 등) 부족
3. 신체적 정신적 외상: 편도와 해마에 영향
4. 뇌부위(전두엽 등) 손상

분노하게 되면 뇌가 강한 스트레스 반응을 일으켜 아드레날린을 분비해서 포도당 혈중 농도를 높여 각성도를 높이고 반응속도를 빠르게

한다. 또 분노는 신경세포 간에 정보를 전달해주는 신경전달물질의 양에도 변화를 일으킨다. 뇌에서 분노를 담당하는 부분은 변연계로 그 중 편도와 해마가 주요 역할을 한다. 그런데 편도가 분노반응을 시작하면 평상시 충동과 감정을 조절하고 이성적 판단을 담당하는 전전두엽의 기능이 제대로 발휘되지 않아 비이성적 행동이 나오게 된다.

분노 스트레스 ⇨ 신경전달물질 변화 ⇨ 변연계(편도+해마) 활동 ⇨ 전전두엽 기능 저하
아드레날린↑   세로토닌↓ GABA↓   감정(분노)반응   감정조절, 이성판단 마비

김광기는 분노반응이 계속될 경우 신체에 여러 가지 악영향이 발생하며, 그것이 결국 질환으로 이어지게 된다고 설명한다.

분노로 인한 신체반응: 심장박동 촉진, 근육의 지속적 긴장, 두통, 소화불량,
　피로, 불면
야기되는 질환: 뇌심혈관계 질환(뇌졸중), 심장혈관질환

뇌과학은 분노를 포함한 감정의 문제를 심리적 차원이 아니라 미시적인 분자생물학적 차원 및 전기생리학적 차원에서 연구한다. 김광기는 최근까지 감정처리과정에 대해 뇌신경과학이 개발한 대표적 연구기법을 소개한다.

뇌신경과학 분야에서 사용되는 연구기법:

1. 뇌파측정: 두피에 전극을 부착하여 뇌의 전기신호를 증폭하여 검출
2. 사건유발전위: 자극에 따른 뇌파를 수백 개 이상 모아서 특정 유형 찾아내기
3. 양전자단층촬영: 양전자를 방출하는 방사성물질을 이용해서 3차원 영상 촬영
   - 일반적인 뇌 촬영: 포도당에 방사성물질을 부착하여 뇌세포 활동도 측정
   - 특정 활동부위 찾기: 물 분자에 방사성동위원소 부착, 혈류량 증가 통해 활동부위 확인
4. 기능자기공명영상: 산소 유무 상태의 자기화의 차이를 통해 뇌 활동영역 확인

양전자단층촬영(positron emission tomography)이나 기능자기공명영상(fMRI, magnetic resonance imaging) 등을 통해 감정을 담당하는 부분은 뇌의 편도 부분이라는 것이 밝혀졌고, MVPA 분석을 통해 편도 중에서도 각성이나 불편한 느낌 또는 공포감 등과 연관되는 부위가 서로 다르며, 행복이나 슬픔, 분노와 공포에 반응하는 뇌신경 회로도 각각 구분된다는 것이 밝혀졌다고 한다.

6) 한의학에서의 분노: 구병수

구병수에 따르면 한의학은 인간을 '천지의 기운이 합쳐진 소우주'로 간주하는 '에너지 의학'이며, 따라서 일체 우주원리와 자연의 생성소멸뿐 아니라 인간의 신체구조와 덕성, 나아가 감정까지도 모두 5행으로 설명하는 통합이론이다. 5행은 기본적으로 시간적인 춘하추동과 공간

적인 동남서북의 질서를 관장하는 기운으로 서로 상생과 상극의 관계를 가지며, 각 5행에는 인의예지의 기본 덕성이 다음과 같이 배대된다.

한의학의 고전에 해당하는『황제내경』에서는 우주의 근본원리인 5행에다 인간의 신체적 장기와 심리적 감정까지도 배대하여 논한다.

인간의 5장에는 화기가 고루 있는데, 그 화의 중심은 심장이다. 따라서 심장에 배속되는 화를 '임금의 화'라는 의미에서 '군화君火'라고 하고, 신장에 배속되는 화를 군화에 대비해서 '상화相火'라고 한다. 심신의 이상적 상태는 심장의 화기火氣가 내려가고 신장의 수기水氣가 올라가는 '강심화降心火 익신수益腎水', 즉 수승화강水昇火降의 상태인 데, 이러한 승강운동의 근본이 되는 것이 바로 상화이고, 그 승강운동의 통로가 되는 것이 간과 폐이다. 구병수는 이러한 승강운동의 흐름에 영향을 미치는 것이 바로 감정이므로 감정을 적절히 조절하는 것이 중요하다고 말한다. 즉 상화가 수승화강의 방식을 따르면서 절도에 맞게 동하면 심신이 편안하지만, 망동하면 병을 얻게 된다는 것이다.

한의학에서 '분노'라는 개념은 『황제내경·영추』에 "근심과 두려움과 분함과 화남은 기氣를 상하게 한다(憂恐忿怒傷氣)"에 등장하며, 분노의 감정은 간에 배분된다. 크게 분노하면 화가 간에서 크게 일어나서 수승화강과 반대로 화기가 위로 역상하고 수기가 아래로 내려가 머리가 뜨거워지고 얼굴이 붉어지며 손발이 차게 되고, 심하면 설사하거나 피를 토하거나 졸도하게도 된다고 한다.

병을 치료함에 있어서도 한의학은 5행의 원리를 따르며, 특히 상극의 원리를 활용한다. 목이 토를 이기므로(목극토) 분노가 생각을 이기며(노극사), 금이 목을 이기므로(금극목) 슬픔이 분노를 이긴다(비공노). 생각이 너무 많아 불면에 시달리는 부인을 치료하기 위해 일부러 그녀를 크게 노하게 만들어 땀을 내고 잠들게 만든 것은 '분노가 생각을 이긴다'는 이치에 따른 것이다. 또한 '자비가 분노를 이긴다'는 통찰이 5행의 원리에 따라서도 나올 수 있다는 것은 한의학이 인간의 감정과 신체와 우주의 원리를 얼마나 정확하게 통합하고 있는가를 잘 보여준다고 생각된다.

이상과 같이 한의학에서의 분노의 발생과 대처방식을 설명한 후, 구병수는 사상의학에서의 분노를 논하고 이어 한의학에서의 분노 이해를 불교에서의 번뇌와 연관 지어 논의한다. 그리고 『비급천금방요방』에 나오는 조기법, 호흡법, 좌선법, 안마법 등의 수행법을 들어 분노의 조절을 위해 우리가 취할 수 있는 여러 가지 가능한 방법들을 제시한다.

42

사회학 | 분노의 사회적 원천과 파장　　　　　　　　　김문조 · 169

44

붓다의 분노

정준영(서울불교대학원대학교 불교학과 교수)

1. 분노의 덫에 걸리다

불교는 열반을 목표로 하는 종교이다. 초기경전에서 열반에 대한 비유는 여러 가지로 나타난다. 이들 중에 가장 자주 언급되는 열반에 대한 표현은 탐욕, 성냄, 어리석음이라는 삼독심三毒心의 소멸이다. 본 연구는 탐진치의 삼독심 중에 두 번째인 성냄, 즉 분노에 집중한다. 분노는 모든 인간이 가지고 있는 기본정서 중의 하나로, 잦은 경우 하루에 몇 번씩도 일어나는 부정적 감정이다.

분노는 표현 정도에 따라 개인과 사회에 커다란 상처를 주는 부정적인 현상들로 확장된다. 대부분의 경우 이 부정적인 감정을 다스리지 못하기에 자신, 가족, 친구와의 관계, 그리고 직장생활 등에서 불편함을 경험한다. 마치 덫에 걸린 듯이 한 번 발생한 분노를 가라앉히는 것은 쉽지 않다. 오히려 분노로부터 벗어나고자 발버둥 치면 칠수록 더 강하게 타오르기 십상이다. 최근 사회적으로 심각하게 발생하는 우발적 살인, 아동학대, 층간소음, 인터넷 악플 등의 사건사고들 역시 분노에서 기인한다고 볼 수 있다. 이처럼 분노는 일상에서 자주 나타나는 개인의 심리적인 현상이며 동시에 잔혹한 사회적 사건사고의 원인이 된다.

분노는 삶 속에서 경험하는 괴로움의 원천임에도 불구하고 그 해결을 위한 불교적 논의는 활발하지 못하다. 특히 초기불교는 분노의 제거를 궁극적 목표로 삼고 있기에 분노를 어떻게 이해하고 다스릴 것인지에 대해 더욱 적극적으로 논의해야 할 필요가 있다. 이러한 연구의 시도는 분노에 대한 불교적 이해뿐만 아니라 더 나아가 분노로 인한 사회적 문제의 해결방안을 모색하는 계기가 될 수 있다.

본 연구는 여러 가지 의문에서 시작되었다. 과연 초기불교 안에서 분노가 지니는 의미는 무엇인가? 그리고 분노는 어떤 종류와 특성으로 나타날까? 분노의 초기불교적 개념을 파악하는 것이 첫 번째 의문이다. 그리고 붓다가 제자들에게 제시한 분노를 다스리는 구체적인 방법은 무엇인지, 현재 우리도 붓다 시대의 방법을 활용할 수 있는지를 알아보는 것이 두 번째 의문이다. 이 과정에서 분노가 긍정적으로 사용되는 경우가 있는지 찾아볼 것이다. 만약 있다면 어떤 방법이 가능한지를 알아봐야 할 것이다. 마지막으로 붓다의 분노에 직접 접근할 것이다. 붓다는 분노했는가? 만약 분노했다면 진심嗔心의 소멸을 의미하는 열반의 의미는 모호해지는 것이 아닐까? 붓다에게 분노가 없다고 할지라도 분노를 대기설법의 방편으로 사용할 수는 없을까? 이러한 질문들에 해답을 얻을 수 있을지는 미지수이다. 하지만 이 과정에서 붓다가 설하고, 붓다가 표현하는 분노를 조금 더 이해할 수 있을 것이다.

다양한 의문을 풀기 위해 본론을 3개의 장으로 구성했다. 이들은 '2장 분노의 의미와 종류', '3장 분노에서 벗어나기', 그리고 '4장 붓다의 분노'이다. 먼저 '2장 분노의 의미와 종류'에서는 초기불교에 나타나는 분노의 의미를 살펴볼 것이다. 분노의 의미를 정확하게 이해하기 위해서는 다양하게 나타나는 분노의 종류와 수준이 파악되어야 하며, 각각의 전개방식과 표출방법도 다르다는 것을 알 수 있어야 한다. 두 번째는 '3장 분노에서 벗어나기'이다. 붓다의 가르침을 통해 분노로부터 벗어나는 다양한 방법으로는 무엇이 소개되고 있는지에 대해 살펴볼 것이다. 분노의 긍정적인 기능이 가능한지에 대해서도 살필 것이다. 특히 최근에 대중들에게 실천방법으로 소개되는 팔정도八正道의 정념正念과 정정正定 수행이 분노에 미치는 영향 등을 알아볼 것이다. 마지막으로 '4장 붓다의 분노'에서는 붓다의 분노 사례를 찾아보고자 한다. 간혹 붓다의 설법 방식을 보면 이것이 분노의 직접적인 표출인지, 아니면 자애심에 기인한 가르침의 방편인지에 대해 모호한 경우가 있다. 물론 불자佛子의 입장에서는 당연히 깊은 사랑(慈愛)의 표출 방식으로 보이지만, 타종교인의 시선에서는 다르게 이해할 수도 있다. 굳이 타종교인의 시선을 고려할 필요가 있느냐에 대해서는 논란의 여지가 있겠으나 경전의 전체적인 맥락을 살피지 않으면 오해의 소지가 있는 것은 분명하다. 이러한 연구의 시도는 붓다에 대한 평가가 아니라 분노의 활용에 대한 이해를 돕는 차원에서 진행되어야 할 것이다.

몇 가지를 부연하자면, 본고는 초기경전(Pāli-Nikāya)을 기준으로 분노의 의미와 특징, 제거방법 등을 살피는 데 집중하고자 한다. 따라서 기존의 불교학계에서 다루던 분노의 재해석과 철학적 논의 등으로부터는 거리를 두고 있다. 저명한 학자들의 구체적 논의를 다루는 2차 문헌을 살피기에 앞서, 빠알리(Pāli)문헌 자체를 통해 순수하고 창의적인 해석이 선행되기를 기대한다. 우리는 각자 다른 시선으로 붓다의 분노에 대해 이야기를 시작할 수 있을 것이다. 어떤 이는 '붓다가 분노를 한 것이다', 어떤 이는 '아니다'라고 이견을 가질 수 있다. 본고 역시 다양한 이견들 중의 하나를 선택할 것이다. 본고에서 논거로 다루는 초기경전은 누구나 볼 수 있는 출판된 번역서를 중심으로 활용한다. 다만 일부 용어나 번역 문장에 대해서는 필자의 번역을 사용할 것이다. 또한 직접인용의 경우에도 이해를 돕고자 원문에 번호, 괄호, 밑줄 등을 삽입할 수 있다. 그리고 필요에 따라 빠알리(Pāli)어를 번역하지 않고 한글로 소리 나는 대로 표기하려 한다. 왜냐하면 분노에 대한 논의가 자칫 적절한 번역 용어 고르기라는 낡은 논쟁으로 빠질까 염려되기 때문이다.[1] 마지막으로 본고 안에서 사용되는 분노와 성냄은 동의어처럼 다룰 것이다. 따라서 2장인 '분노의 의미와 종류'를 통한 구체적 분류를 제외하고 나머지 장에서는 분노의 우리말 표현을 성냄 정도로 이해하면 좋을 것이다. 필자도 가장 극복하기 어려운 장애 중의 하나가 분노이다. 붓다가 전하는 가르침을 통하여 오늘 하루만이라도 분노의 덫에서 벗어날 수 있기를 기원한다.

2. 분노의 의미와 종류

'분노'는 몹시 분개하여 성을 내는 불쾌한 감정으로 '성냄'의 또 다른 표현이다. 불교에서 성냄은 삼독三毒이라고 부르는 세 가지 불선한 마음(貪瞋痴) 중의 하나이다. 분노는 싫어하는 마음의 하나로, 미워하거나 혐오하는 마음을 포함하고 있을 뿐만 아니라 자신도 파악하기 어려울 정도의 아주 미세한 싫어함에서부터 외부로 격하게 표현하는 노여움까지로 그 의미와 폭도 상당히 넓다.[2] 이처럼 분노는 악의적인 의도라는 마음작용에 한정하는 것이 아니라 이로 인해 전개되는 언어·신체적 행위와 표출과정 모두에 나타난다. 심지어 살인도 분노에 사로잡힌 마음에 의해 나타나는 신체적 행위이다.[3] 대부분의 경우 사람이 격렬한 분노에 휩싸이면 스스로의 조정이 불가능한 상태에 이른다. 이처럼 조정 불가능한 마음은 어리석은 행위를 낳고, 머지않아 후회라는 마음으로 연결된다. 분노는 분노 자체가 원인이 되기도 하지만 부러움(issā), 이기심(maccahariya), 후회(kukkucca) 등의 또 다른 심리적 현상과도 밀접하게 연결되어 있다.[4]

먼저 분노, 성냄에 해당하는 대표적인 빠알리어는 '도사(dosa)'이다. 도사는 '탐욕'이라 불리는 '로바(lobha, rāga)', 그리고 '어리석음'이라 불리는 '모하(moha)'와 더불어 불선함의 근원(三毒)으로 설명된다. 탐욕과 성냄은 서로 상대적인 특성을 가지고 있다. 탐욕은 주로 집착에 의해 발생하고, 성냄은 주로 싫어함(혐오)에 의해 발생한다. 하나는 잡고자 하는 마음에서, 다른 하나는 피하고자 하는 마음에서 비롯되는 것이다. 따라서 탐욕과 성냄은 상대적인 성질을 가지고 있다. 물론 자신이 얻고자 하는 탐욕을 성냄으로 표현하는 경우도 있기에 발생의 근원은 상대적이나 진행의 방식은 밀접하게 연결되어 있다.[5] 초기불교 논장論藏인 『담마상가니(Dhammasaṅgaṇi, 法集論)』는 성냄의 의미를 정의하며, 악의(ill-will) 등과 같은 심리적 성질을 지닌 것으로 설명한다.

무엇이 그때에 있는 성냄인가? 그때에 있는 성냄(dosa), 성마름 (dussanā), 성난 상태(dussitattaṃ), 악의(vyāpatti), 악의를 가짐(vya-pājjanā), 불화(virodha), 반목(paṭivirodho), 잔혹함(caṇḍittaṃ), 잘 제어되지 못함(asuropo), 마음의 언짢음(anattamanatā), 이것이 그때에 있는 성냄(doso)이다.[6]

이처럼 아비담마(Abhidhamma, 論藏)의 설명에 따르면 성냄은 혼란스러운 부정적 심리상태로, 마음이 뒤엉켜 싫어하거나 혐오스러운 느낌을 갖는 것으로 이해된다. 성냄에는 성냄 그 자체뿐만 아니라 악의와 불화, 마음이 만족스럽지 못한 상태(anattamana)까지도 포함한다. 상기 언급된 상태가 되면 평정심은 사라지고 갑작스러운 분노로 반응하기 쉽다. 이들은 일종의 불쾌감으로 자기 자신이나 다른 사람에게 해를 끼치는 생각과 행위로 이어지기도 한다. 더 나아가 『담마상가니』는 성냄이 발생하는 원인에 대해서도 구체적으로 설명한다. 이들은 모두 10가지인데 '나'라고 하는 자아관념과 밀접한 연관성을 보인다.

여기서 무엇이 '성냄(dosa)'인가? '이 (사람이) 나에게 손해를 끼쳤다'라고 (생각에) 화가(āghato) 일어난다. '이 (사람이) 나에게 손해를 끼친다'라고 화가 일어난다. '이 (사람이) 나에게 손해를 끼칠 것이다'라고 화가 일어난다. '이 (사람이) 내가 좋아하고 마음에 드는 사람에게 손해를 끼쳤다 …… 끼친다 …… 끼칠 것이다'라고 화가 일어난다. '이 (사람이) 내가 좋아하지 않고 마음에 들지 않는 사람에게 이익을 주었다 …… 이익을 준다 …… 이익을 줄 것이다'라고 화가 일어난다. 혹은 근거 없이 화가 일어난다. 이런 형태의 마음의 원한(āghāto), 적개심(paṭghato), 적의(paṭighaṃ), 반목(paṭivirodho), 화(kopo), 노여움(pakopo), 격노함(sampakopo), 성냄(doso), 아주 성냄(padoso), 격하게 성냄(sampadoso), 마음의 악의(vyapatti), 마음이 노함(manopadoso), 분노(kodho), 분노함(kujjhanā), 분노한 상태(kujjhitattaṃ), 성냄(doso), 성마름(dussanā), 성난 상태(dussitattaṃ), 악의(vyāpatti), 악의를 가짐(vyāpajjanā), 악의를 가진 상태(vyāpajjitattaṃ), 불화(virodho), 반목(paṭivirodho), 잔혹함(caṇḍikkaṃ), 잘 제어되지 못함(asuropo), 마음의 언짢음(anattamanatā), 이를 일러 성냄이라 한다.[7]

분노가 생기는 원인에는 10가지가 있다. 이들은 과거, 현재, 미래의 삼세로 구분되어 3가지씩 제시되는 9가지 원인(3×3=9), 그리고 이유를 알 수 없는 한 가지 원인이다. 먼저 1) 과거에 나에게 불이익을 끼쳤거나, 2) 현재에 나에게 불이익을 끼치고 있거나, 3) 미래에 나에게 불이익을 끼칠 것 같다는 생각이 일어나면 분노가 발생한다. 여기서 주목할 부분은 '나' 자신과 '~라는 생각'이다. 과거에 내가 손해를

입었거나, 현재 내가 손해를 입고 있거나, 미래에 내가 손해를 입을
것이라는 생각이 일어나면 분노가 생긴다는 설명이다. 심지어 실제상
황이 아니더라도 '~할 것이다'라는 미래의 '생각'도 분노를 일으킨다.
그리고 이러한 분노는 나뿐만 아니라 내가 좋아하는 사람과 내가 싫어하
는 사람과도 밀접하게 연결된다. 내가 좋아하는 사람에게 과거나 현재
에 손해를 끼쳤거나, 혹은 미래에 손해를 끼칠 것이라는 생각은 분노를
발생시킨다. 심지어 내가 싫어하는 사람에게 과거, 현재, 미래에 이익
을 준다는 생각만으로도 분노는 일어난다. 정리하자면, 아홉 가지
분노 발생의 원인에는 공통적으로 '나'라고 하는 자아관념이 깊이 관여
하고 있음을 알 수 있다.[8] 따라서 나와 관련된 이익(attha)과 불이익
(anattha)이 분노의 주요 원인이 된다. 무엇보다 흥미로운 것은 실질적
으로 손해를 보는 것과는 상관없이 개념적 사고에 의해서도 분노가
발생할 수 있다는 것이다. 실제로 손해를 보지 않아도 손해를 입을
것 같다는 생각만으로도 분노가 치밀어 오르는 것이다.

　그리고 마지막 한 가지 원인은 분노의 발생에 특별한 근거가 없다는
것이다. 이 경우는 이유 없이 화(āghata)가 일어나는 것을 말한다.
이와 같은 10번째 경우에는 의도하지 않은 성냄이기에 업(kamma,
業)으로 발전하지 않는다는 설명도 보인다.[9]

　분노의 발생 원인을 10가지로 설명한 『담마상가니』는 이러한 원인으
로 나타나는 도사(dosa, 성냄)의 종류를 언급하고 있다. 상기 논장은
10가지 분노의 원인으로 인하여 26가지 종류의 분노가 발생할 수
있음을 설명한다. 이들은 1) 적대(āghāto, 마음의 원한), 2) 적개심

(paṭighato), 3) 적의(paṭighaṃ), 4) 반목(paṭivirodho, 미워함), 5) 화 (kopo), 6) 노여움(pakopo), 7) 격노함(sampakopo), 8) 성냄(doso), 9) 아주 성냄(padoso), 10) 격하게 성냄(sampadoso), 11) (마음의) 악의(vyapatti), 12) 마음이 노함(manopadoso), 13) 분노(kodho), 14) 분노함(kujjhanā), 15) 분노한 상태(kujjhitattaṃ), 16) 성냄(doso), 17) 성마름(dussanā), 18) 성난 상태(dussitattaṃ), 19) 악의(vyāpatti), 20) 악의를 가짐(vyāpajjanā), 21) 악의를 가진 상태(vyāpajjitattaṃ), 22) 불화(virodho), 23) 반목(paṭivirodho), 24) 잔혹함(caṇḍikkaṃ), 25) 잘 제어되지 못함(asuropo), 26) 마음의 언짢음(anattamanatā, 불만족) 이다. 26가지 용어들 중에 밑줄 친 '도사(dosa)'[8, 16], '위야빳띠 (vyapatti)'[11, 19], '빠띠위로도(paṭivirodho)'[4, 23]가 두 번씩 반복된 것을 감안하면 23가지 종류의 분노들이 소개되는 것이다. 『담마상가 니』에서 분류한 23(26)가지 분노를 초기경전에서 찾아보고 그 의미와 용례를 분석하면 다음과 같다.

23가지 성냄들 중에 가장 먼저 등장한 것은 1) '아가따(āghāta)'이다. '아가따'는 성냄뿐만 아니라 분노, 싫어함, 악의 등의 의미를 모두 가지고 있으며, 살생을 할 수 있을 정도의 공격적인 성냄을 의미한다.[10] 『디가니까야(Dīgha Nikāya)』의 첫 번째 경전인 「브라흐마잘라 숫따 (Brahmajāla Sutta, 梵網經)」는 '아가따(적대, āghāta)'에 대한 예를 제시 한다. 붓다는 제자들에게 '누군가가 불법승 삼보를 비난한다고 할지라 도, 그들을 적대시하거나 화내고 불쾌하게 여겨서는 안 된다'고 설한다. 왜냐하면 적대(āghāta)가 일어나는 동안에는 장애로 기능하여 다른 사람의 말을 제대로 파악할 수 없기 때문이다. 수행자가 법(dhamma, 法)을 전할 때 다른 사람의 이야기를 분명하게 파악하지 못하면 틀린 것을 바르게 고쳐주지 못한다. 따라서 화가 나는 상황이라고 할지라도 분노를 내려놓고 다른 사람의 말을 분명히 파악할 것을 강조한다.

"비구들이여, 다른 자들이 나(佛)를 비난하고, 가르침을 비난하고, 승가를 비난하더라도 그것에 대해서 그대들은 적대(āghato)하지 말고, 낙담(appaccayo)하지 말고, 마음으로 불쾌(anabhiraddhi)해 하지 말아야 한다. 비구들이여, 다른 자들이 나를 비난하고, 가르침을 비난하고, 승가를 비난하더라도 그것에 대해서 그대들이 화내고 (kupitā), 언짢게(anattamanā) 여긴다면 그대들에게 그것이 장애가 된다. 비구들이여, 다른 자들이 나를 비난하고, 가르침을 비난하고, 승가를 비난한다고 그것에 대해서 그대들이 화내고, 언짢게 여긴다 면 다른 자들이 말을 잘했는지 말을 잘못했는지 그대들이 알 수 있겠는가?" "세존이시여, 알 수 없습니다." "비구들이여, 다른 자들이 나를 비난하고, 가르침을 비난하고, 승가를 비난하더라도 그것들에 대해 그대들은 사실이 아닌 것에 대해서는 사실이 아니라고 …… 설명해주어야 한다."[11]

붓다는 본 경전을 통하여 분노에 대해 1) 적대(āghato), 5) 화(kopo), 26) 마음의 언짢음(anattamanatā)의 용어로 표현하고 있다. 이들의 사용을 보면 누군가가 나에 대해, 혹은 내가 속한 집단에 대해 비난하면 사람에 따라서 적대(āghato), 화(kopo), 마음의 언짢음(anattamanatā)

이라는 분노가 다양하게 일어날 수 있음을 의미한다. 사람에 따라 분노의 정도에 차이가 있을 수는 있다. 하지만 이러한 분노들은 모두 나를 휘감아 장애가 되어 실제상황을 제대로 파악할 수 없게 만든다는 설명이다. 결국 그 수준과 정도의 구분에 앞서, 분노는 수행자에게 장애가 된다. 그리고 이러한 적대감은 좋지 못한 결과를 초래한다.

「꼬깔리까 왁가(Kokālika vagga)」의 꼬깔리까 비구는 붓다에게 사리뿟따와 목갈라나가 나쁜 마음을 품고 나쁜 욕망의 지배를 받는 자라고 말한다. 붓다는 꼬깔리까에게 사리뿟따와 목가라나는 자애로운 자들이니, 그들에게 청정한 믿음을 가질 것을 권유한다. 하지만 꼬깔리까는 붓다의 세 번 권유에도 불구하고 붓다의 말을 무시하고 자리에서 일어나 나가버린다. 얼마 후 꼬깔리까 비구의 몸에는 겨자씨만 한 종기가 생겼고, 이것이 점차 커지고 터져 목숨을 잃게 된다. 결국 꼬깔리까 비구는 사리뿟따와 목갈라나에게 마음의 적대(cittaṃ āghātetva)를 품고 있었고 그로 인해 지옥에 떨어졌다.[12] 붓다는 다음과 같은 시로 적대감이 지닌 문제를 설한다.

사람이 태어날 때 입에 도끼가 생겨난다. 어리석은 자는 나쁜 말을 하여 그것으로 자신을 찍는다네. 비난받아야 할 것을 찬양하고 찬양해야 할 것을 비난하니, 입으로써 불운을 쌓고 그 울분으로 안락을 얻지 못하네. 도박으로 돈을 잃거나 모든 재산과 함께 자신마저 잃어도 그 불운은 작지만, 올바른 길로 잘 가신 님에게 성냄(padosa)을 품는다면 그 불운이야말로 참으로 큰 것이네. 언어나 정신으로 악함을 기도하여 거룩한 님을 비난하는 사람은 십만 삼천

니랍부다(nirabbuda)와 오 압부다(abbuda)의 시간을 지옥에 떨어져 고통받는다네.[13]

경전은 산문에서 성냄에 대해 1) '적대(āghato)'라는 의미의 '아가따'를 사용했으며 운문에서는 조금 강한 성냄이라는 의미의 9) '빠도사(padosa)'를 사용했다. 적대는 상황을 바르게 파악하지 못하게 만들 뿐만 아니라 악업을 짓고 그 과보를 받게 한다.

두 번째 성냄은 2) '빠띠가따(paṭighāta)'이다. 두 번째는 세 번째 성냄인 3) '빠띠가(paṭigha, 적의)'와 함께 설명될 수 있다. '빠띠가'는 반대나 대항의 의미를 지닌 'paṭi'에 죽인다는 공격적인 의미를 지닌 접미사 'gha(ghan, han)'가 합성된 용어로 해친다는 의미에서 적의, 분노, 혐오, 반감 등의 의미를 가지고 있다.[14] 「브라흐마잘라 숫따」는 '빠띠가(paṭigha)'에 대해 '도사'와 비교한다. 붓다는 회의주의에 대한 문제점을 지적하며, 욕망과 탐욕, 그리고 성냄(dosa)과 적의(paṭigha)가 함께 나타날 수 있음을 설명한다.

그것은 나에게(수행자) 욕망(chando, 의욕)이나 탐욕(rāgo), 성냄(doso)이나 적의(paṭigho)를 일으킬 것이다. 나에게 욕망이나 탐욕, 성냄이나 적의가 일어나면 그것은 나에게 집착이 될 것이고, 나에게 집착이 되는 것은 고뇌가 될 것이고, 나에게 고뇌가 되는 것은 장애가 될 것이다.[15]

그 강도에 차이가 있겠으나 욕망이 탐욕과 함께하듯이 적의는 성냄과 함께한다. 『상윳따니까야』의 「삿띠 왁가(Satti vagga)」에서 적의(paṭig-ha)는 다시 한 번 성냄(dosa)과 함께 언급된다. 붓다는 계정혜의 삼학을 갖춘 자가 탐진치의 삼독심을 해결할 수 있다고 설한다. 그리고 번뇌가 소멸된 불교의 궁극적인 상태를 적의(paṭigha)가 소멸된 상태로 표현한다.

(천신) "안으로 묶이고 밖으로 묶였습니다. 세상 사람들은 매듭에 묶여 있습니다. 고따마께 이것을 여쭈옵니다. 이 매듭을 풀 사람 누구입니까?" (세존) "계행을 확립하고 지혜를 갖춘 사람이 마음과 지혜를 계발합니다. 열심히 노력하고 슬기로운 수행자라면 이 매듭을 풀 수 있습니다. 탐욕과 성냄(dosa)과 어리석음에 물들지 않고 번뇌가 다한 아라한에게 그 얽매인 매듭은 풀립니다. 정신과 물질이 소멸하는 곳, 적의(paṭigha)와 물질의 지각(rūpasaññā)이 소멸하는 곳, 그곳에서 얽매인 매듭은 잘리리."[16]

붓다는 장애로부터 벗어나는 방법을 묻는 천신에게 탐진치 삼독심의 소멸로 얻는 열반의 경지를 설명한다. 수행자는 계정혜 삼학을 열심히 닦아 나갈 것이며, 그 과정에서 물질에 대한 지각의 소멸과 더불어 '적의(paṭigha)'라는 분노의 소멸이 진행된다는 설명이다. 주석서는 이때의 '적의'를 반대나 대항의 의미를 지닌 '저촉抵觸' 혹은 '부딪힘'으로 보아 욕계에 대한 감각적 저촉의 지각을 의미한다고 해석한다.[17] 이처럼 적의는 성냄의 특성을 지니지만 성냄으로부터 더 확대된 특성을 지녔

다. 『숫따니빠따(SuttaNipāta)』역시 성냄과 적의를 구분하여 수행자의
자세를 소개한다.

> 번뇌를 부수고, 자만을 버리고, 모든 탐욕의 길을 뛰어넘어 자신을
> 다스리고 완전히 소멸하여 자신을 바로 세운다면 그는 바르게 세상
> 을 유행할 것입니다. 믿음이 있고, 학식이 있고, 결정적인 길을
> 보고, 당파에 있으면서도 당파에 맹종하지 않는 현명한 자로서
> 탐욕(lobhaṃ), 성냄(dosaṃ), 그리고 적의(paṭighaṃ)를 삼간다면
> 그는 바르게 세상을 유행할 것입니다.[18]

이처럼 여러 경전을 통해 적의(paṭigha)는 성냄(dosa)과 함께 언급되
며, 그와 동시에 성냄과는 분리하여 좀 더 강한 분노의 표현으로 묘사된
다. '도사'와 '빠띠가'의 관계는 뒤에서 다시 논의하겠다.

네 번째 성냄은 4) '빠띠위로다(paṭivirodha, 반목)'로 'paṭi'에 불화,
반대, 원한, 증오의 의미를 지닌 '위로다(vi+rodha)'가 합성되어 반목,
적개심, 미워함, 싫어함 등의 의미를 지니고 있다.[19] 이 용어는 니까야에
서는 자주 등장하지 않으나 22) '위로다(virodha)'의 불화와 함께 사용
된다.

5)~7)의 세 가지 성냄은 '꼬빠(kopa, 화)'와 함께한다. 꼬빠는 분노의
의미를 지닌 'kup'에서 파생되어 화, 성냄, 원한, 성질 등을 의미하며
다양한 강조의 접두사와 함께 강한 분노의 의미를 갖는다.[20] 분노가

강조의 의미를 갖게 되면 단순한 성냄의 수준에서 노여움과 격노의
수준으로 향상된다. 또한 복합어를 통하여 점진적으로 화의 강도가
심화된다. 화라고 번역한 '꼬빠(kopa)'는 노여움이라는 '빠꼬빠(pako-
pa)', 그리고 격노를 의미하는 '삼빠꼬빠(sampakopa)'로 확장된다. 화
가 점점 확대되는 것이다. 붓다는 이처럼 화의 정도에 따라 그 용어를
달리 사용하였다. 『맛지마니까야』의 「안안가나 숫따(Anaṅgaṇa sutta)」
는 사리뿟따(Sāriputta)와 목갈라나(Moggallāna)의 대화를 통해 화(ko-
pa)와 더러움(āṅgana)의 관계에 대해 논의한다. 경전은 4가지 부류의
사람과 욕망(icchā)에 의해 더러움이 나타날 수 있다고 설명한다. 또한
다른 사람과의 관계나 음식, 물품을 얻는 부분에 대해 화(kopa)가
일어날 수 있으며, 이러한 화를 더러움(흠)이 된다고 표현한다. 즉
욕망에 의해 분노가 일어나며 이러한 분노는 더러움의 장애가 된다.
이들은 모두가 나쁘고 해로운 욕구라는 설명
이다.

벗이여, 어떤 비구가 '참으로 나만 좋은 옷(cīvara, 승복)을 얻고
다른 비구들은 좋은 옷을 얻지 못하기를 바란다'라고 욕망을 일으킬
수 있습니다. 그런데 오히려 다른 비구는 좋은 옷을 얻고 자신은
좋은 옷을 얻지 못할 수 있습니다. 그는 '다른 비구는 좋은 옷을
얻었으나 나는 좋은 옷을 얻지 못했다'라고 화를 내고(kupito) 불쾌하
게 여깁니다. 벗이여, 그가 화(kopo)를 내는 것과 불쾌하게(appa-
ccayo) 여기는 것, 두 가지 모두가 더러움(āṅgana, 흠)입니다.[21]

사리뿟다는 욕망에 의해 혹은 욕망이 충족되지 않음으로 인해 화가 일어날 수 있음을 설명한다. 사리뿟다는 이때 '꼬빠'라는 용어를 사용하여 일반적인 '도사'의 성냄보다 더욱 강한 분노를 표현하고 있다. 『앙굿따라니까야』는 '꼬빠(kopa, 화)'뿐만 아니라 '꼬다(kodha, 분노)', '악의를 가짐(vyāpajjanā)'을 통해 도사(dosa, 성냄)를 표현한다.

비구들이여, 그러면 누가 곪은 종기와 같은 마음을 가진 사람인가? 비구들이여, 여기 어떤 사람이 분노(kodha)를 잘하고 근심(upāyāsa)이 많아서 사소한 농담에도 노여워하고(abisajjati) 화를 내고(kuppati) 해치고(vyapajjati, 악의를 지니고) 완고하다(patiṭṭyati). 그는 화(kopa)와 성냄(dosa)과 불만족(appaccaya)을 거침없이 드러낸다. 마치 곪은 종기가 나무 꼬챙이나 돌조각에 부딪치면 고름과 피가 많이 나오듯이 어떤 사람은 분노를 잘하고 근심이 많다. …… 비구들이여, 이를 일러 곪은 종기와 같은 마음을 가진 사람이라 한다.[22]

『앙굿따라니까야』의 「뿍갈라 왁가(Puggala vagga)」는 사람들의 특성을 설명하면서 화를 잘 내는 사람은 마치 언제라도 터질 곪은 종기를 달고 다니는 사람과 같다고 비유한다. 이들은 작은 일에도 분노하고 근심이 많은 성향이기에 쉽게 분노(kodha), 화(kopa), 성냄(dosa)을 일으킨다고 설명한다. 특히 '노여워하다(abisajjati), 화내다(kuppati), 해치다(vyapajjati),[23] 완고하다(patiṭṭyati)'의 동사를 통해 분노의 표현 방식에도 여러 가지가 있음을 알 수 있다. 참고로 『위숫디막가

(Visuddhimagga)』는 성냄이나 증오가 많은 성향의 사람은 지수화풍 사대의 성질 중에 물(āpo)과 바람(vāyo)의 요소가 많은 사람에게 나타나며, 몸에 점액질이 많은 사람의 경우라고 부연한다.[24]

  8)~10), 12)[16]의 네 가지 성냄들은[8) 성냄(doso), 9) 아주 성냄 (padoso), 10) 격하게 성냄(sampadoso), 12) 마음이 노함(manopadoso)] 분노의 근원인 '도사(dosa)'와 함께한다. 도사는 싫어한다는 의미를 지닌 'du(dvish)'와 함께 초기불교 안에서 성냄을 대표하는 용어로 사용되고 있다. 또한 16)~18)의 세 가지 성냄도[16) 성냄(doso), 17) 성마름(dussanā), 18) 성난 상태(dussitattaṃ)] 도사가 가지고 있는 성냄과 같은 형태이다. 이들은 점진적으로 성냄의 정도가 심해지는 것들로 구성되어 있다. 이는 성냄(doso), 아주 성냄(padoso), 격하게 성냄 (sampadoso), 마음이 노함(manopadoso)의 경우에서도 찾아볼 수 있다. 그럼에도 불구하고 '도사(dosa)'라는 용어의 확대는 앞서 살핀 '빠띠가(paṭigha)'에 비해 약한 성냄을 의미한다.[25] 왜냐하면 '도사'는 '빠띠가'처럼 살생이나 공격의 의미를 지니고 있지 않기 때문이다. 일반적으로 도사는 삼독심의 진심嗔心을 의미하며,[26] 직접적으로 격렬한 행위로 표현하기보다는 심리적으로 깔려 있는 근원적인 성냄을 말한다. 물론 성냄의 표현강도가 약하다는 것이지 깊게 뿌리내린 성냄의 깊이가 얕다는 것은 아니다. '도사'를 제거하는 방법에 대해서는 3장 '분노에서 벗어나기'에서 보다 구체적으로 다루겠다.

  '빠띠가'와 '꼬빠'와 함께하는 강한 성냄에는 13) '꼬다(kodha)'가 있다. '꼬다'는 앞서 『앙굿따라니까야』의 「뿍갈라 왁가」에서 분노를 잘하는 사람의 표현으로 '꼬빠'와 함께 사용되었다. '꼬다'는 보통의 성냄보다 강한 '진노(krudh, 震怒)'의 의미를 지닌다. 그러다 보니 도사 (dosa)보다는 1) 아가따(āghāta), 2)~3) 빠띠가(paṭigha) 등의 의미와 가깝다. 또한 '꼬다'는 초기경전 안에서 '꼬다나(kodhana)'라는 형용사 형태로도 자주 활용된다.[27] '꼬다'는 상기 『담마상가니』에서는 언급하지 않았지만, 초기경전(Pāli-Nikāya)에서 악의, 적의, 분노의 의미를 지닌 '우빠나하(upanāha)'와 함께 자주 사용된다.[28] 붓다는 「우둠바리까-시 하나다 숫따(Udumbarikasīhanāda sutta)」를 통하여 고행자들이 가지고 있는 오염(upakkilesa)에 대해서 다음과 같이 설한다.

> 니그로다여, 또한 고행자가 분노(kodha)하고 원한(upanāhi)을 품습
> 니다. 니그로다여, 고행자가 분노하고 원한을 품는다면 이것은 고행
> 자의 오염인 것입니다. …… 니그로다여, 또한 고행자가 분노하지
> 않고 원한을 품지 않습니다. 니그로다여, 고행자가 분노하지 않고
> 원한을 품지 않는다면 이처럼 그는 그와 같은 정도로 청정해진
> 것입니다.[29]

붓다는 고행자가 오염을 부수고 청정으로 가는 방법에 대해서 분노와 원한을 버릴 것을 강조한다. 여기서 사용된 분노는 '꼬다(kodha)'와 '우빠나하(upanāha, 분노, 적의, 원한)'이다. 그리고 '꼬다'와 유사한 의미로 성냄, 짜증, 격앙 등을 의미하는 14) '꾸자나(kujjhanā)'와 15) '꾸지히따따(kujjhitattaṃ)'의 분노가 있다. 하지만 이들은 경장(Sutta

Piṭaka)보다 논장論藏에서 주로 활용하는 용어로 분류된다.

19) '위야빠띠(vyāpatti, 악의)', 20) '위야빠자나(vyāpajjanā, 악의를 가짐)', 21) '위야빠지땃따(vyāpajjitattaṃ, 악의를 가진 상태)'[11]의 세 가지 성냄은 '짜증나다', '해치다' 등의 의미를 지닌 '위야빠자띠(vyāpajjati)'에서 파생한 명사형으로 악의, 해害 등의 의미를 가지고 있다. 특히 19) 위야빠띠(vyāpatti)는 '위야빠다(vyāpāda, byāpāda, 악의)'와 동의어로 사용되며, 선정(jhāna, 禪定)을 성취하는 데 방해가 되는 다섯 가지 장애(五蓋, pañcanīvaraṇa) 중의 하나이다. 초기경전은 '위야빠다(vyāpāda)'에 대해 비유하기를, 수행자가 맑은 물에 자신의 모습을 있는 그대로 비춰보려고 할 때 마치 부글부글 끓는 물과 같아서 자신의 모습을 있는 그대로 비춰보기 어렵다고 설한다. 즉 '위야빠다'는 '도사'와 유사한 의미를 지닌다.[30] 하지만 도사보다 강렬한 표현으로 자신이나 타인에게 능동적으로 위해를 가할 수 있는 악의를 말한다. 「짝까왓띠-시하나다 숫따(Cakkavattisīhanada sutta)」는 아주 오래전 인간의 수명壽命을 줄이는 데 탐욕과 악의(vyāpāda)가 영향을 주었다고 설명한다.

비구들이여, 인간의 수명이 이천오백 년이 되었을 때 탐욕(abhijjhā)과 악의(vyāpāda)가 늘어났다. 탐욕과 악의가 늘어나자 중생들의 수명도 줄어들고 용모도 떨어졌다. 중생들의 수명도 줄고 용모도 떨어지자 수명이 자손 대에 와서 일천 년이 되었다.[31]

경전은 탐욕과 성냄을 표현함에 있어 일반적인 '로바(lobha)'와 '도사

(dosa)'를 사용하지 않고 '아빗자(abhijjhā)'와 '위야빠다'를 사용했다. 이는 '위야빠다'가 '도사'를 근원으로 확장된 분노 중에 하나라는 것을 의미하며 동시에 '도사'보다 강렬하게 표현되는 분노임을 확인하게 한다. 또한 '위야빠다'는 아주 오래전 인간이 수천 년의 수명을 가지고 있을 때에도 나타나던 분노임을 알 수 있다. 『앙굿따라니까야』의 「마하 왁가(Mahāvagga)」는 악의가 성냄의 표현으로 강렬한 분노임을 설명한다.

> "살라여, 어떻게 생각합니까? 성냄(doso)이 있습니까?" "존자여, 그렇습니다." "살라여, 나는 악의(vyāpāda)가 그 의미라고 말합니다. 성냄 때문에 악의를 지닌 마음이 살아있는 생명을 죽이고, 주지 않은 것을 빼앗고, 남의 아내를 겁탈하고, 거짓말을 합니다. 타인에게 이와 같은 것을 행하면 그는 오랜 시간 무익하고 고통스러울 것입니다." "존자여, 그렇습니다."[32]

'위야빠다'는 '도사'를 원인으로 발생한 강한 분노이다. 누군가 악의를 지니게 되면 그는 오계를 어기고 다른 사람에게 위해를 가할 수 있게 된다. 악의는 「살레야까 숫따(Sāleyyaka sutta)」를 통해 다시 한 번 설명된다. 붓다는 장자들에게 정신적으로 잘못된 세 가지 실천에 대해 설하는데 이들은 탐욕을 지니는 것, 악의(vyāpāda)를 지니는 것, 그리고 잘못된 견해(micchā diṭṭhi)를 지니는 것이다. 붓다는 이러한 잘못된 마음을 가지고 있는 경우 죽은 후에 괴로운 곳, 나쁜 곳, 타락한 곳, 지옥에 태어날 수 있다고 설명한다. 이처럼 부정한 결과를 이끄는 정신적으로 잘못된 세 가지 길 중에 두 번째가 악의를 지니는 것이다. 악의는 누군가를 해칠 수 있는 강한 분노이다.

> 악의(vyāpāda)의 마음을 가지고 있습니다. (악의를 지닌) 그는 중생들이 죽고, 피살되고, 도살되고, 파멸되어, 존재하지 않기를 바라고 해치려는 의도를 갖습니다.[33]

경전은 신체적, 언어적, 정신적으로 잘못된 길을 가는 자들에 대해서 설한다. 이처럼 악의는 정신적으로 잘못된 길의 상징이 된다. 악의는 스스로 만들어내는 분노로 자신뿐만 아니라 다른 사람들에게도 해를 끼칠 수 있는 마음이다. 이러한 설명은 『상윳따니까야』를 통해서 다시 확인된다.

> 촌장이여, 나는 악의(vyāpāda)를 가지는 것과 그것의 결과에 대해서 분명히 압니다. 이와 같이 악의를 지닌 사람은 몸이 죽은 뒤에 괴로운 곳, 나쁜 곳, 비참한 곳, 지옥으로 떨어지는 것을 분명히 압니다.[34]

악의를 지닌 자는 죽은 후에 좋은 곳으로 윤회할 수 없다. 일반적으로 악의를 품은 자들은 타인에게 영향을 주어 자신의 이익을 챙길 수 있는 방법이라고 생각하지만 사실은 남이 아닌 자신을 파멸의 길로 인도하고 있었다. '위야빠다'를 제거하는 방법에 대해서는 3장 '분노에서 벗어나기'에서 보다 구체적으로 다루겠다.

잔혹함으로 번역한 24) '짠디까(caṇḍikka)'는 스스로 조정이 되지 않는 포악스럽고 잔인한 상태(caṇḍa)의 성냄을 의미한다. 따라서 인색하고 흉악한 분노의 의미를 가진다. '짠디까(caṇḍikka)'는 앞서 설명한 강한 분노, '꼬빠(kopa)'와 함께 강렬한 분노상태를 의미한다.[35] 잔인해 질 정도로 강한 분노의 마음이 치솟는 것이다. 바라문 암밧타는 「암밧타 숫따(Ambaṭṭha sutta)」를 통해 석가족에 대해 분노하며 그들이 잔인하다고 표현한다. 이를 통해 용어의 의미를 파악할 수 있다.

바라문 학인 암밧타는 수행을 완성하지 못했다는 말로 인해 화가 나고(kupito) 불만으로 가득차서(anattamano) '수행자 고따마는 악한 자일 것이다'라고 생각하면서 세존을 저주하고 세존을 헐뜯고 세존을 비난하며 말했다. "존자 고따마여, 사끼야족은 잔인(caṇḍā)합니다. 존자 고따마여, 사끼야족은 거칩니다(pharusā). 존자 고따마여, 사끼야족은 성질이 나쁩니다(lahusā). 존자 고따마여 사끼야족은 난폭합니다(rabhasā). 천하게 태어나서 천민으로 바라문을 공경하지 않고 바라문들을 존중하지 않고 바라문들을 공양하지 않고 바라문들을 예경하지 않습니다."[36]

암밧타는 자신의 수행이 아직 완성되지 못했다는 붓다의 평가에 화(kopa)가 났고, 불만(anattamano)으로 가득 차게 되었다. 결국 그는 화와 불만을 붓다와 석가족에 대한 심한 비난으로 표출하게 된다. 그는 여기서 '짠다(caṇḍa)'라는 표현을 한다. 잔인하다는 것은 분노가 넘쳤을 때 언행으로 나타나는 결과의 한 형태로 볼 수 있다. 암밧타는 스스로를 다스리지 못하고 분노를 통하여 여러 가지 거친 언행으로 표현한다. 결국은 자신이 무시당했다는 생각이 분노로 발전한 것이다. 이처럼 격한 화에 휩싸인 암밧타에 대한 붓다의 대응은 본고의 4장 '붓다의 분노'에서 다시 다루겠다.

25) '아수로빠(asuropa, āsulopa)'는 마음을 '잘 제어하지 못하는' 상태로 분노, 적의, 악의의 의미를 지닌다. 이 용어 역시 경장經藏에서는 쉽게 찾아보기는 어려운 용어로 주로 논장에서 등장한다.[37]

마지막으로 '마음의 언짢음'으로 번역한 26) '안아따마나(anattha-mana)'는 불편한 마음 상태를 말한다. 이 용어는 앞서 여러 차례 경전을 통해 나타났다. '안아따마나'는 이익을 얻을 수 없는 불만족의 상태를 말한다.[38] 『담마상가니』에서 제시한 23〔26〕가지 성냄들 중에 가장 약한 성냄의 상태로 성냄과 같은 것이라고 보기에는 논의의 여지가 있다. 그럼에도 불구하고 『담마상가니』는 '안아따마나'를 성냄의 범주 안에 포함시킨다. 만약 '안아따마나'가 성냄의 범주 안에 포함된다면 성냄이 의미하는 폭은 상당히 넓어진다. 성냄이 의미하는 범주가 넓어 질수록 성냄을 완전하게 제거한 상태를 얻기는 어려워지는 것이다. 이러한 문제는 성냄을 제거한 붓다와 아라한에게 '안아따마나'의 상태 가 있는지 없는지의 문제로 확대될 수 있다. 다시 말해 성냄은 마치 물질처럼 소유하고 있느냐 없느냐로 단순하게 설명하기 어렵다는 것이 다. 단순히 있고 없고의 문제로 보기에는 그 의미와 폭이 상당히 넓다. 붓다 혹은 아라한에게 '안아따마나'의 상태가 있는지에 대해서, 그리고 논장의 설명처럼 이들을 성냄의 범주에 포함시킬 수 있을지는 본고

4장 '붓다의 분노'에서 구체적으로 다루겠다. '안아따마나'는 초기경전에서 자주 언급되는 부정적인 심리상태이다.

　지금까지 다양한 성냄의 의미와 용례에 대해서 살펴보았다. 초기불교 안에 분노는 그 종류와 표현 강도에 따라 다양한 수준으로 나타났다. 이들 중에서 초기경전에서 자주 사용되는 성냄은 도사(dosa), 빠띠가(paṭigha), 위야빠다(vyāpāda), 안아따마나(anatthamana), 꼬다(kod-ha), 코빠(kopa), 아가따(āghāta) 등으로 정리할 수 있었다. 이들은 성냄이나 분노를 표현하는 용어로 사용하고 있으며, 실제로 내포하고 있는 강도에는 조금씩 차이가 있었다. 무엇보다도 '빠띠가(paṭigha)'는 강한 성냄을 의미한다. '빠띠가'는 (상대적으로 약한) '도사'에 의한 느낌에 반응하는 상태로, 심리적 분함이나 억울함에 의한 반감, 즉 자극에 대한 수동적인 저항의 의미로 발생한다. 죽일듯한 분노가 일어나고 있음에도 불구하고 이들은 일종의 저항감(paṭi)에 의해 발생한 '수동적 분노'라는 것이다.

　반면에 악의, 적의 등의 의미를 지닌 '위야빠다(vyāpāda)'는 의도적인 성냄을 의미한다. 즉 '능동적인 분노'로 자신 스스로 계(sīla, 戒)를 어기는 것은 물론이고, 사람을 해치는 것까지 가능하게 하는 분노이다. 이를 통해 분노에 대한 수준별 특성이 정리될 수 있다. '도사'는 모든 것을 싫어하는 성냄으로 분노의 뿌리와도 같다. 그리고 뿌리 역할을 하는 '도사'에 의해 '빠띠가'와 같이 수동적으로 반응하는 분노가 나타날 수 있다. 또한 누군가를 의도적으로 방해하기 위해 악의적으로 심화된

'위야빠다'라는 능동적인 분노도 나타날 수 있다. 이들을 정리하자면, 가장 근원의 자리에는 '안아따마나'가 있다. '안아따마나'는 이익을 얻지 못하는 불만족스러운 마음 상태를 말한다. 어쩌면 성냄의 가장 약한 표현이 될 수도 있고, 성냄과는 다른 성냄의 가장 근원적인 자리가 될 수도 있다. '안아따마나'를 근원으로 '도사'가 나타난다.[39] 그리고 '도사'는 점진적으로 확장되어 내외부로 표출되기 시작한다. 도사는 수동적인 분노인 '빠띠가(적의)'와 능동적인 분노인 '위야빠다(악의)'로 확장된다. 따라서 같은 성냄이라고 할지라도 그 분노의 수준에 따라 용어의 사용이 달라진다는 것을 알 수 있다. 초기경전에서 자주 나타나는 꼬다(kodha), 코빠(kopa), 아가따(āghāta) 역시 도사를 근원으로 발생한 강한 분노들이라고 볼 수 있다.

안아따마나(anatthamana) → 도사(dosa) → 빠띠가(paṭigha)
안아따마나(anatthamana) → 도사(dosa) → 위야빠다(vyāpāda)

초기경전은 추가로 분노에 해당하는 용어들을 설명한다. 상기 논장의 23가지에는 포함되지 않았으나 빠알리어 '로사(rosa)'도 분노의 의미로 사용된다.[40] 따라서 초기불교의 분노를 이것이라고 정의하기는 쉽지 않다. 그렇다면 이러한 분노들로부터 벗어나는 방법은 무엇일까? 초기경전의 설명을 통하여 분노 다스리기를 살펴보자.

3. 분노에서 벗어나기

초기경전은 모든 분노의 근원지라고 할 수 있는 성냄(dosa)의 제거에 대해서 구체적으로 설명한다. 특히 성냄은 탐욕, 어리석음과 함께 제거해야 할 대상으로 여러 곳에서 안내하고 있다.[41] 본장에서는 분노의 다양한 의미들 중에서 '도사'를 중심으로 성냄을 제거하는 방법에 대해 살펴보고자 한다. 그리고 선정(jhāna, 禪定)의 성취와 연계하여 오장애 (五蓋) 중의 하나로 나타나는 '위야빠다(vyāpāda, 악의)'를 제거하는 방법에 대해 구체화할 것이다. 초기불교 수행론에 있어서 성냄은 제거해야 할 대상이다. 『앙굿따라니까야』는 이러한 성냄이 제거되지 않으면 다시 조건(nidāna)으로 형성되어 윤회를 거듭하게 만든다고 설명한다.

> 비구들이여, 행위의 발생에 대한 세 가지 조건이 있다. 세 가지란 무엇인가? 탐욕이 행위의 발생조건이다. 성냄(dosa)이 행위의 발생 조건이다. 어리석음이 행위의 발생조건이다. …… 비구들이여, 성냄 에서 출현하고, 성냄에서 기원하고, 성냄에서 연원하고, 성냄에서 일어나는 행위가 있는데, 그러한 행위는 현세에서나 다음 생에서나 더 먼 미래에서나 언제나 그 해당하는 사람이 생겨나는 곳에서 그 행위가 성숙하며, 그 행위가 성숙한 곳에서 행위의 과보가 거두어 진다. …… 성냄의 여읨에서 출현하고, 성냄의 여읨에서 기원하고, 성냄의 여읨에서 연원하고, 성냄의 여읨에서 일어나는 행위가 있는 데, 그러한 행위는 성냄을 떠날 때에 그 행위가 버려지고, 뿌리째

뽑히고, 종려나무 그루터기처럼 되고, 존재하지 않게 되어, 미래에
다시 생겨나지 않게 되며 …… 비구들이여 이와 같은 행위의 발생에
대한 세 가지 조건이 있다. "미혹하여 탐욕이 생겨나고, 성냄에서
생겨나고 어리석음에서 생겨난 크고 작은 행위를 저지르면 세상에
그 과보를 받아야지 다른 가능성은 없으니, 비구는 탐욕과 성냄과
어리석음을 분명히 알아 명지를 일으켜서 모든 나쁜 곳을 끊어버려
야 하리."[42]

붓다는 탐진치의 삼독심을 끊는 일이 윤회의 종식이라 선언한다.
그리고 그 길을 닦아가는 작업이 수행자의 역할이자 의무이다. 초기불
교 안에서 성냄은 제거해야 할 대상이다. 『앙굿따라니까야』의 「데와따
왁가(Devatā Vagga)」는 탐진치의 삼독심에 의해 업(kamma, 業)이 쌓여
가고 있음을 설명한다.

비구들이여, 업을 발생시키는 이와 같은 세 가지 토대가 있다. 세
가지란 무엇인가? 비구들이여, 탐욕이 업을 발생시키는 토대이고,
성냄이 업을 발생시키는 토대이고, 어리석음이 업을 발생시키는
토대이다. 비구들이여, 탐욕(성냄[dosa], 어리석음)에서는 탐욕(성
냄, 어리석음)의 여읨이 일어나지 않지만, 비구들이여, 탐욕(성냄,
어리석음)에서는 탐욕(성냄, 어리석음)이 일어난다. …… 비구들이
여, 탐욕(성냄, 어리석음)에서 생겨난 업에 의해서 신들이 시설되지
않고, 인간이 시설되지 않고, 또는 어떠한 다른 좋은 곳의 존재도
시설되지 않는다. 그렇지만 비구들이여, 탐욕(성냄, 어리석음)에서

생겨난 업에 의해서 지옥이 시설되고, 축생이 시설되고, 아귀의 영역이 시설되고, 또는 어떠한 다른 나쁜 곳의 존재가 시설된다. 비구들이여, 업을 발생시키는 이와 같은 세 가지 토대가 있다.[43]

붓다는 성냄(dosa) 안에서는 성냄이 확장될 수 있으나, 성냄 안에서 성냄의 소멸은 어렵다고 설명한다. 즉 성냄은 또 다른 성냄의 원인이 될 뿐이지, 성냄으로 성냄을 제거할 수 없다는 설명이다. 「데와따 왁가」는 분노가 긍정적으로 사용되는 경우는 없을까라는 의문에 대해 부정적 답변을 하는 셈이다. 하지만 『앙굿따라니까야』의 「인드리야 왁가(Indriya Vagga)」는 조금 다른 접근방식을 제공한다. 아난존자는 괴로움(dukkha)의 원인인 갈애(taṇha)를 제거하기 위해 갈애가 사용될 수 있음을 설명한다.

그는 갈애에 의지하여 갈애를 극복합니다. 누이여, 이 몸은 갈애에서 생긴 것입니다. 그러므로 갈애에 의지하여 갈애를 극복해야만 합 니다.[44]

이 경전은 갈애로 갈애를 제거할 수 있다고 설명한다. 아직 갈애를 제거하지 못한 수행자가 갈애를 가지고 있는 것은 당연한 현상이며, 갈애를 제거하고자 하는 갈애(의욕)를 일으켜야 궁극적인 목표에 도달 할 수 있다는 것이다. 이 문맥에서 첫 번째 갈애는 수행자의 정신적 영역을 향상시키기 위한 바람이나 의욕을 나타낸다. 그리고 두 번째 갈애는 고성제의 원인이자 윤회의 원인이 되는 부정적 의미의 갈애이다. 여기서 수행자는 갈애라는 욕망으로 또 다른 갈애라는 욕망을 제거할 수 있게 된다. 다시 말해 욕망은 불교 안에서 제거해야 할 대상인 동시에, 제거할 수 있도록 이끌어주는 동력이 될 수 있다.[45] 만약 이 경구의 맥락을 성냄의 경우에 적용한다면 다음의 해석도 가능하다. 수행자가 성냄으로 성냄을 제거하고자 한다면, 전자의 성냄은 지속적으로 일어나는 불편한 마음에 대한 불만족에서 발생하는 분심憤心으로 볼 수 있을 것이다. 이와 같은 분노의 마음은 강한 노력으로 전환될 수 있다. 예를 들어 어느 학생이 누군가로부터 공부를 못한다고 비난을 받으면 기분이 나빠 화가 나지만 오히려 오기가 생겨 더욱 노력하게 되는 경우와 유사하다. 분노는 힘을 수반하여 노력으로 전환하는 기능을 가지고 있다. 그리고 후자의 성냄은 근원적 괴로움인 삼독심의 하나로 볼 수 있을 것이다. 하지만 이러한 해석은 상기 언급한 「인드리야 왁가」의 설명을 바탕으로 갈애에 성냄을 대입한 추론에 불과하다. 이 추론이 아무리 그럴듯하다고 할지라도, 초기불교를 통해 성냄으로 성냄을 제거한다는 직접적 표현은 찾아보기 어려운 것이 사실이다. 오히려 "성냄(dosa)에서는 성냄의 여읨이 일어나지 않는다"는 가르침이 나타나고 있다. 따라서 초기불교 안에서 '분노가 긍정적으로 사용되는 경우는 없을까?'라고 묻는다면 대답은 '없다'이다. 왜냐하면 초기경전을 기준으로 분노를 긍정적으로 묘사하는 경우는 찾아보기 어렵기 때문이다. 앞서 설명한 「데와따 왁가」에 따르면 이러한 성냄이 업(kamma)을 형성하고, 이렇게 형성된 업은 수행자를 악처로 윤회하게 한다. 따라서 수행자는 성냄의 제거를 위해 정진해야만 한다. 초기경전은 붓다의 설법을 통하여 지속적으로 이러한 성냄을 제거할 것에 대해 설명한다. 『이띠웃따가(Itivuttaka)』는 성냄이 윤회를 일으키는 원인이며 통찰을 통해 이로부터 벗어날 것을 강조한다.

"비구들이여, 하나의 원리를 버려라. 그대들에게 나는 돌아오지 않는 경지를 보증하는 자이다. 어떠한 하나의 원리인가? 비구들이여, 성냄(dosa)이라는 하나의 원리를 버려라. 그대들에게 나는 돌아오지 않는 경지를 보증하는 자이다." 세존께서는 이와 같이 설하셨고 그와 관련하여 다음과 같이 말씀하셨다. "성내는 중생은 성냄(dosa)으로 인해 나쁜 곳으로 간다. 그 성냄을 올바로 알아서 통찰하는 자는 끊어버린다. 끊어버린 뒤에 그는 이 세상으로 결코 돌아오지 않는다."[46]

붓다는 모든 분노의 근원인 성냄(dosa)을 제거할 것을 주장한다. 여기서 돌아오지 않는 자는 불환과不還果를 의미한다. 이 경전을 통해 오하분결五下分結 중의 성냄이 불환과에서 완전히 제거된다는 사실을 확인할 수 있다. 붓다는 『이띠웃따가』를 통해 탐욕(lobha)과 어리석음(moha)도 동시에 제거할 것을 권유하며, 더 나아가 분노(kodha), 위선(makkha), 교만(māna)의 점진적 제거에 대한 설명을 이어간다. 붓다는 이처럼 탐진치의 삼독심에 포함된 '도사'뿐만 아니라 '꼬다(분노)' 역시 제거의 대상에 포함하고 있다. 그렇다면 윤회의 근원이자 악처로 떨어지게 하는 성냄은 어떻게 제거할 수 있을까? 『상윳따니까야(Saṃyutta Nikāya)』의 「삽바 왁가(Sabba vagga)」는 육근의 접촉을 통해 불타고 있는 번뇌로부터 벗어나는 길이 곧 삼독심을 제거하는 길이라고 설명한다.

> 비구들이여, 일체가 불타고 있다. 비구들이여, 어떻게 일체가 불타
> 고 있는가? 비구들이여, 시각도 불타고 있고, 형상도 불타고 있고,
> 시각의식도 불타고 있고, 시각접촉도 불타고 있고, 시각접촉을 조건
> 으로 생겨나는 즐겁거나 괴롭거나 즐겁지도 괴롭지도 않은 느낌도
> 불타고 있다. 어떻게 불타고 있는가? 탐욕의 불로, 성냄(dosa)의
> 불로, 어리석음의 불로 불타고 있고 태어남, 늙음, 죽음, 슬픔,
> 비탄, 고통, 근심, 절망으로 불타고 있다. ······ (청각, 후각, 미각,
> 촉각, 정신) ······ 비구들이여, 이와 같이 보아서 잘 배운 고귀한
> 제자는 시각에서도 싫어하여 떠나고, 형상에서도 싫어하여 떠나고,
> 시각의식에서도 싫어하여 떠나고, 시각접촉에서도 싫어하여 떠나
> 고, 시각접촉을 조건으로 생겨나는 즐겁거나 괴롭거나 즐겁지도
> 괴롭지도 않은 느낌에서도 싫어하여 떠난다. ······ (청각, 후각,
> 미각, 촉각, 정신) ······ 그는 싫어하여 떠나 사라지고, 사라져서
> 해탈한다. 그가 해탈할 때 '해탈되었다'는 궁극적인 앎이 생겨나서
> '태어남은 부서졌고, 청정한 삶은 이루어졌고, 해야 할 일은 다
> 마쳤으니 더 이상 윤회하지 않는다'라고 분명히 안다.[47]

붓다는 육근, 육경, 육식, 그리고 이들의 만남(觸), 이 만남으로
인한 느낌(受)에서 탐진치로 불타고 있음을 설한다. 이러한 불은 태어
남, 늙음, 죽음, 슬픔, 비탄, 고통, 근심, 절망으로 확장되어 끊임없이
타오르고 있다. 따라서 수행자는 타오르는 오온에 대한 집착을 내려놓

고 오온이 내외부의 대상과 만나 발생하는 느낌에서도 집착을 내려놓아야 한다. 더 이상 태울 연료를 공급하지 않아야 하는 것이다.[48] 욕망에 의해 타오르는 불들이 꺼졌을 때 수행자는 괴로움(dukkha, 苦)으로부터 벗어날 수 있으며, 맑고 시원하고 평온한 열반을 얻게 된다. 결국 번뇌가 활활 타오르는 오염된 상태에서 벗어나 불이 꺼진 청정한 열반을 성취한다. 따라서 『숫따니빠따(SuttaNipāta)』는 '불을 *끄다*'라는 의미로서의 열반을 설명한다.[49] 이처럼 초기불교는 성냄을 궁극적으로 제거해야 할 심리적 상태로 본다.

『마하사띠빳타나 숫따(Mahāsatipaṭṭhāna sutta, 大念處經)』는 성냄을 다루는 수행에 대해 구체적으로 접근한다. 몸, 느낌, 마음, 법이라는 네 가지 대상을 향해서 사띠(sati, 念, 주시)를 확립하는 방법들 중에 세 번째로 나타나는 심수관(心隨觀, 心念處)은 빠알리어로 '찟따누빠사나(cittānupassanā)'로 '찟따(citta)'와 '아누빠사나(anupassanā)'의 합성어이다. '찟따'는 일반적으로 '마음'이라는 의미로 사용하고 '아누빠사나'는 '~을 따라서, ~와 결합하여' 등의 의미를 가진 'anu'와 '보다'라는 뜻의 'passati'가 결합된 '아누빠사띠(anupassati)'로부터 나온 명사형으로 '따라가며 보기, 관찰, 응시'[50] 등의 뜻을 가지고 있다. 그러므로 '찟따누빠사나'는 마음을 따라가며 보는 것으로, 마음에 대한 사띠의 확립을 의미한다. 경전은 심수관의 대상으로 16가지 마음을 구체화한다.

비구들이여, 어떻게 비구가 마음에서 마음을 관찰하면서 머무는가?

비구들이여, 여기에 비구는 (1) 탐욕이 있는(sarāga) 마음을 '탐욕이
있는 마음이다'라고 분명히 안다. 혹은 (2) 탐욕이 없는(vītarāga)
마음을 '탐욕이 없는 마음이다'라고 분명히 안다. 혹은 (3) 성냄이
있는(sadosa) 마음을 '성냄이 있는 마음이다'라고 분명히 안다. 혹은
(4) 성냄이 없는(vītadosa) 마음을 '성냄이 없는 마음이다'라고 분명히
안다. 혹은 (5) 어리석음이 있는(samoha) 마음을 '어리석음이 있는
마음이다'라고 분명히 안다. 혹은 (6) 어리석음이 없는(vītamoha)
마음을 '어리석음이 없는 마음이다'라고 분명히 안다. 혹은 (7) 위축된
[모아진](saṅkhitta) 마음을 '위축된 마음이다'라고 분명히 안다. 혹은
(8) 산란한(vikkhitta) 마음을 '산란한 마음이다'라고 분명히 안다.
혹은 (9) 커진(mahaggata) 마음을 '커진 마음이다'라고 분명히 안다.
혹은 (10) 커지지 않은(amahaggata) 마음을 '커지지 않은 마음이다'라
고 분명히 안다. 혹은 (11) 위 있는(sauttara) 마음을 '위 있는 마음이다'
라고 분명히 안다. 혹은 (12) 위없는(anuttara) 마음을 '위없는 마음이
다'라고 분명히 안다. 혹은 (13) 집중된(samāhita) 마음을 '집중된
마음이다'라고 분명히 안다. 혹은 (14) 집중되지 않은(asamāhita) 마음
을 '집중되지 않은 마음이다'라고 분명히 안다. 혹은 (15) 해탈된
(vimutta) 마음을 '해탈된 마음이다'라고 분명히 안다. 혹은 (16) 해탈되
지 않은(avimutta) 마음을 '해탈되지 않은 마음이다'라고 분명히
안다.[51]

이들 중에 성냄과 관련된 마음은 세 번째와 네 번째 마음으로, 세
번째는 (3) '사도사(sadosa)'이다. '사도사'는 소유 의미의 접두사 '사(sa)'

와 '성냄'이라는 의미의 도사(dosa)가 합성된 용어로 '성냄을 지니고 있다'는 의미이다. 결국 '화가 나고 있는' 혹은 '성내고 있는' 마음 상태를 말한다.[52] 『데와따상윳따(Devatāsaṃyutta)』의 설명에 따르면, 도사(성냄)는 뿌리에는 독毒이 있고 꼭지에는 꿀이 있는 것과 같아 그 꼭지의 달콤함에 해로움을 모르고 반복하여 결국 중독되는 성질을 지닌다고 한다. 즉 누군가 분노에 의해 다른 사람을 욕하거나 때리고 괴롭힘으로 일종의 즐거움을 느낄 수 있으며,[53] 이렇게 성냄에서 수반하는 쾌감은 반복적으로 다른 사람을 욕하고, 미워하고, 화나는 것을 가능하게 한다. 하지만 달콤한 꿀로 보이던 즐거움의 끝에는 치명적인 독이 묻어 있다. 결국 화를 내면 낼수록 자신에게 독이 퍼지게 된다. 결국 '사도사'의 마음은 독을 꿀로 잘못 알고 흔들어대는 화난 마음을 말한다. 성냄에는 또 다른 두 가지 부류가 있는데 하나는 능동적인 것이고, 다른 하나는 수동적인 것이다. 이들은 앞서 설명한 능동적인 분노인 '위야빠다(악의)'와 수동적인 분노인 '빠띠가(적의)'와도 비교될 수 있다. 능동적인 성냄으로는 악의, 성냄, 미워함, 싫어함 등이 포함되고, 수동적인 것으로는 두려움이 포함된다. 예를 들면 능동적인 성냄은 먹이를 얻고자 상대를 공격하는 맹수와도 같다. 반면에 수동적인 성냄은 마치 코브라를 건드렸을 때 뱀이 두려움에 자신을 보호하고자 목을 뻣뻣이 세워 경고를 보내는 것과 같다. 일반적으로 성냄의 의미에 대해서는 능동적인 성냄을 생각하지만 실제로 삶에서 자주 일어나는 성냄은 수동적인 성냄에 가깝다.

『마하사띠빳타나 숫따』는 이러한 성냄들이 일어날 때 무엇보다 먼저 나에게 성냄이 있음을 분명히 알아차려야 한다고 설명한다. 성냄을 다스리는 가장 좋은 방법은 현재 나에게 성냄이 일어나고 있다는 사실을 아는 것이다. 심수관의 방법에서 '분명히 안다'는 의미는 더 이상 수행자의 마음이 성냄의 원인에 다가가지 않고, 자신이 분노하고 있다는 사실을 안다는 것이다. 예를 들어 싫어하는 사람을 만났을 때 우리의 마음은 싫어하는 사람이라는 대상에 붙어 있다. 현재 그 사람의 모습, 목소리에 마음을 두고 있기에 분노는 멈추지 않고 지속적으로 성장한다. 뿐만 아니라 분노하는 마음은 그가 행했던 과거의 안 좋은 기억을 떠올리고, 앞으로 일어날지 모르는 미래의 일들에 대해서도 연상을 하면서 걷잡을 수 없이 확대된다. 이처럼 수행자의 마음이 싫어하는 대상에 붙어있는 한 분노를 다스리기는 쉽지 않다. 반면에 '분명히 안다'라는 것은 '내가 지금 화가 나고 있구나'라는 사실을 아는 것으로 더 이상 싫어하는 사람이 대상이 아니라 분노하고 있는 내 마음이 대상이 된다. 수행자의 마음은 통제할 수 없는 외부의 대상(他人)을 잡고 있는 것이 아니라 통제 가능한 자신의 마음을 대상으로 삼는다.

인간은 동물과 다르게 두 가지 인지가 가능하다. 화가 날 수도 있고, 화가 나고 있다는 사실을 알 수도 있다. 여기서 수행자가 '분명히 안다'라는 알아차림은 두 번째인 자신이 화가 나고 있다는 사실을 아는 것과 같다. 이 상태를 상위인지(metacognition)라고 부른다. 수행자는 심수관을 통해 자신이 화를 내고 있다는 사실을 객관적으로 분명하게 살피게 된다. 대상을 내면화하면서 분노에 대한 통제가 가능해지는 것이다. 이와 같은 방법은 인간의 능력을 활용하는 것이기에 시간에 관계없이 붓다의 시대에도 현재에도 가능한 방법이다.

경전은 더 나아가 성냄이 없는 마음도 분명히 알아야 한다고 설명한다. 심수관의 네 번째 마음은 ⑷ '위따도사(vītadosa)'이다. 이때 '위따'는 '~이 없는', '~에서 벗어난' 등의 의미이고 '위따도사'는 '성냄이 없는' 마음을 말한다.[54] 성냄이 없는 마음은 성냄이 완전히 제거된 상태를 내타낼 뿐만 아니라 조건에 따라 성냄이 나타날 수는 있으나 지금 이 순간에는 나타나지 않는 상태를 말할 수도 있다. 즉 심수관에서 설명하는 '위따'를 포함하는 마음들은 탐진치가 제거된 아라한의 마음 상태일 수도 있고[55] 현재의 '선한 마음(kusala citta, wholesome mind, 善心)'일 수도 있다.[56] 선한 마음은 성냄이 제거된 마음뿐만 아니라 자애(사랑)로 발전된 마음을 포함할 수도 있다.[57] 성냄을 다스리는 방법은 성냄을 분명히 알아차리는 방법, 그리고 성냄의 자리를 선한 마음으로 대체하는 방법이 제시된다.

『숫타니파타(Sutta Nipāta)』의 「우라가숫따(Uraga sutta)」는 이처럼 탐진치가 없는 세 가지 마음에 대해 수행자가 지녀야 할 중요한 자세로 설명한다. 수행자는 마치 뱀이 허물을 벗듯이 다섯 가지 감각적인 욕망(pañcime kāmaguṇā)을 원인으로 일어나는 불선한 마음을 버려야 한다.[58]

또한 『마하사띠빳타나 숫따』는 법수관(法隨觀, 法念處)을 통하여 오장애을 대상으로 하는 수행법을 소개한다. 오장애는 1) 감각적 욕망 (kāmacchanda), 2) 악의(vyāpāda), 3) 혼침과 졸음(thīna-middha), 4) 들뜸과 회한(uddhacca-kukkucca), 그리고 5) 회의적 의심(vicikic-chā)으로 구성되어 있다. 특히 두 번째 장애인 '악의(vyāpāda)'는 필히 제거해야 할 대상이다.

비구들이여, 그러면 어떻게 비구가 법에서 법을 관찰하는 수행을 하면서 지내는가? 비구들이여, 여기에 어떤 수행자가 다섯 가지 덮개(五蓋)라는 법에서 법을 관찰하면서 지낸다. 그러면 비구들이여, 어떻게 다섯 가지 덮개라는 법에서 법을 관찰하면서 지내는가? ……

내적으로 성냄(惡意, 분노)이 있으면 '나에게 내적으로 성냄(惡意)이 있다'라고 분명히 안다. 또는 내적으로 성냄이 없으면 '나에게 내적으로 성냄이 없다'라고 분명히 안다. 그리고 생겨나지 않은 성냄이 일어나면 바로 그것을 분명히 알고, 생겨난 성냄이 사라지면 바로 그것을 분명히 안다. 그리고 이미 사라진 성냄이 이후에 생겨나지 않으면 바로 그것을 분명히 안다.[59]

붓다는 수행자에게 현재 성냄이 나타나면 나타나고 있다는 사실을 분명히 알아차릴 것을 강조한다. 그리고 현재 성냄이 나타나지 않으면 나타나지 않는다는 사실을 분명히 알아차리라고 한다. 이렇게 늘 사띠 하고 있으면 갑자기 성냄이 일어나더라도 알 수 있고, 없어진 것이 지속적으로 나타나지 않는 것도 알 수 있다는 설명이다. 이처럼 성냄을 바라보는 수행은 사념처(正念) 수행에서 심수관과 법수관을 통해 구체적으로 언급하고 있다. 심수관에서는 '도사'라는 성냄이 언급되고 법수관에서는 '위야빠다'라는 성냄을 대상으로 한다. 그리고 더 나아가 법수관에서 설명하는 오장애는 선정의 성취에도 방해가 되기에 선정 수행을 위해서도 제거되어야 한다. 즉 '위야빠다(vyāpāda)'를 대상으로 하는 수행은 정념正念과 정정正定 수행 모두에서 설명된다. 『보장가

상윳따(Bojjnanga saṃyutta)』[60]의 설명에 따르면, 일반사람들에게 나타
나는 다섯 가지 장애는 마치 맑은 물에 자신의 모습을 비춰보려는
자에게 '염료가 섞인(kāmarāga)', '불에 끓는(byāpāda)', '수초로 덮인
(thīna-middha)', '바람에 물결치는(uddhacca-kukkucca)', '진흙으로
탁한(vicikicchā)' 물과 같아서 자신의 모습을 있는 그대로(yathābhūta)
분명히 보거나 알지 못하게 한다고(na pajānati) 설명하고 있다.[61] 따라서
수행자의 마음에 이러한 다섯 가지 장애가 나타나지 않을 때 맑은
물에 비치는 자신의 모습을 보듯이 자신의 몸과 마음에서 일어나는
현상을 있는 그대로 보고 알 수 있다. 수행자가 사마타 수행을 통하여
첫 번째 선정에 들게 되면 이들 5가지 장애들은 중지되고 4가지의
선정 요소들이 나타난다.[62] 『위숫디막가(Visuddhimagga)』는 선정 수행
과 관련해서 '위야빠다(vyāpāda)'가 제거되면 그 자리를 희열(pīti)이
채운다고 한다.[63] 또한 주석서는 성냄을 다스리는 방법을 제안한다.[64]

초기불교는 성냄을 다스리는 방법으로 사띠를 통해 '분명히 아는'
방법과 더불어 사무량심四無量心을 소개한다. 붓다는 「마하라훌로와다
숫따(Mahārāhulovada sutta)」를 통하여 아들 라훌라에게 악의와 적의를
제거하는 사무량심 수행법을 설명한다.

라훌라여, 자애에 대한 수행을 계발하라. 라훌라여, 자애에 대한
수행을 계발하면 악의(vyāpāda)가 끊어질 것이다. 라훌라여, 연민
에 대한 수행을 계발하라. 라훌라여, 연민에 대한 수행을 계발하면
위해(vihesā)가 끊어질 것이다. 라훌라여, 기쁨에 대한 수행을 계발

하라. 라훌라여, 기쁨에 대한 수행을 계발하면 적(arāti)이 끊어질
것이다. 라훌라여, 평정에 대한 수행을 계발하라. 라훌라여 평정에
대한 수행을 계발하면 적의(paṭigha)가 끊어질 것이다.[65]

붓다는 자애 수행의 계발은 악의(vyāpāda)라는 성냄을 제거하고,
평정 수행의 계발은 적의(paṭigha)라는 성냄을 제거할 수 있다고 설한
다. 앞서 살펴보았던 것처럼 이들은 모두 도사를 기반으로 나타난다.
악의는 능동적인 분노에 가깝고 적의는 수동적인 분노의 성향을 가지고
있다. 그리고 이들 모두가 사무량심 수행을 통해 다스려진다. 사무량심
은 최근 자애 수행을 통해 확대되고 있다.[66] 초기경전은 분노에 대한
제거방법으로 자애관을 강조한다.[67] 악의와 성냄은 자애와 대치되는
상반대의 개념이다. 성냄과 사랑은 한순간에 공존하는 것이 불가능하
다. 붓다는 '성냄의 제거를 위해 자애를 닦아야만 한다'고 자주 언급하고
있다.[68] 초기불교는 악의, 성냄, 분노, 증오, 화와 같은 부정적인 성향을
제거하는 가장 좋은 방법으로 자애 수행을 권한다. 자애 수행의 방법론
은 『위숫디막가(Visuddhimagga)』를 통해 보다 구체화된다.[69] 본고에서
사무량심의 구체적인 수행방법 소개는 생략한다.[70] 초기불교에서 다루
는 성냄을 다스리는 방법은 성냄을 분명히 알아차리는 방법, 그리고
성냄의 자리를 선한 마음으로 대체하는 방법으로 정리된다.

4. 붓다의 분노

열반은 탐진치의 소멸을 의미한다. 따라서 열반을 성취한 붓다는 분노

(瞋心)를 가질 수 없다. 만약 붓다가 분노한다면 열반을 성취하지 못한 셈이 되기에 모순이다. 붓다는 45년간 다양한 천신과 사람들에게 많은 가르침을 설했다. 이 과정에서 상대의 이해 수준에 따라 때로는 차별화된 교화방법(對機說法)을 활용해야만 했다.[71] 붓다의 설법을 살피다 보면 간혹 이것이 분노의 표출인지, 아니면 자애심에 기인한 가르침인지에 대해 모호한 경우가 있다. 불교의 입장에서는 상대방의 근기에 맞춘 깊은 사랑(慈愛)과 연민(悲心)의 표출로 보이지만, 다른 시선도 있을 법한 장면들이 나타난다. 따라서 상황의 전체적인 맥락을 살피지 않으면 오해의 소지가 있을 수 있다. 4장 '붓다의 분노'는 붓다에 대한 평가가 아니라 분노의 활용에 대한 이해의 차원에서 진행되어야 한다. 붓다로부터 분노를 찾아보기 어렵다 할지라도 붓다가 분노를 가르침의 방편으로 사용하는 경우를 확인할 수 있을지도 모른다. 만약 그렇다면 붓다의 수준에서는 수행자의 제도를 위해 분노적인 표현을 사용했을 수도 있다는 것이다. 붓다는 성도 이후 45년간 다양한 천신과 사람들을 만나 가르침을 전했다. 붓다의 가르침을 받는 자들 중에는 호의적이지 않은 이교도들도 많았다. 그러다 보니 붓다는 다양한 경험을 하였고, 상황에 따라 적절한 대화방법을 찾아야 했다. 『앙굿따라니까야』의 「마하왁가」는 붓다가 다양한 질문에 대해서 어떠한 방식으로 대답하고, 적합한 대화방법을 지도하는지 보여준다.

…… 비구들이여, 질문을 받으면 단언적으로 대답해주어야 하는 경우에 단언적으로 대답을 하거나, 질문을 받으면 분석적으로 대답해주어야 하는 경우에 분석적으로 대답을 하거나, 질문을 받으면

질문의 화살을 되돌려주어야 하는 경우에 질문의 화살을 되돌려주거
나, 질문을 받으면 그 질문을 제쳐두어야 하는 경우에 질문을 제쳐둔
다면, 비구들이여, 그러한 사람은 대화상대로 적합하다. 비구들이
여, 대화상대에 적합한지 적합하지 않은지는 이와 같이 대화를
이끌어가는 방식에서 알 수 있다.

…… 비구들이여, 질문을 받고는 옳고 그름에 입각하고, 취지에
입각하고, 알려진 발언에 입각하고, 절차에 입각하면, 비구들이여,
그러한 사람은 대화상대로 적합하다. 비구들이여, 대화상대에 적합
한지 적합하지 않은지는 이와 같이 대화를 이끌어가는 방식에서
알 수 있다.

…… 비구들이여, 질문을 받고는 달리 다른 것으로 답변하지 않고
밖으로 화제를 돌리지 않고, 화내지(kopa) 않고, 성내지(dosa) 않고
실망을 드러내지 않으면,

…… 비구들이여, 질문을 받고는 공격하지 않고, 유린하지 않고,
조롱하지 않고, 말꼬리를 붙잡고 늘어지지 않으면, 비구들이여,
그러한 사람은 대화상대로 적합하다.[72]

붓다는 질문을 받고 대답을 하는 과정에서 상대가 대화에 적합한
사람인지를 판단하는 기준을 제시한다. 이러한 설명은 상대에 대한
평가 이전에 적합한 대화법이 무엇인지에 대해 정의하는 것이라 볼
수 있다. 이들은 크게 4가지로 질문에 따라 먼저 1) 단언적으로, 분석적
으로, 화살과 같이 공격적으로 들어오면 공격적으로, 그리고 필요에
따라 질문을 무시할 수도 있어야 한다는 것이다. 붓다는 질문에 화살이

라는 표현을 하는데 그 당시 많은 이교도들이 붓다에게 공격적인 질문을 했었음을 알 수 있다. 붓다는 화살을 화살로 되돌려주는 것 역시 적합한 대화법의 하나라고 보고 있다. 상대가 성내고 있을 때 똑같이 성냄으로 돌려주라는 의미가 아니라 상대의 성냄을 다스리는 방법을 사용해야 한다는 것이다. 그리고 붓다가 무시해야 할 질문에는 무기無記의 방법을 사용했음도 알 수 있다. 두 번째는 질문에 대해 2) 옳고 그름, 취지, 기존의 알려진 내용, 절차에 입각하여 대화해야 한다는 설명이다. 세 번째는 질문을 받고 3) 다른 대답을 하거나, 화를 내거나, 성냄을 일으키거나, 실망을 드러내서는 안 된다는 것이다. 붓다는 상대와의 적합한 대화를 위해 분노를 표출해서는 안 된다고 설명한다. 마지막으로 질문을 받고는 4) 공격, 유린, 조롱하거나 말꼬리를 붙잡고 늘어지면 안 된다고 설명한다. 이와 같은 붓다의 가르침에 따르면 상대가 누구이든 대화를 하면서 분노하거나, 오만하거나, 질투하거나, 성급함 없이 대화를 이끌어야 한다. 이와 유사한 가르침은 「로히따싸 왁가(Rohitassa vagga)」를 통해서도 나타난다.

> 비구들이여, 네 가지 질문에 대한 답변방식이 있다. 네 가지란 무엇인가? 비구들이여, 어떤 질문에는 즉각적으로 답변해야 한다. 어떤 질문에는 질문의 화살을 되돌려 답변해야 한다. 어떤 질문에는 질문을 제쳐두어야 한다. 어떤 질문에는 분석적으로 답변해야 한다.[73]

붓다는 질문에 대해 어떠한 방식으로 답변해야 하는지를 설정하고 있다. 우리는 경전을 통해 붓다의 가르침을 만난다. 그리고 경전의 대부분은 다른 사람들과의 대화로 구성되어 있다. 이 과정에서 붓다의 분노를 찾기는 쉽지 않다. 그럼에도 불구하고 초기경전에는 어쩌면 성냄의 표현이 될 수도 있겠다 싶은 구절들이 나타난다. 앞서 2장에서 다루었던 「암밧타 숫따(Ambaṭṭha sutta)」에 나타나는 붓다의 반응은 흥미롭다. 바라문 암밧타는 붓다로부터 인정받지 못했다는 마음에 자존심이 심하게 상했고, 그에 대한 반응으로 석가족에 대해 분노하며 화살을 쏘듯이 석가족을 비난한다. 이에 붓다는 암밧타에게 상기 제시한 답변의 방식을 사용한다.

> "암밧타여, 내가 그대에게 이유 있는 질문을 하겠습니다. 원하지 않더라도 대답해주기 바랍니다. 만약 그대가 대답하지 않거나, 다른 것으로 달리 회피하거나, 침묵하거나, 도망간다면 그때는 그대의 머리가 일곱 조각 날 것입니다." …… (두 번째도 바라문 학인 암밧타는 침묵했다) …… "암밧타여, 지금 대답하십시오. 지금 그대는 침묵을 지킬 때가 아닙니다. 암밧타여, 여래가 세 번 이유 있는 질문을 했는데 대답하지 않는다면 그대의 머리가 일곱 조각 날 것입니다."[74]

붓다는 암밧타의 무례한 태도에 협박과 유사한 방식으로 표현한다. 이러한 표현은 화살로 돌려준 것으로 볼 수 있다. 다만 암밧타의 비난을 듣고 있는 중에, 혹은 이런 표현으로 화살을 되돌려줄 때 붓다의 마음에서 분노가 일어나지 않을 수 있는지 의문이 든다. 이와 같은 상황은 다른 경전에서도 나타난다. 붓다가 사용하는 호칭을 통해 분노의 상황

이 의심되는 구절들이 있다. 붓다는 초기경전 여러 곳에서 자신의
설법을 잘못 이해하거나 잘못 전달하는 자들을 '모가뿌리사(mogha
purisa)'라고 부른다. '모가(mogha)'는 '비어있는', '헛된',[75] '쓸모없는',[76]
'바보 같은', '멍청한'의 의미를 가지고 있으며,[77] '뿌리사(purisa)'는 사람
이라는 의미를 지닌다. 즉 '모가뿌리사'는 '어리석은 자', '쓸모없는
사람', '바보 같은 놈', '멍청한 인간'이라는 표현이다. 이 용어에 대해
전재성은 '어리석은 자'로 번역하고 각묵은 '쓸모없는 사람'이라고 번역
한다.[78] 그리고 리즈데이비스(Rhys Davids)는 'foolish one',[79] 모리스월
시(Maurice Walshe)는 'foolish man',[80] 비구보디(Bhikkhu Bodhi)는
'Misguided man'[81]으로 번역한다. 즉 '목가뿌리사'는 칭찬보다는 욕에
가까운 표현이다. 『디가니까야』의 「빠띠까 숫따(Pāṭka sutta)」는 릿차
위족의 '수낙캇따(Sunakkhatta)'가 붓다를 거부하고 상가를 떠난 이야기
를 담고 있다. 유행자 바가와곳따(Bhaggavagotta)가 붓다를 찾아와
비구제자 수낙캇따가 상가를 떠난 것이 사실이냐고 묻자, 다음과 같은
대화를 통해 상황을 전한다.

(수낙캇따) "세존이시여, 저는 세존을 거부합니다. 나는 더 이상
세존을 섬기지 않을 것입니다." (세존) "수낙캇따여, 그런데 내가
그대에게 '와서 나를 섬기라'고 말한 것 있습니까?" (수낙캇따) "세존
이시여, 그렇지 않습니다." (세존) "그러면 그대가 나에게 '저는
세존을 섬기겠습니다'라고 말한 적이 있습니까?" (수낙캇따) "세존
이시여, 그렇지 않습니다." (세존) "수낙캇따여, 이와 같이 내가
그대에게 '와서 나를 섬기라'라고 말한 적이 없을 뿐만 아니라 그대가

나에게 '저는 세존을 섬기겠습니다'라고 말한 적이 없습니다. 그렇다면 어리석은 자여(mogha purisa), 누가 누구를 거절합니까? 어리석은 자여, 그대가 얼마나 잘못을 저질렀는지 보십시오." …… (세존) "인간을 뛰어넘는 신통의 기적을 보여주든 보여주지 않든, 내가 설한 가르침을 그대로 실천하기만 하면 그것이 올바른 괴로움의 소멸로 이끄는 것입니다. 그러므로 신통의 기적을 보여주는 것이 무슨 소용이 있단 말입니까?" …… (세존) "수낙캇따여, 내가 그대에게 알립니다. 그대에 대하여 사람들이 말할 것입니다. '릿차위족의 아들 수낙캇따는 고따마의 아래서 청정한 삶을 사는 것을 견디지 못하였다. 그는 배움을 비속하지 못하고 환속하여 저속한 삶으로 들어갔다.' 바가와여, 이와 같이 말했으나 릿차위족의 아들 수낙캇따는 타락하여 지옥에 떨어지듯 가르침과 계율을 져버렸습니다."[82]

수낙캇따는 여러 해 붓다를 시봉했음에도 불구하고 붓다가 인간의 능력을 뛰어넘는 신통의 기적을 보여주지 않고, 세상의 기원을 얘기를 해주지 않았다는 이유로 떠나기로 결심한다. 붓다는 신통의 기적은 괴로움으로부터 벗어나는 길이 아니라고 설명했음에도 수낙캇따는 붓다를 떠난다. 붓다는 떠나겠다는 수낙캇따에게 '언제 내가 오라고 한 적이 있느냐'며 '모가뿌리사(mogha purisa)'라고 표현한다. 경전은 지속적으로 붓다와 수낙캇따의 대화를 통해 수낙캇따가 어떤 생각들을 하고 있는지에 대해 반복적으로 설명한다. 붓다는 지속적으로 수낙캇따의 질문에 대답하며 그가 얼마나 어리석은 생각을 했는지에 대해서 일깨워준다. 동시에 '모가뿌리사'라는 표현도 반복된다. 사실 '모가뿌리사'라는 표현이 분노를 내포하는지에 대해서는 불분명하다. 왜냐하면 이 표현을 할 때에 붓다의 정서가 어땠는지가 더 중요하기 때문이다. 그리고 어떤 음성과 음량으로 표현했는지에 따라 해석이 달라질 수 있다. 하지만 경전에 남아 있는 상황만으로는 붓다가 분노를 표현했다고 보기는 어렵다. 다만 오랜 시간 시봉을 했던 수낙캇따에게 '언제 나를 섬기라고 했느냐?'라고 표현하는 부분 역시 자애의 표현이라고 보기는 쉽지 않다.

수낙캇따에 대한 이야기는 「마하시하나다 숫따(Mahāsīhanāda sutta)」에서 지속된다. 상기 대화가 있었음에도 불구하고 수낙캇따는 상가를 떠난다. 사리뿟따는 환속 후에도 그가 붓다를 지속적으로 비난하고 돌아다니는 상황을 전한다. 이에 붓다는 수낙캇따가 분노에 휩싸여 있다고 설하며, 그를 다시 '모가뿌리사'라고 표현한다.[83] 붓다는 앞에 있는 당사자 수낙캇따가 아닌 제3자인 사리뿟따에게 그는 '어리석은 자', '쓸모없는 사람', '바보 같은 놈', '멍청한 인간'이라고 표현하는 것이다. 물론 이러한 표현을 했다고 해서 이것이 분노라고 보기는 어렵다. 하지만 탐진치의 삼독심을 버린 최고의 스승이 타인에게 이러한 표현을 사용한 것도 의문의 여지가 있다.

『맛지마니까야』의 「마하딴하상끼야 숫따(Mahātaṇhāsaṅkhaya sutta)」는 윤회에 대해서 잘못 이해하고 있는 사띠(Sāti)와 이를 지적하는 붓다의 대화를 담고 있다. 붓다의 가르침과 다르게 윤회를 이해하고 있는 사띠는 주변 수행자들의 지적에도 불구하고 자신이 이해하고 있는 것이 옳다고 고집을 부린다. 이러한 이야기를 들은 붓다는 사띠를 불러 다음과 같이 설한다.

(세존) "사띠여, 그대에게 이와 같이 '내가 세존께서 설하신 가르침을 알고 있기로는, 바로 이 의식이 유전하고 윤회하는 것이지 다른 것이 아니다'는 잘못된 견해가 생겨났는가?" (사띠) "세존이시여, 제게 이와 같이 '내가 세존께서 설하신 가르침을 알고 있기로는, 바로 이 의식이 유전하고 윤회하는 것이지 다른 것이 아니다'는 견해가 생겨났습니다." (세존) "사띠여, 그 의식은 어떤 것인가?" (사띠) "세존이시여, 그것은 말하고 느끼고 여기저기 선행과 악행의 결과를 체험하는 것입니다." (세존) "이 어리석은 자여, 누구에게 내가 그런 가르침을 설했다는 것인가? 어리석은 자여, 의식도 조건 적으로 함께 생겨난다는 것, 즉 조건 없이는 의식도 생겨나지 않는다 는 것을 여러 차례 법문으로 설하지 않았던가? 그러나 어리석은 자여, 그대는 스스로 잘못 이해하여 오히려 우리를 왜곡하고 자신을 파괴하고 해악을 낳는다. 그것은 그대를 실로 오랜 세월 불이익과 고통으로 이끌 것이다." 그리고 세존께서는 비구들에게 말씀하셨다. (세존) "비구들이여, 어떻게 생각하는가? 이 어부의 아들 사띠가 가르침과 계율에 열중하는가?" (비구들) "세존이시여, 그렇지 않습 니다." 이와 같이 말하자 어부의 아들 사띠는 말없이 얼굴을 붉히고 어깨를 떨어뜨리고 고개를 숙이고 생각에 잠겨 대꾸 없이 앉아 있었다. 그러자 세존께서 말없이 얼굴을 붉히고 어깨를 떨어뜨리고 고개를 숙이고 생각에 잠겨 대꾸 없이 앉아 있는 어부의 아들 비구 사띠에게 이와 같이 말했다. (세존) "어리석은 자여, 그대는 자신의

약한 견해에 대해 깨닫게 될 것이다. 이 점에 관해 나는 비구들에게
묻겠다." ……[84]

붓다는 자신의 가르침과 다르게 윤회를 이해하고 있는 사띠를 나무란
다. 사띠는 조건에서 벗어난 의식의 재생이 있어야 다음 생으로 유전한
다고 믿었다. 고정된 의식의 윤회는 양극단의 하나인 상주론常住論과
비교될 수 있기에 붓다의 무아無我와는 차이를 지닌다. 붓다는 사띠를
향해 '모가뿌리사'라고 표현한다. 물론 붓다의 표현이 사띠의 잘못된
견해를 지도하시는 측면에서는 효과가 있을 것이다. 하지만 굳이 대중
들이 함께하는 자리에서 같은 표현을 여러 번 반복하며 잘못을 지적하는
이유는 무엇인지 의문이 든다. 게다가 붓다는 그의 잘못된 이해가
'오랜 세월 고통과 불이익이 따를 것'이라고 예언한다. 대중들 앞에서
고개를 숙이고 의기소침해 있는 사띠에게 반복적으로 강하게 지적하는
이유도 의문이다. 사실 어부의 아들 사띠는 초기경전 안에서 본 경전에
만 등장하기에 그 배경을 이해하기는 어렵다. 그리고 이러한 표현을
하는 붓다의 마음에 분노가 있었는지 없었는지에 대해서도 파악하기
어렵다.[85]

붓다는 여러 차례의 지도에도 불구하고 가르침을 올바로 이해하지
못하는 제자들에게, 그리고 개인의 탐욕에 의해 다른 사람들에게 가르
침을 잘못 전달하는 경우 등에 '모가뿌리사'라는 표현을 사용했다.
이러한 표현은 어리석은 제자들을 위한 교화방법으로 이해할 수도
있다. 붓다가 혹시 분노한 것은 아닐까라고 오해할 수 있는 장면은

「마하빠리닙바나 숫따(Mahāparinibbāna sutta, 大般涅槃經)」의 '브라흐마단다(Brahnadaṇḍa, 梵罰)'로 나타난다. 붓다는 입멸 직전에 아난존자를 향해 마지막 유훈을 남긴다. 이들은 제자들 간의 호칭 문제, 소소한 계율의 변경, 그리고 찬나(Channa)에게 벌을 내리는 것이다.

> (붓다) "아난다여, 내가 가고 난 뒤에 비구 찬나에게 범천의 벌(Brahnadaṇḍa)이 주어져야 한다." (아난다) "세존이시여, 범천의 벌이 무엇입니까?" (붓다) "아난다여, 비구 찬나가 원하는 것을 이야기하더라도 비구들은 그에게 이야기하거나 충고하거나 가르침을 주어서는 안 된다."[86]

붓다는 제자들 중에 어느 누구도 같은 상가에 머무는 찬나와 함께 말을 섞어서는 안 된다고 유훈을 남긴다. 이러한 처벌은 찬나를 집단적으로 따돌리라는 지시와도 같다. 붓다가 오죽하면 임종 직전에 이러한 벌을 내렸을까? 그리고 이러한 벌을 내릴 때의 심정은 어떠했을까? 찬나는 고타마와 한 날에 태어난 친구이자 마부였다. 그는 붓다가 출가하는 날 마부로 함께했다. 찬나는 스스로가 불교의 발생에 기여했다고 믿었으며, 소소한 계율들을 자주 어겼다. 때로는 붓다로부터 벌을 받았음에도 불구하고 스스로 잘못을 인정하기보다 이곳저곳으로 거처를 옮겨가며 상가의 규율과 속죄를 거부하기도 했다. 특히 비구와 비구니 사이에 의도적으로 편을 들어 결속력을 흔들어 놓은 사건은 치명적이었다. 따라서 붓다는 임종 직전에 누구도 그와 함께 말해서는 안 된다는 극약처방을 내린다. 후에 아난다는 찬나를 찾아가 붓다의 유훈을 전하고, 찬나는 자신의 잘못을 돌이켜 속죄하고 수행에 정진했다고 한다. 붓다가 임종 전까지 벌을 내린 것은 분노의 표현이라기보다 찬나의 근기에 맞는 가르침을 전한 것이라고 보는 것이 더 적절하다. 어쩌면 입멸의 순간까지도 함께 태어난 친구이자, 제자인 찬나를 배려한 것이라고 볼 수 있다. 따라서 붓다의 교화방법을 분노의 기준으로 삼는 것은 적절하지 못하다. 오히려 붓다는 거친 표현으로, 때로는 극단적인 처방을 통해 자애를 방사했다는 사실을 알 수 있다. 붓다는 자신의 이익을 위해 분노로 표현하지 않았다. 그는 타인의 이익을 위해, 상대의 근기에 맞춰, 교화방법의 하나로 분노적인 표현을 사용했다.

붓다의 자비심은 초기경전의 여러 곳에서 나타난다. 일반적인 사람(凡夫)이라면 분노로 대응했을 상황도 붓다는 상대에 대한 배려를 잊지 않는다. 특히 쭌다(Cunda)에 대한 자비의 마음은 말로 형용하기 어려울 정도이다. 붓다는 금세공사의 아들 쭌다의 공양을 들고 피가 나오는 이질에 걸리고, 죽음에 이르는 고통을 겪어야만 했다. 열반을 위해 쿠시나가라로 이동하며 아난다에게 발우로 물을 떠달라고 요청하는 장면은 애처로울 정도이다. 그럼에도 불구하고 붓다는 임종 직전에 쭌다에게 전하라며 유훈을 남긴다. 왜냐하면 자신의 임종 후에 쭌다는 자신이 올린 공양 때문에 붓다가 중병에 걸려 임종했다는 회한에 잠길 것이며, 동시에 많은 사람들이 쭌다를 비난할 것을 예상했기 때문이다.

아난다여, 금세공사의 아들 쭌다에게 이와 같이 그 회한을 없애주어야 한다. "벗이여, 그대가 마지막으로 여래에게 공양을 올려 여래가 완전히 열반에 드셨으니, 그것은 참으로 그대에게 이익이 되거니와, 최상의 이익이 됩니다. 벗이여, 쭌다여, 세존 앞에서 나는 '두 가지 공덕이 있는데 이들은 다른 과보나 다른 공덕을 훨씬 능가한다. 두 가지란 무엇인가? 그 공양을 들고 여래가 위없이 바르고 원만한 깨달음을 얻은 때와 그 공양을 들고 여래가 잔여 없는 완전한 열반을 드는 때의 그 두 가지 공양은 동등한 과보, 동등한 공덕이 있는데, 다른 과보나 다른 공덕을 훨씬 능가한다'라고 직접 들었습니다. 이제 대장장이 아들 쭌다님은 장수하는, 용모가 준수한, 안락을 얻는, 명성을 가져오는, 천상에 태어나는, 권세를 얻는 업을 지었습니다." 아난다여, 이와 같이 금세공사의 아들 쭌다에게 회한을 없애 주어야 한다.[87]

붓다는 자신을 극심한 육체적 고통과 죽음으로 이끈 마지막 공양에 대해 화내지 않고 자비를 베푼다. 특히 쭌다에 대한 배려를 통해 그가 제자들을 얼마나 사랑했는지 알 수 있다. 초기경전을 살펴보면 제자들이 때로는 붓다에게 대들기도 한 것으로 보인다. 「꼬삼비야 숫따 (Kosambiya sutta)」가 그 대표적인 사례이다. 꼬삼비의 비구들은 서로 다투고 싸우고 언쟁하고 논쟁하고 서로 칼을 입에 물고 찔렀다. 붓다는 제자들의 다툼을 보는 것이 어려웠다.

비구들이여, 참으로 그대들이 다투고 싸우고 언쟁하고 논쟁하고 서로 입에 칼을 물고 찌르는 경우 그때 동료 수행자에 대해서 여럿이 있을 때나 홀로 있을 때나 자애로운 신체적인 행위가 나타나지 않는다. …… 자애로운 정신적 행위들이 나타나지 않는다. …… 자애로운 정신적인 행위들이 나타나지 않는다. 어리석은 자들이여, 그대들은 무엇을 알고 무엇을 보아서 다투고 싸우고 언쟁하고 논쟁하고 서로 입에 칼을 물고 찌르고 결코 서로를 확신시킬 수 없고 확신될 수도 없고, 또한 결코 서로를 설득시킬 수 없고 설득될 수도 없다는 것인가? 어리석은 자들이여, 그것은 그대들에게 오랫동안 불이익과 고통이 될 것이다.[88]

붓다는 제자들에게 '모가뿌리사'라는 표현과 함께 싸움을 멈출 것을 권한다. 「꼬삼비야 숫따」는 붓다의 설법으로 마무리되지만, 『마하왁가』는 꼬삼비 비구들의 다툼과 그 뒷이야기를 포함하고 있다. 다툼에 대한 붓다의 권유에도 불구하고 꼬삼비 비구들은 싸움을 멈추지 않는다. 붓다는 자신의 설법에도 불구하고 그들이 다툼을 멈추지 않자 그들을 떠난다.

세 번째에도 세존께서는 그 비구들에게 이와 같이 말했다. (붓다) "비구들이여, 그만하라. 다투지 말고 언쟁하지 말고 논쟁하지 말고 분쟁을 일으키지 말라." (비구들) "세존이시여, 진리의 주인이신 세존께서는 기다리십시오. 세존이시여, 세존께서는 지금 여기에서의 안락한 삶을 누리며 안온하게 지내십시오. 이러한 다툼과 언쟁과 논쟁과 분쟁은 저희들의 일입니다." 그러자 세존께서는 '이 어리석은 자들은 몽매하다. 이자들을 설득하기가 쉽지 않다'라고 자리에 일어

나서 그곳을 떠났다.[89]

꼬삼비 비구들은 붓다의 중재를 받아들이지 않고 오히려 붓다에게 이 다툼은 우리들의 일이니 관여하지 말고 조용히 기다리라고 주문한다. 붓다는 이러한 상황에서도 분노를 표출하지 않는다. 일반적인 사람(凡夫)이라면 분노로 대응했어야 하는 부분에 있어서도 붓다는 홀로 그 자리를 떠나는 방법을 선택한다. 아마도 붓다가 상가 안에서 보여준 가장 강한 아쉬움의 표현이 아니었을까 싶다. 이처럼 붓다는 분노로 표현할 만한 상황에 있어서도 사랑과 인내로 대처한다. 붓다는 깨달음을 성취한 이후에 법을 설하기 위해 약 240여 킬로미터 떨어져 있는 사르나트까지 홀로 이동해야 했다. 왜냐하면 그의 가르침을 이해할 수 있는 사람들을 찾아야만 했기 때문이다. 어려운 여정을 통해 진리를 펼치고자 했음에도 불구하고, 어렵게 만난 다섯 명의 수행자는 붓다를 반가워하지 않았다. 『마하왁가』는 그 당시의 상황을 묘사한다. 붓다의 진심어린 설득에도 그들은 붓다를 괄시하고 이야기를 들으려 하지 않았다.

세 번째에도 다섯 명의 수행자들은 세존께 이와 같이 말했다. "벗이여, 그대는 그 행동, 그 실천, 그 고행으로도 인간의 상태를 뛰어넘지 못했고, 그대는 고귀한 님이 갖추어야 할 앎과 봄에 관한 지극한 탁월함에 이르지 못했습니다. 그런데 오히려 지금 그대는 윤택하게 살며 정진을 포기하고 사치에 빠져있습니다. 그런 그대가 어떻게 인간의 상태를 뛰어넘고, 고귀한 님이 갖추어야 할 앎과 봄에 관한 지극한 탁월함에 이를 수 있겠습니까?" 이와 같은 말을 듣고 세존께서는 다섯 명의 수행자들에게 말했다. "수행자들이여, 그대들은 지금처럼 예전에 내가 이와 같이 말하는 것을 본 적이 있는가?" …… 결국 세존께서는 다섯 명의 수행자들을 설득시킬 수 있었다.[90]

붓다의 첫 번째 설법은 녹록치 않았다. 그렇다면 더 이상 집착이 남아 있지 않은 깨달은 자가 자신의 몸을 혹사하며 먼 거리를 이동하고, 괄시를 받으면서까지 진리를 설하려 했던 이유는 무엇인가? 붓다는 그들로부터 무시를 받으면서도 분노하기보다는 그들을 돕고자 노력했다. 이것이 진정한 사랑(慈)과 연민(悲)이다. 어렵게 설득해가며 가르침을 펼칠 수 있었던 이유는 일종의 연민憐憫, 즉 중생을 바라보는데 안타까움이 있었기 때문일 것이다. 만약 붓다에게 안타까움이 있었다면 이러한 상태는 불만족스러운 상태로 이해할 수 있다. 앞서 우리는 『담마상가니』를 통해 '안아따마나'를 논의했고 이익을 얻을 수 없는 불만족의 상태로 평가했다. 그리고 이 상태를 성냄의 범주에 포함시켰다. 만약 '안아따마나'가 『담마상가니』의 설명처럼 성냄의 범주 안에 포함된다면 성냄이 의미하는 폭은 상당히 넓어진다. 이러한 문제는 성냄을 제거한 붓다와 아라한에게 '안아따마나'가 있는지 없는 지로 확대된다. 「살아야따나위방가 숫따(Saḷāyatanavibhaṅga sutta)」는 붓다에게 불만족의 상태(anattamano)가 있으며 '세 가지 사띠의 확립(tayo satipaṭṭhāna)'을 활용하여 동요하지 않는다고 설명한다.

비구들이여, 스승(satthā)은 제자들을 애민히 여기고 그들의 이익을 위하여 자비를 드리워 제자들에게 '이것이 그대들의 이익을 위한 것이다. 이것들이 그대들의 행복을 위한 것이다'라고 가르침을 설한다. 그런데 그의 제자들은 잘 들으려 하지 않고, 잘 귀를 기울이지 않고, 지혜로운 마음을 일으키지 않고, 빗나가서 스승의 가르침으로부터 등을 돌린다. 비구들이여, 이것에 대하여 여래(Tathāgato)는 만족하지 않아(anattamano) 만족하지 않는 것을 느끼지만, 동요하지 않고 사띠를 확립하고 알아차린다. 비구들이여, 이와 같은 첫 번째 사띠의 확립이 있어(paṭhamaṃ satipaṭṭhānaṃ), 고귀한 님(ariyo)은 그것을 닦으며, 그것을 닦음으로써 스승으로서 무리를 가르칠 수 있다.······91

붓다는 제자들이 스승의 말에 귀를 기울이건 기울이지 않건 동요하지 않고 평정한 마음을 유지한다고 설명한다. 제자들의 반응에 따라 스승에게는 만족스러운 마음(attamano)도 나타날 수 있고 만족스럽지 못한 마음(anattamano)도 나타날 수 있으나, 사띠를 확립하기에 동요하지 않는다는 설명이다. 다시 말해 붓다(聖人, 無學)는 만족과 불만족의 심리적 상태를 지닌다. 다만 그로 인해 동요하지 않을 뿐이다. 결과적으로 붓다는 '안아따마나'를 가지고 있었다. 하지만 이것을 분노로 확장시키지는 않았다. 그렇다면 '안아따마나'는 '도사'와 어떤 관계를 가지는가? 『이띠웃따가(Itivuttaka)』는 불만족이 성냄을 만들고 성냄은 마음을 혼란하게 한다고 설명한다.

"······ 불만족(anattha)은 성냄(dosa)을 낳고 성냄은 마음을 교란시킨다. 그 내부로부터 일어나는 두려움을 사람들은 알지 못한다. 성내는 자는 유익을 알지 못하고, 성내는 자는 진리를 보지 못하고, 성냄이 사람을 정복하면 맹목의 어둠이 생겨난다. 성냄을 버리고 성내게 하는 것에 집착하지 않으면 그것으로써 성냄은 버려진다. 나뭇가지에 떨어지는 야자처럼……."[92]

즉 불만족은 성냄의 원인이다. 우리는 앞서 2장에서 '안아따마나'를 원인으로 '도사'가 발생한다는 사실을 다루었다. 결국 불만족은 성냄의 원인이며, 성냄의 발생 전 상태라고 볼 수 있다. 물론 불만족이 의미하는 범위를 어떻게 설정하느냐에 따라 달라지겠지만, 붓다는 '안아따마나'를 가지고 있으며, '사띠'를 통해 불만족이 '도사'라는 분노로 확장되는 것을 막을 수 있다. 논장論藏인 『담마상가니』는 23가지의 성냄을 표현하며 '안아따마나'를 포함하고 있었다. 이러한 분류는 성냄을 포괄적으로 다루는 형태로 이해된다. 다만 경장經藏을 통해서 '안아따마나'는 진심의 발생 이전 상태로 분노와는 다르다고 정리할 수 있을 것이다. 논장은 경장에 비해 성냄의 범주를 확장시켰다. 결과적으로 붓다는 분노하지 않았다. 다만 그에게 불만족스러운 마음은 일어날 수 있었다. 그리고 여러 곳에서 보이는 분노와 유사한 표현들은 중생을 제도하기 위한 자비의 방편으로 이해하는 것이 적절할 것이다.

붓다의 분노를 이해하기 위해서는 아라한(arahat, 應供)에 대한 연구가 필요하다.[93] 붓다와 아라한은 탐진치를 여읜 상태에 머물고 있다. 따라서 그들에게 분노가 일어난다는 것은 불가능하다. 그렇다면 아라한은 자신이 번뇌를 제거한 상태라는 것을 항상 알고 있을까? 왜냐하면 만약 아라한이 자신에게 분노라는 번뇌가 일어나지 않는다는 사실을 언제나 알고 있다면 분노의 발생은 불가능하기 때문이다. 「산다까 숫따(sandaka sutta)」는 아난다와 고행자 산다까의 대화를 통해 아라한 의 특징을 설명한다. 아난다는 산다까에게 아라한은 살생, 투도, 음행, 망언이 불가능하며, 감각적 쾌락을 즐기는 것도 불가능하다고 설명한 다. 동시에 그 스스로 자신에게 번뇌가 나타나지 않는다는 앎과 봄이 언제나 함께한다고 설한다.

> 산다까여, 마치 사람이 그 손과 발이 절단되었다면, 그에게는 거닐거
> 나 서있거나 잠자거나 깨어있을 때에 항상 끊임없이 손과 발이
> 절단되어 있으므로 그것을 보고 '나의 손과 발은 절단되었다'라고
> 알듯이, 마찬가지로 산다까여, 비구로서 거룩한 님이며, 모든 번뇌
> (āsavā)를 끊은 자이며, 수행을 이룬 자이며, 해야 할 일을 마친
> 자이며, 짐을 내려놓은 자이며, 목표에 도달한 자이며, 존재의 결박
> (saṃyojana)을 끊은 자이며, 올바른 지혜로 해탈(vimutto)한 자라면,
> 그에게 거닐거나 서있거나 잠자거나 깨어있을 때에 항상 끊임없이
> 번뇌가 부수어져 있으므로 그것을 보고 '나에게 번뇌는 부수어졌다'
> 라고 압니다.[94]

아라한은 자신에게 번뇌가 없다는 사실을 항상 알고 있다. 따라서 상황에 따라 의도적으로 분노를 일으키고, 일으키지 않는 문제가 아니 다. 그들에게 족쇄로써의 분노는 소멸되었고 더 이상 나타나지 않는다.

결과적으로 아라한에게 분노는 나타날 수 없다.[95]

5. 분노를 벗어나며

지금까지 초기불교에서 나타나는 붓다의 분노에 대해서 살펴보았다. 본고의 주제인 붓다의 분노는 크게 두 가지를 의미한다. 하나는 붓다의 시대에 분노가 어떻게 다루어지고 있었는지를 살피는 것이다. 그리고 다른 하나는 붓다가 분노했는지의 문제를 다루는 것이다. 이러한 문제들을 다루기 위해 본론을 3개의 장으로 구성했다. 먼저 2장 '분노의 의미와 종류'에서는 초기불교에 나타나는 분노의 다양한 종류들을 살펴보았다. 『담마상가니』에서 열거하는 23가지의 성냄을 기준으로 초기경전에서의 다양한 의미와 용례를 살펴보았다. 초기경전에서 자주 사용되는 성냄은 도사(dosa), 빠띠가(paṭigha), 위야빠다(vyāpāda), 꼬다(ko-dha), 코빠(kopa), 아가따(āghāta), 안아따마나(anatthamana) 등으로 볼 수 있었다. 이들은 대부분이 성냄이나 분노를 표현하는 용어로 사용되고 있으나 실제로 내포하고 있는 의미에는 조금씩 차이가 있었다. 특히 분노의 근원에는 '안아따마나'가 있었다. '안아따마나'는 이익을 얻지 못하는 불만족스러운 마음 상태로 성냄의 가장 약한 표현인 동시에 성냄의 시발점이었다. '안아따마나'를 원인으로 일반적으로 잘 알려진 '도사'라는 성냄이 나타났고, '도사'는 점진적으로 확장되어 내외부로 표출되었다. 특히 도사는 능동적인 분노인 '위야빠다(악의)'와 수동적인 분노인 '빠띠가(적의)'로 확장되었다. 초기경전의 분노에는 다양한 종류와 수준이 있으며 그 표출 방식도 다르다.

　두 번째로 3장 '분노에서 벗어나기'는 붓다의 가르침을 통해 분노로부터 벗어나는 방법을 다루었다. 초기불교는 성냄이 윤회를 일으키는 원인이며, 통찰을 통해 이로부터 벗어날 수 있음을 강조한다. 성냄은 불교 수행을 통해 궁극적으로 제거해야 할 심리적 상태이다. 사띠(sati)와 아누빠사나(anupassanā)는 성냄을 다스리는 구체적인 도구로 사용되었다. 사띠와 아누빠사나를 통해 수행자는 성냄에 대해 분명하게 알 수 있다. 현재 나에게 성냄이 일어나고 있다는 사실을 아는 것은 성냄을 제거하는 첫 번째 방법이다. 왜냐하면 성냄에 마음을 붙여 '분명히 안다'는 의미는 더 이상 수행자의 마음이 성냄의 발생 원인에 끌려 다니지 않고 성냄 그 자체에 머문다는 의미가 되기 때문이다. 결국 수행자는 성냄 그 자체를 객관적이고 분명하게 알아차릴 수 있다. 붓다는 심수관과 법수관을 통해 구체적인 방법론을 소개하고 있었다. 또한 선정의 성취를 통한 악의(vyāpāda)의 제거방법도 제시되었다. 결국 팔정도八正道의 정념正念과 정정正定 수행 모두에서 성냄을 다스리는 방법을 제안하고 있었으며, 더 나아가 붓다의 대치법도 소개했다. 대치법은 분노의 마음과 사랑의 마음이 함께 공존할 수 없음에 기인한다. 분노를 없애기 위해 사랑의 마음을 키우고 유지하는 것이다. 특히 사무량심은 분노에 대한 다스림을 구체적으로 언급하고 있었다. 초기불교에서 다루는 성냄을 다스리는 방법은 성냄을 분명히 알아차리는 방법, 그리고 성냄의 자리를 선한 마음으로 대체하는 방법으로 정리되었다. 이처럼 초기경전은 성냄의 다양한 의미와 그 특성을 분류하여 설명하였을 뿐만 아니라 성냄의 발생원인과 해결방법 역시도 제안하고 있었다. 다만 성냄을 통해서 성냄을 제거하는 방법은 제시되지 않았다.

따라서 초기불교 안에서 성냄 자체의 긍정적인 역할은 찾아보기 어렵다. 하지만 성냄과 유사한 표현이 방편으로 사용되는 것은 가능하다.

마지막으로 4장 '붓다의 분노'에서는 붓다가 설법 중에 분노하는 사례가 있는지를 살펴보았다. 붓다는 법을 전하는 과정에서 적절한 대화시스템을 갖추고 있었다. 그는 자신의 감정이 아니라 상대의 근기에 맞춰 보다 쉽게 가르침을 전하고자 했다. 그 과정에서 '모가뿌리사'라는 표현이 자주 등장했다. 사실 이 용어는 칭찬보다는 욕에 가까운 표현이다. 하지만 이 표현만으로 '붓다가 분노하고 있다'고 단정하기는 쉽지 않다. 물론 붓다가 분노를 했을 것으로 보이는 대화들도 몇 가지 등장하나, 그러한 경우라고 할지라도 붓다가 자신의 이익을 위한 것이라기보다는 상대를 배려하고자 방편을 사용한 것으로 보인다. 특히 보통사람이라면 분노했을 상황에서도 붓다는 사랑과 연민으로 제자들을 배려하고 있었다. 결과적으로 붓다는 분노하지 않았다. 다만 그에게도 불만족스러운 마음은 일어날 수 있었고, 그 상황에서도 사띠를 통해 동요하지 않고자 노력했다. 붓다는 무학無學으로 성냄이라는 족쇄로부터 완전히 풀려났으며, 동시에 모든 번뇌를 제거한 사람이다. 따라서 그에게 꺼진 분노가 다시 타오르는 것은 불가능한 일이다. 초기경전의 여러 곳에서 나타나는 분노처럼 보이는 표현들은 중생을 제도하기 위한 자비의 방편으로 이해해야 할 것이다.

선종에서 분노의 대응 원리와 그 활용

김호귀(동국대학교 불교학술원 HK연구교수)

1. 선종에서 분노의 속성과 그 대상

불교의 출현은 석가모니의 탄생과 출가와 수행과 깨달음과 전법과 교화와 열반 등 다양한 모습으로부터 시작되었다. 이후로 오늘에 이르기까지 불교가 전승되어온 것은 석가모니와 관련된 이들 일련의 과정을 바탕으로 한 것이었다. 그것은 항상 불법에 대한 발심과 수행과 증득과 교화 등의 모습으로 나타났다. 그 가운데에는 언제나 선이 함께 해왔다. 선은 석가모니의 깨달음의 방법으로 채택된 이후 항상 불자들의 발심과 수행 및 수행의 완성으로서 깨달음과 그 교화에 이르기까지 필요불가결한 불법의 요소로서 작용해왔다. 그런 만큼 선은 기본적으로 심신의 수행을 바탕으로 하고 있으며, 그 수행에는 반드시 지혜를 터득할 것이 요구되었다. 왜냐하면 지혜의 터득은 바로 자비의 발현으로 드러나고 자비는 자신에 대한 자각과 타인에 대한 관심과 연민을 동시에 수반하고 있기 때문이다. 따라서 궁극적으로 지혜와 자비는 항상 함께 기능하고 있다.

이러한 선수행의 출발점은 인간이 필연적으로 겪을 수밖에 없는 상황으로서 근본적인 고뇌에 대한 체험과 그 자각, 그리고 극복이라는 일련의 행위로부터 찾아볼 수가 있다. 필연적이고 근본적인 생·노·병·사의 고뇌에 대한 해결방법은 이들 고뇌를 그대로 소멸시키는 것이 아니다. 왜냐하면 이와 같은 근본적인 고뇌는 소멸시킬 수가 없기 때문이다. 따라서 그들 고뇌에 대하여 제대로 인식하여 어떻게 수용하고 활용하며 적용할 것인가에 대한 방법을 추구하지 않으면 안 된다. 그 해결방안의 일환으로써 붓다에 의하여 선택되었던 것이 선수행의 출현이었다. 때문에 선의 수행은 근본적으로 고뇌를 탈출하고 깨달음을 성취하여 보살행을 펼치는 것을 지향한다. 이런 점에서 선수행의 출발이 되는 삼독심의 번뇌를 벗어나는 것은 계행과 정행과 혜행의 실천에 놓여 있다.

따라서 이와 관련하여 본고에서는 선종에서 선수행의 입장과 관련하여 분노에 어떻게 대응하고 활용하는가 하는 방식에 대하여 살펴보고자 한다. 곧 삼독심 가운데 포함되어 있는 분노의 기본적인 속성인 중생적인 분노에 대하여 그것을 다스리고 극복하며 초월하는 모습 등에 대하여 접근해보려고 한다. 이를 위하여 우선 반야공관에 근거한 무집착의 수행에 대하여 살펴보고, 다음으로 불만족의 번뇌로서 분노의 발생과 그 극복, 그리고 발심의 계기로서 정진심으로 작용하는 향상적인 분노의 활용을 이해하며, 나아가서 보살행으로 승화된 초월적 분노의 회향과 그 실천의 양상에 대하여 살펴보려고 한다.

분노의 감정은 인간에게서 가장 뿌리가 깊고 다반사로 일어나는 번뇌의 부류에 속한다. 그러한 분노는 만사가 자기의 뜻대로 이루어지지 않는 불만족을 전제하고 있다. 불만족의 근원에는 자신을 비롯한 일체의 대상에 대한 욕망과 집착이 개입되어 있는데, 그것이 갈등으로 드러나면서 그에 대한 미해결에서 분노가 발생한다. 때문에 그러한 분노는 인간에게 보편적인 번뇌로서 삼독심 가운데 진에독심瞋恚毒心의 개념과 깊이 결부되어 있다.

그러나 좀 더 내밀히 들여다보면, 욕망의 기대가 충족되지 못하는 불만이 분노로 드러나는 데에는 그 상황을 제대로 이해하지 못하는 어리석음이 개재되어 있다. 때문에 탐욕과 진에와 치암은 개별적인 관계가 아니라는 점에서, 이 경우의 분노는 필연적으로 삼독심에 바탕하고 있다. 중생심으로 비롯된 탐욕심이 발생하면 그것이 충족되지 못하는 경우에 진에심이 발생하고, 진에심이 발생하는 까닭에 바른 견해를 갖지 못하는 치암심이 발생하며, 치암심이 발생하는 까닭에 다시 중생심으로 탐욕심을 일으킨다. 여기에서 진에심에 해당하는 분노는 삼독심과 별개의 번뇌가 아니다.[1] 때문에 삼독심의 번뇌를 자각하고 그것을 다스리는 것이 선수행의 출발이었다. 분노는 그런 만큼 근원적인 번뇌로서 반드시 다스려지지 않으면 안 되는 수행의 대상일 수밖에 없다. 때문에 경전에서는 "불자여, 만약 보살마하살이 한번 진에심을 일으키면 일체의 악 가운데 이 악을 능가하는 것이 없다. 왜냐하면 불자여, 보살마하살이 진에심을 일으키면 곧 백천

가지 장애법문을 받기 때문이다"[2]라고 말한다.

이런 점에서 제일차적인 분노는 욕망에 대한 불만족의 표현이다. 불만족은 자신에 만족하지 못하는 경우 내지 타인에 대하여 만족하지 못하는 경우로 나뉜다. 전자의 경우 그 원인은 자신에 대한 사랑의 결핍으로부터 오는 무능력과 게으름과 무지로부터 연유한다. 때문에 자신에 대한 불만족의 해결을 위해서는 우선 자기에 대한 각성이 필요하다. 그러기 위해서 요청되는 것이 소위 개인적인 수행이다. 여기에는 자신의 타고난 성격과 생활태도와 자연과 인생에 대한 긍정적인 태도와 겸손 등 갖가지에 대한 인식 및 자각으로서 지혜가 요구된다. 나아가서 후자의 경우 그 원인은 시대 및 사회의 생태적인 구조와 대사회적인 개인의 인식과 그에 대한 대응, 그리고 타인에 대한 배려의 부족 등으로서 근본적으로 자비심이 결여된 감정이다. 따라서 후자의 경우에 대해서는 배려의 자비가 요구된다. 이들 불만족으로부터 연유되는 분노의 감정은 지극히 중생적인 마음의 발로로서 반드시 극복하지 않으면 안 되는 번뇌의 범주에 속한다.

그러나 여기에서 다시 보다 넓게 바라보면 분노는 삼독심 이외의 경우에도 발생한다. 이것을 선종의 경우에서 찾아보면 수행의 성취, 곧 깨달음에 대한 미완성으로서 깨달음을 성취하기 위한 자각에 바탕을 두고서 참회를 하고 발심을 하며 궁극에 깨달음을 성취하고야 말겠다는 정진심에서 비롯되는 통렬한 자기반성이다. 이로써 발생하는 제이차적인 분노는 필연적으로 발심의 전개와 깨달음의 터득을 향해 나아가는 향상적인 정진으로 향하는 특징을 지닌다. 일종의 구도원력에 속하는 대분심大憤心으로서 여기에는 필연적으로 참회와 서원과 발심과 정진,

그리고 증득과 교화라는 개념이 관련되어 있다. 무엇보다도 수행과 깨달음을 강조하는 선종에서는 당연히 있을 수 있는 분노이고, 또한 반드시 있어야 하는 분노에 해당한다.

이 경우에 향상적인 분노는 단순히 자리적인 깨달음의 추구에만 머물지는 않는다. 지극히 종교적이고 자리적인 구도심의 발로로서 반드시 성취되지 않으면 안 되는 불자의 사명감으로 향한다. 이 경우에 향상적인 분노는 중생에 대한 무한한 대비의 연민으로 지옥이 텅 비지 않으면 끝내 성불하지 않겠다는 지장보살의 원력으로 회향되는 초월적인 분노의 모습으로 나타난다.

이처럼 선종의 입장에서 고려되는 분노의 개념은 일반적인 번뇌의 의미로 제시되는 중생적인 분노의 경우와 깨달음을 성취하려는 정진의 향상적인 분노의 경우와 종교적인 원력의 의미로 제시되는 초월적인 분노로 분류할 수가 있다. 우선『열반경』에서는 진에瞋의 경우에 대하여 몇 가지로 나누어 설명을 하고 있다.

진에瞋에 2종이 있다. 하나는 중생으로서 화를 내는 경우이고, 둘은 비중생으로서 화를 내는 경우이다. 자심慈心을 닦는 자는 화를 내는 중생의 경우를 단절하고, 비심悲心을 닦는 자는 화를 내되 비중생의 경우를 단절한다. 또 진에瞋에 2종이 있다. 하나는 인연이 있어서 화를 내는 경우이고, 둘은 인연이 없이 화를 내는 경우이다. 자심을 닦는 자는 인연이 있어서 화를 내는 경우를 단절하고, 비심을 닦는 자는 인연이 없이 화를 내는 경우를 단절한다. 또 진에瞋에 2종이 있다. 하나는 오래된 과거부터 수습되어 온 경우이고, 둘은 지금의 현재에 수습된 경우이다. 자심을 닦는 자는 과거부터 수습되어 온 화를 단절하고, 비심을 닦는 자는 현재에 수습된 화를 단절한다. 또 진에瞋에 2종이 있다. 하나는 성인으로서 화를 내는 경우고, 둘은 범부로서 화를 내는 경우이다. 자심을 닦는 자는 성인으로서 화를 내는 경우를 단절하고, 비심을 닦는 자는 범부로서 화를 내는 경우를 단절한다.[3]

곧 진에瞋을 일으키는 경우에 대하여 화를 내는 주체로서 중생인가 비중생인가, 화를 내는 인연으로서 그것이 있는가 없는가, 화를 내는 성격으로서 습관적인가 아닌가, 화를 내는 부류로서 성인인가 범부인가 등 4가지로 설명을 하고 있다. 이를 통해서 진에瞋을 일으키는 두 가지 양상에 대하여 주체와 인연과 성격과 부류로 살펴볼 수가 있다. 이것은 다시 중생적인 분노와 향상적인 정진의 분노로 분류되는데, 전자의 경우 진에瞋은 수치修治하여 극복해야 할 대상으로서 번뇌인 까닭에 그 궁극은 다름 아닌 번뇌의 소멸에 해당하는 것으로 혜해탈의 터득이고, 반면에 후자의 경우 진에瞋은 포월包越해야 할 방향으로서 자각하고 전개하며 깨달음을 시현해야 할 정진精進인 까닭에 심해탈의 터득이다. 이 가운데 선종의 경우는 두 가지가 모두 해당한다. 그것은 바로 전자의 경우처럼 중생적인 입장에서 진에瞋을 다스리는 윤리적이고 도덕적인 것으로서 바로 괴로움의 탈출을 목표로 하는 것이라면, 후자의 경우처럼 향상적인 입장에서 자리적인 것으로서 바로 지혜의 완성이기 때문이다.

이처럼 상반되는 각각 2가지 경우에 대하여 자慈와 비悲를 닦아

실현함으로써 진진嗔을 극복한다는 것이다. 이와 같은 두 가지 유형의
속성은 개인적인 생존관념에 관련된 것으로 자연스러운 수동반응과
그 대응으로 나타나는 경우일 뿐만 아니라 개인의 자각을 통한 사회적인
적용에 따른 것으로 보다 적극적이고 능동적인 대응의 현상이기도
하다.

한편 중생적인 분노와 향상적인 분노 이외에 다시 제삼차적인 초월적
인 분노가 있다. 이것은 선종의 궁극이 보살도의 실천이라는 점과
결부된 것으로서 보리심을 일으킨 보살이 지향하는 목표이다. 여기에
는 보살이 정법正法을 섭수하는 행위에 해당하는데, 가령 범계犯戒에
대해서는 절복折伏의 행위가 수반된다. 또한 선지식이 제자를 접화하는
행위로서 상황에 따라서 파주把住와 방행放行을 활용하여 수행납자를
지도하고 사회에 회향하는 실천이다.

본고에서는 이처럼 번뇌의 측면에서 오는 분노를 수행의 측면에서
어떻게 간주하고 제어하며, 또한 구도심의 측면에서 오는 분노를 정진
력으로써 어떻게 자신에게 활용하며, 초월적인 분노를 바탕으로 하여
그것을 어떻게 타인에게 적용할 수 있는가에 대하여 분노의 속성에
대한 의미와 이해 내지 그 극복과 적용이라는 행위에 초점을 맞추어보고
자 한다.[4]

따라서 이처럼 몇 가지 유형의 속성 내지 차원의 분노에 대하여
선종 계통의 문헌을 중심으로 거기에 나타나는 분노의 제시와 해결
원리, 그리고 분노의 자각을 통한 향상적인 승화라는 측면 및 초월적인
분노의 입장에서 접근해보고자 한다. 이로써 궁극적으로 분노는 수행
에서 대치해야 할 대상으로서 번뇌이면서 한편으로는 깨달음의 성취로

터득되는 자양분으로서 기능하고 있는 그 양면적인 관계에 놓여있음을 확인해보고, 나아가서 보살행을 회향하려는 대승선의 수행에서 드러나 있는 분노의 활용에 대하여 살펴보려는 것이다.

결국 분노에 대한 선종의 입장은 다분히 선수행을 하고 있는 납자의 기준에다 출발점을 두고 전개되어 있다. 때문에 분노는 어디까지나 수행의 대상일 뿐만 아니라 깨달음을 위한 방편으로서 기능하고 있다. 그것은 곧 수행납자에게는 분노는 수행의 입장에서 퇴치되어야 할 번뇌로서 입장을 지니고 있는가 하면, 또한 깨달음을 향한 도구 내지 방편으로서 활용되어야 할 입장을 지니고 있으며, 그것을 타인 및 사회에 회향하는 보시바라밀의 성격을 지니고 있다.

이에 본고에서 세 가지 점에서 접근하려는 분노를 다음과 같이 나누어 볼 수가 있다. 하나는 수행의 대상으로서 분노의 실체는 본래 공하다는 것을 이해하는 것으로서 분노라는 번뇌를 극복하는 차전적遮詮的인 것이고, 다른 하나는 정진의 방편 측면에서 깨달음에 도달하기 위한 마음의 준비로서 발심과 참회와 분발을 촉구하는 향상적인 분노로서 활용되는 표전적表詮的인 것이며, 셋째는 불보살과 같이 중생에게 연민을 지니고 이끌어주는 초월적인 분노를 회향하는 모습이다.

첫째가 일반적인 분노의 속성으로서 극복해야 할 대상과 그 궤를 함께하는 것이라면, 둘째는 깨달음을 추구하는 선종의 속성으로서 자각하여 향상적으로 승화시켜야 할 대상으로 분노의 독특한 성격을 보여주고 있으며, 셋째는 초월적인 분노로서 타인과 사회에 자비로써 기능할 경우에 선 수행에서 스승이 제자를 이끌어주는 교화방식으로 활용되는 경우인데 섭수와 절복 내지 파주와 방행의 측면으로 드러나 있다.

2. 중생적인 분노의 극복 원리

1) 선수행의 원리로서 반야공관

선은 붓다로부터 출현된 이래로 인도불교에서 전개되었으며, 이후 천년 만에 보리달마에 의하여 중국에 전승되었다. 그 전승에 대한 논의는 한 가지로 확정할 수는 없지만 일반적으로 보리달마의 중국 도래를 기준으로 삼는 경우에 해당한다. 6세기 초에 중국에 들어와서 활약했던 보리달마의 선법은 이후 지속적으로 전승되고 발전되어 그 후손들에 의하여 중국이라는 땅에 뿌리를 내리게 되었다. 이런 점에서 달마의 선법이 정통으로 부각되었다. 그 결과 달마의 법손들은 중국의 선법에서 달마 이전의 역사를 부정하고, 달마를 기점으로 하는 새로운 선법의 출현을 주장하였다. 때문에 그것을 달마종達磨宗·불심종佛心宗·능가종楞伽宗 등의 명칭으로 부르기도 하였다.[5]

달마는 그 스승 반야다라般若多羅로부터 『반야경』에 대한 가르침을 배우고, 그것을 통하여 깨쳤으며, 설법을 통하여 제자들에게 그 사상을 제시하였다. 인도에 있을 경우에는 스승 반야다라를 통하여 『반야경』의 공관에 의거하여 수행하고 깨쳐서 인가를 받고 전법하였다. 반야다라를 통하여 전승된 달마의 경우에 대하여 중국의 선 문헌에서는 달마가 마음을 허적虛寂한 경지에 두었다는 말로 기록하였다.

일찍이 달마대사는 아직 인도에 있을 당시에 전국을 누비면서 반야의 공사상에 바탕한 무집착의 수행 원리를 통하여 당시 인도의 여섯 종파의 수장들과 논쟁을 벌였다. 곧 유물론자들에게 진리의 실상을 설하는 유상종有相宗, 일체를 부정하는 허무론자들에게 선정삼매에 투철할 것을 주장하는 무상종無相宗, 유물론자들에게 바른 이지理智를 설명하는 정혜종定慧宗, 계행론자들에게 청정한 계를 가르치는 계행종戒行宗, 회의론자들에게 진실한 입장에서 무득에 대한 깨달음을 얻게 하는 무득종無得宗, 유심론자들에게 선종의 입장에서 적정을 알도록 하는 적정종寂靜宗 등 6종의 종사들을 찾아다니면서 논법으로 승복시켰을 만큼 대단한 변설가였다.[6]

이 점은 곧 중국 선종의 초조로 간주되어 있는 달마의 선사상적인 기조가 반야공관에 놓여 있고 선수행의 원리는 무집착에 근거하고 있다는 것을 보여주는 까닭이기도 하다. 전반적인 대승불교의 사상적인 기저가 반야공관으로부터 전개되었다는 점은 물론이지만, 그것이 달마로부터 혜능에 이르는 시기 소위 중국 선종의 형성시대에 출현한 사상적인 바탕이 『법화경』·『능가경』·『반야경』·『유마경』·『화엄경』·『사익경』 등의 경전과 밀접한 관계에 근거하고 있다는 점과도 무관하지 않다.[7]

이것은 특히 수행의 측면을 강조했던 선종의 경우에 수행의 대상으로 설정된 번뇌를 어떻게 설정하고, 그것을 어떻게 취급하여 다스리고 있는가에 대한 무집착이라는 접근방식의 단초를 보여주고 있다. 이에 대한 보편적인 일례로서 『금강경』에서 제시하고 있는 번뇌의 자각과 그 극복의 방식과 달마의 보원행報怨行에 제시된 분노의 번뇌에 대한 대치 내지 승화에 대하여 반야부 계통 경전의 중심사상을 형성하고 있는 반야공관의 측면과 관련하여 분노라는 번뇌의 자각과 그 극복의 모습에 대하여 살펴보고자 한다.

2)『금강경』과 항복기심의 성취 원리

중국에서 선종의 출현과 발전 및 선수행의 전개에서『금강경』의 역할은 지대하였다. 그것은『금강경』에서 제시하고 있는 사상의 근간이 공사상에 근거하여 제법의 공상을 드러내고 있을 뿐만 아니라 신앙의 측면, 그리고 그 사상과 신앙을 일상에서 실제로 수행으로 실천해가는 방식을 제시하고 있기 때문이었다. 이에 제4조 대의도신大醫道信 시대 이후부터는『금강경』의 위상이 훨씬 강조되었다.『금강경』의 구조는 대부분의 경전처럼 문답의 형식으로 이루어져 있다. 대고중對告衆으로서 수보리가 등장하여 붓다에게 몇 가지 총론적인 질문을 한다. 6종의 한역본 가운데 구마라집 번역본의 경우를 살펴보면 다음과 같다.

> 세존이시여, 선남자 선여인이 아뇩다라삼먁삼보리의 마음을 일으켜서 마땅히 어떻게 주해야 하고, 어떻게 그 마음을 다스려야 합니까.[8]

여기에 나타난 질문은 명백하다. 두 가지로 해석할 경우, 하나는 이미 아뇩다라삼먁삼보리심을 일으킨 선남자 선여인의 경우에 그들이 지니고 있는 본래 청정한 마음을 어떻게 유지하고 실천해야 하는가에 대한 측면이다. 다른 하나는 이미 발보리심을 하였지만 아직은 번뇌심이 완전히 단절되지 않은 경우에 그 번뇌를 어떻게 자각하고 단절해야 하는가에 대한 것으로, 번뇌의 다스림과 관련된 측면이다. 이들 두 가지 경우의 질문에서 전자는 선남자 선여인에게 이미 완성되어 있는 청정심을 활용하는 방법이라면, 후자는 아직 번뇌에 묻혀 있는 선남자 선여인에게 그러한 번뇌를 벗어나는 방법에 대한 것이다.

그러나 이 두 가지의 질문은 정작 발심한 보살이 마음을 어떻게 운용할 것인가 하는 것으로서 하나로 귀결된다. 때문에 보살은 마음을 다스리되 자신의 보살행에 대한 결과에 대해서도 집착하지 말라고 말한다. 본래의 청정심을 유지하는 마음으로 다스리고 번뇌심에 집착이 없는 마음으로 다스리는 것이다. 이에 붓다는 그 구체적인 방식으로 수보리에게 다음과 같이 제시하고 있다.

모든 보살마하살은 반드시 다음과 같이 그 마음을 다스려야 한다. …… 왜냐하면 수보리야, 만약 보살에게 아상·인상·중생상·수자상이 있으면 곧 보살이 아니기 때문이다. 보살은 법에 대하여 반드시 주住함이 없이 보시를 해야 한다. 소위 색에 주하지 말고 보시하고, 성·향·미·촉·법에 주하지 말고 보시해야 한다.[9]

여기에는 청정심의 경우와 번뇌심의 경우에 대해서 그것을 어떻게 자각하고 다스려야 하는가를 보여주고 있다. 그러나 청정심을 잘 유지하는 그것이 결국 번뇌심을 다스리는 것으로 통한다. 청정심을 유지해 번뇌심을 다스릴 수가 있고 번뇌심을 다스려야 청정심을 유지할 수 있기 때문이다. 그 행위에 대한 교차점이 바로 마음을 비우는 행위인 공空의 가르침에 근거한 무집착의 행위였다. 이것은 일체의 번뇌를 자각하고 극복하는 근거로서 『금강경』의 전반에 걸쳐 있다.

　그 구체적인 방식에 대하여 일찍이 미륵보살은 "광대심과 제일심과 상심과 전도됨이 없는 마음으로써 대이익의 마음에 머무르니 보살승의 공덕은 가득하다"[10]라고 보살이 구비해야 하는 4종심으로 말하였다. 곧 마음이 협소한 즉 그 협소한 마음을 광대하게 만들려고 하고, 마음이 비열한 즉 그 비열한 마음을 최상으로 만들려고 하며, 마음이 들뜬 즉 그 들뜬 마음을 평상심으로 만들려고 하고, 마음이 전도된 즉 그 전도된 마음을 정지正智의 마음을 만들려고 한다. 때문에 보리심을 발생한 자는 반드시 이와 같은 네 가지 마음을 구족해야만 바야흐로 보리에 상응할 수가 있고 바야흐로 보살이라는 명칭을 얻을 수가 있다는 것이다.

　중국의 선종에서 『금강경』이 중요하게 취급된 까닭은 바로 이들 질문의 성격과 그 답변의 성취에 직결되어 있다. 중국 선종의 경우 소위 조사선풍祖師禪風으로 정의되는 그 사상적인 바탕으로서 본래성불本來成佛의 입장은 전자인 청정심의 유지와 관련된 것이다. 그러면서도 본래성불인 줄을 자각하지 못하고 있는 중생에게는 모종의 번뇌가 깃들어 있기 때문에 그러한 번뇌를 자각하고 극복하는 행위가 필요한 입장은 후자인 번뇌심의 다스림과 관련된 것이다.

　번뇌의 다스림이라는 후자의 질문에 대하여 『금강경』의 전체에서는 몇 가지 일례를 들고 있다. 그러나 그 결론은 집착의 의미로 등장해 있는 상相에 대한 착각을 벗어날 것이 요구되어 있다. 육바라밀의 수행으로 대표되는 경문 가운데서도 특히 인욕바라밀을 실천하고 있는 보살이 상相을 극복하는 일례에서는 분노에 대한 문제가 직접적으로 드러나 있다.

수보리야, 인욕바라밀에 대하여 여래는 인욕바라밀이 아니라고 설한다. 왜냐하면 수보리야, 내가 옛적에 가리왕에게 신체가 잘렸던 적이 있었다. 나는 그때 아상이 없었고 인상이 없었으며 중생상이 없었고 수자상이 없었다. 왜냐하면 내가 옛적에 갈가리 사지가 잘렸을 때 만약 아상·인상·중생상·수자상이 있었다면 마땅히 진한 瞋恨을 냈을 것이다. 수보리야, 또 생각해보면 과거 오백의 세상에서 인욕수행자로 있으면서 그 세상에서 아상이 없었고 인상이 없었고 중생상이 없었고 수자상이 없었다. 그런 까닭에 수보리야, 보살은 마땅히 일체상을 여의고 아뇩다라삼먁삼보리심을 일으켜야 한다. 마땅히 색에 주住함이 없이 마음을 일으켜야 하고, 마땅히 성·향·촉·법에 주함이 없이 마음을 일으켜야 한다. 마땅히 주함이 없이 마음을 일으켜야지, 만약 마음에 주함이 있다면 곧 그것은 주가 아니다. 이런 까닭에 부처님은 보살은 마음을 마땅히 색에 주함이 없이 보시하라고 설한다.[11]

인욕바라밀을 수행하는 보살의 경우에도 가리왕이 가한 신체적인 행위에 대해서는 마땅히 분노가 일어났다. 그 분노 자체를 회피할 수는 없었다. 그러나 과거 오백 세 동안에 걸쳐서 지속적으로 인욕바라밀을 수행한 결과가 있었기 때문에 외부에서 가해지는 해코지에 대한 분노의 발생을 마주해서도 그 자각이 가능하였다. 그것은 바로 일체의 행위의 원인과 결과가 공空하다는 공관空觀에 근거한 인욕바라밀의 수행이었다. 보살에게는 자신의 신체가 잘린 행위가 결국 상相으로 형성되지 않았고, 그 결과 상相의 작용으로 기능하지 않았기 때문에 가능하였다. 인욕보살이 인욕바라밀을 실천할 수 있었던 근거는 바로 해코지의 행위에 대한 공의 자각이었고, 공의 자각에 근거한 무아無我의 터득이었다.[12] 또한 인욕에 즉해서도 인욕의 상이 없어 그 분별심을 멀리 벗어나 있는 까닭에 인욕바라밀이 가능하였다. 때문에 황벽희운은 다음과 같이 말했다.

한 승이 황벽에게 물었다. "'나 여래가 옛날 전생에 가리왕에게 신체가 잘렸었다'는 것은 무슨 뜻입니까." 황벽이 말했다. "수행자는 곧 그대의 마음이고, 가리왕은 즐겨 추구하는 것을 가리킨다. 곧 왕위를 지키지 않고 탐욕과 이익만을 탐하는 것이다. 요즘 학인들이 공과 덕은 쌓지 않고 보는 것마다 헤아려 배우려고만 하는데 그것이야말로 가리왕과 무엇이 다르겠는가. 색을 볼 때는 수행자의 눈을 멀게 하는 것과 같고, 소리를 들을 때는 수행자의 귀를 멀게 하는 것과 같으며, 내지 느끼고 알 때도 또한 그와 마찬가지이다. 이에 마디마디 사지를 찢는다고 말한 것이다." 승이 물었다. "그렇다면 저 수행자가 인욕할 때에 또한 마디마디 사지가 찢어졌다는 것도 합당하지 않고, 일심으로 인욕했다든가 일심으로 인욕하지 않았다든가 하는 것도 합당하지 않겠습니다." 황벽이 말했다. "그대가 무생이라는 견해를 발생하여 인욕이라고 이해했다든가 추구함이 없다고 이해했다든가 하는 것은 모두 잘못된 것이다." 승이 물었다. "인욕수행자도 신체를 잘렸을 때는 고통을 느낍니까." 황벽이 말했다. "고통을 느낀다." 승이 물었다. "그 경우에 무아로서 고통을 받는 자가 없는데 그 누가 고통을 받습니까." 황벽이 말했다. "그대가 이미 고통을 받지 않는데 무엇을 찾겠다고 나서는 것인가."[13]

황벽의 답변은 해코지의 행위가 애초부터 공한 까닭에 그에 대한 집착이 없고, 집착이 없는 까닭에 분노가 일어나지 않았으며, 분노가 일어나지 않은 까닭에 마음이 흔들리지 않고 지속적으로 삼매를 유지할 수 있었다는 것이다. 이것은 곧 색에 주함이 없는 수행이고, 성·향·미·촉·법에 주함이 없는 수행으로서 무집착의 모습이다. 따라서 보살이라면 마땅히 일체상을 여의고 나아가서 아뇩다라삼먁삼보리의 마음을 일으켜야 한다고 말한다. 일체상은 다름 아닌 사상四相을 비롯한 탐욕과 분노와 어리석음과 아만과 의심 등으로 형성된 일체의 상을 가리킨다.

그러한 상을 진정으로 벗어나는 것은 곧 분노의 마음에 대한 공의 자각이 발보리심으로 귀결되지 않으면 안 된다. 공이 단순한 공이 아닌 공의 바라밀로 승화되지 않으면 언제든지 사상이 발행하고, 그 결과 탐욕과 분노와 어리석음과 아만과 의심 등의 번뇌심으로 드러나고 만다. 이에 경문에서는 '그런 까닭에 수보리야, 보살은 마땅히 일체상을 여의고 아뇩다라삼먁삼보리심을 일으켜야 한다'고 말한다. 인욕선인이 분노를 극복하고 실천할 수 있었던 것은 바로 이와 같은 반야공관의 원리였다.

3) 보리달마의 보원행과 그 성격

『금강경』에 제시된 이와 같은 가르침은 분노를 포함한 모든 번뇌에 대한 자각과 그 극복의 원리로서 전승되어 이후 중국 선종의 초조로 간주되고 있는 보리달마의 가르침에도 고스란히 수용되고 있다. 달마는 이역의 먼 나라에서 중국에 도래하였다. 달마가 도래한 중국의 상황은 달마가 떠나온 본국의 상황과 너무나 달랐다. 사상과 문화와 풍습과 언어는 물론이고 불법을 이해하는 사람들의 근기도 달랐다. 그런 토양에서 달마는 자신이 의도하는 대승선법을 전파하기에 이르렀다.

달마는 붓다의 정법안장正法眼藏을 중국에 뿌리내림으로써 불법의 진정한 가르침이 널리 전파되고 보급되어 길이 상속되기를 희망하였다. 그러나 달마의 의도를 알아주지 못한 사람들은 달마야말로 불법의 파괴자라고 생각하였다. 그것은 당시 중국의 사회에서는 붓다의 경전에 근거한 가르침이 뿌리내리고 있었기 때문이다. 그래서 경전에 근거한 것을 소홀히 하거나 무시하는 것으로 간주되었던 달마의 심법이 불립문자 및 교외별전의 가르침으로 전파되자 심각한 오해를 불러일으켰다.

그 결과 달마는 교학자들로부터 해코지를 당하면서 목숨을 위협하는 상황까지 노출되었다. 그러나 주변의 사람들에 의하여 수차례에 걸친 독살의 위협에도 불구하고[14] 달마는 결코 분노를 표출하지 않고 그것을 바꾸어 자신의 수행과 보살행의 이타행으로 승화시켜 나아갔다. 달마의 설법 가운데 「이입사행二入四行」의 가르침이 전한다. 이입二入은 이입理入과 행입行入을 말한다. 이입理入은 일체중생이 부처와 동일한 진성을 지니고 있는 줄을 경전의 가르침에 의하여 심신深信하는 것을 말하는데, 말하자면 깨달음을 가리킨다. 행입行入은 보원행報怨行·수연행隨緣行·무소구행無所求行·칭법행稱法行으로서 그 가운데 첫째에 해당하는 보원행은 달마의 그와 같은 체험적인 상황을 통하여 제자들에게 몸소 제시된 가르침이다.

보원행이란 무엇인가. 말하자면 수도행자가 해코지를 당했을 경우에는 반드시 '나는 옛적부터 무한한 세월에 걸쳐서 본래의 나를 잊고 지말枝末을 추구하여 미혹한 세계에 헤매면서 수없이 원증심을 일으켜 남과 대립하여 사람들을 해쳐왔다. 금생에는 비록 죄를 범하지는 않았지만 지금 당하는 이 해코지는 내가 전세에 뿌린 재앙과 악업의 결과가 성숙한 것이지 신이나 악마가 보여주는 것이 아니다'라고 반성하고 달게 받아들이며 조금도 원망하지 않는 것이다. 어느 경전에서는 '괴로움을 만나도 번민하지 않는다. 왜냐하면 상황을 인식하는 힘이 근본에까지 도달하여 진리를 알았기 때문이다'라고 말한다. 이러한 심경이 발생되었을 때 진리에 상응하여 원한의 근원을 체득함으로써 불도에 나아가게 된다. 이런 까닭에 보원행을 설한다.[15]

보원행이란 자신이 지은 전세의 원한에 대하여 현재 과보를 받는다고 간주하면서 온갖 해코지를 그대로 수용하라는 것이었다. 달마는 자신에게 가해지는 목숨의 위협에도 불구하고 그들을 미워하거나 탓하지 않고, 오히려 자신의 보원행으로 수용하면서 분노를 일으키지 않고 도리어 그것으로 자비행을 실천하였다. 때문에 달마는 후대에 관음보살의 화현으로까지 간주되었다.

양 무제가 달마대사에게 물었다. "성제제일의聖諦第一義란 무엇입니
까?" 달마가 말했다. "텅 비어서 성제라 할 것이 없습니다." 무제가
말했다. "짐을 마주하고 있는 그대는 누구입니까?" 달마가 말했다.
"모르겠습니다." 무제는 그 말에 계합되지 못하였다. 달마는 마침내
강江을 건너서 위魏에 이르렀다. 무제가 이후에 그 일화를 들어서
지공志公에게 묻자, 지공이 말했다. "폐하께서는 그 사람을 모르십니
까?" 무제가 말했다. "모릅니다." 지공이 말했다. "그는 곧 관음대사
로서 부처님의 심인心印을 전하고 있습니다." 무제가 후회하고 마침
내 사신을 보내서 청해오려고 하자, 지공이 말했다. "폐하께서는
사신을 보내어 모셔오려고 하지 마십시오. 나라의 모든 사람이
부르러 가더라도 돌아오지 않을 것입니다.[16]

대승보살의 화현으로 간주되었던 달마는 자신한테 가해지는 해코지
의 실상이 공空한 줄을 터득하고 있었다. 그것은 이미 중국에 도래하기
이전부터 『반야경』을 통하여 수행하고 깨달음을 경험했던 것으로부터
말미암은 것이었다. 달마가 경험한 분노는 일차적으로는 자신에게
가해지는 신체적인 위협이었다. 그것은 교학자들에게 붓다의 설법인
경전의 무시 내지 경전의 소홀함 등으로 간주된 결과 달마에게 가해진
행위였다. 그러나 달마는 경전을 무시하거나 소홀히 여긴 적이 없었다.
오히려 경전의 가르침에 의하여 깨쳐야 할 것을 이입理入을 통해서
강조하였는데, 그것이 곧 자교오종藉教悟宗이었다. 이에 달마는 경전의
수용에 대하여 보다 적극적으로 응수하였다.[17] 끝내 달마는 독살의
위협을 수용하여 입적하였다. 그리고 입적한 후에는 신발 한 짝을

메고 고국으로 돌아갔다.[18]

이와 같은 달마의 보원행의 근거는 곧 원한이라는 번뇌의 공성空性에 대한 인식과 일상의 삶에서 다져진 하심下心의 수행이 자리하고 있다. 원한의 공성은 달마 자신이 『반야경』을 중시했던 것과 무관하지 않고, 하심의 수행은 참회가 바탕이 된 자기에 대한 큰 긍정이고 타인에 대한 큰 이해의 개념이었다. 그리고 하심에는 반드시 자비가 수반된다. 그 자비는 무연대비로 전개되어 있는 까닭에 달마는 감히 보원행으로 승화시켜서 자신의 분노를 다스릴 수가 있었다. 달마의 이러한 하심의 수행에 대해 북종 계통의 선 문헌에 속하는『돈오진종론』에는 5종의 하심下心으로 전개되어 있다. 첫째는 맹세코 일체중생을 관찰하여 현성으로 간주하고 자신은 범부라고 간주한다. 둘째는 맹세코 일체중생을 관찰하여 국왕으로 간주하고 자신은 백성이라고 간주한다. 셋째는 맹세코 일체중생을 관찰하여 스승으로 간주하고 자신은 제자라고 간주한다. 넷째는 맹세코 일체중생을 관찰하여 부모로 간주하고 자신은 자식이라고 간주한다. 다섯째는 맹세코 일체중생을 관찰하여 주인으로 간주하고 자신은 노비라고 간주한다.[19]

달마는 분노를 다스리는 방법으로서 자신은 물론이고 나아가 제자에게도 공으로 자각하고, 그것을 극복하는 방식으로서 공관은 물론이고 하심의 수행 및 참회를 통한 번뇌의 실체를 궁구토록 하였다.

또 물어 말한다. "저한테 참회를 시켜주십시오." 답한다. "그대의 죄를 가져오너라. 그러면 그대한테 참회를 시켜주겠다." 또 물어 말한다. "죄는 형상을 통해서는 파악되지 않습니다. 그런데 어찌 가져올 방법이 있겠습니까." 답한다. "나는 그대한테 이미 참회를 시켜주었다. 이제 그만 마음의 고향집에 돌아가도록 하라. 이것은 소위 죄가 있다면 반드시 참회해야 하겠지만 이미 죄를 볼 수가 없으므로 참회할 이유가 없다는 뜻이다." 또 물어 말한다. "저의 번뇌를 단제해주십시오." 답한다. "그대의 번뇌가 어디에 있길래 번뇌를 단제하려고 하는가." 또 물어 말한다. "진실로 저의 번뇌가 어디에 있는지 저도 모르겠습니다." 답한다. "만약 번뇌가 없으므로 그 번뇌가 있을 만한 곳을 찾을 수가 없다면, 비유컨대 그 번뇌는 곧 허공과 같다. 도대체 그대는 번뇌를 어떤 방식으로 간주하길래 허공을 단제하겠다고 말하는 것인가."[20]

번뇌에 대한 달마의 이와 같은 가르침의 원리는 악업과 기타 집착과 분별 등 다양한 번뇌의 퇴치에까지 미치고 있다. 특히 분노의 번뇌에 대해서는 그 속성에 대해 "미혹할 경우에는 죄가 있지만, 이해할 경우에는 죄가 없다. 왜냐하면 죄의 자성은 공하기 때문이다. 미혹할 경우에는 죄가 없어도 죄가 있다고 간주하지만, 만약 깨친 경우에는 죄에 즉해서도 죄가 없다. 왜냐하면 죄는 죄라는 근거가 없기 때문이다"[21]라고 말한다.

이와 같은 번뇌의 속성을 공空으로 파악하여 무집착으로 극복하고, 하심과 참회를 통하여 궁극적으로 깨달음의 경지에 나아가는 모습은 중국 선종의 형성시대에 해당하는 달마로부터 혜능에 이르기까지 다음과 같이 지속적으로 전승되었다.

신광이 말했다. "제 마음이 평안하지 않습니다. 바라건대 대사께서는 안심시켜주십시오." 달마대사가 말했다. "마음을 가져오면 안심시켜 주겠다." 신광이 말했다. "마음을 찾아보아도 없습니다." 대사가 말했다. "나는 그대를 안심시켜주었다."[22]

승찬이 말했다. "제자의 몸에는 풍질이 있습니다. 청하건대 화상께서는 죄를 참회시켜주시기 바랍니다." 혜가대사가 말했다. "죄를 가져오면 참회시켜주겠다." 거사가 한참 있다가 말했다. "죄를 찾아보았지만 없습니다." 혜가가 말했다. "나는 그대를 참회시켜주었다."[23]

사미 도신은 나이 14세가 되어 승찬대사를 참례하고 말했다. "바라건대 화상께서는 자비로써 해탈법문을 해주시기 바랍니다." 승찬대사가 말했다. "누가 그대를 구속했는가." 도신이 말했다. "구속한 사람은 아무도 없습니다." 대사가 말했다. "그런데 어째서 해탈을 추구하는가." 도신이 언하에 대오하고, 곁에서 9년 동안 모셨다.[24]

이들의 경우는 모두 제2조 혜가와 제3조 승찬과 제4조 도신의 경우에 공통적으로 번뇌의 속성이 공임을 터득한 모습을 보여주고 있다. 불안심의 공성空性, 죄의 공성, 속박의 공성처럼 일체의 번뇌는 실제로 간주하여 그것을 물리치는 것으로부터 오는 것이 아니라 그들의 속성이 공인 줄을 파악하고 나면 그대로 극복된다는 점을 말해주고 있다. 달마가 극복한 분노의 번뇌는 바로 그런 원리였다. 이것은『금강경』의 경우에도 보았듯이 수행납자 스스로 만들어낸 분별과 집착의 굴레를 벗어나는 방식으로서, 이후 선종의 수행 역사에서 하나의 틀로 형성되어 전승되었다.

이에 『좌선의』에서는 "일체의 선과 악에 대하여 모두 사량하지 말라. 망념이 일어나면 곧 알아차려라. 그것을 알아차리면 곧 사라진다. 오랫동안 반연을 잊으면 저절로 한 조각이 되는데 이것이야말로 좌선의 중요한 법칙이다"[25]라고 말한다. 이것은 선종의 좌선수행에서 번뇌의 마음을 다스리는 방법으로서 일체의 망념에 대하여 상대하지 말고 그대로 내버려두라는 것이다. 왜냐하면 망념은 실체가 없는 까닭에 저절로 사라진다는 점을 주의시키는 것이다. 그런데도 불구하고 망념을 실체시하여 억지로 그것을 물리치려고 하는 것은 도리어 그 망념에 구속되고 얽매여서 더욱더 번뇌에 파묻히고 만다.

이것은 마찬가지로 온갖 번뇌가 일어나는 것이 망심妄心을 말미암은 것임을 일러주고 있다. 분노가 일어나는 경우도 마찬가지로서 마음이 온갖 모습으로 변화한 것에 불과하다고 간주하는 것이다. 때문에 항상 깨어있는 정신으로 집중하여 올바른 수행에 나아갈 것이 요구되었다. 그렇지 못하면 언제든지 분노를 비롯한 일체의 번뇌가 빈틈을 엿보다가 걸핏하면 망상으로 나타나는 것으로 간주한 것이다. 이것은 분노를 포함하여 제 번뇌야말로 납자의 공부에 장애가 되는 마魔로 간주되었기 때문이다. 이에 납자의 마음이 해이해지면 팔만사천의 마군의 무리가 육근의 문 앞에서 엿보다가 번뇌망심의 중생심을 따라 발생한다는 것이었다.

옛적에 어떤 선사가 산중에서 좌선을 하고 있었다. 한 상주가 시신을

메고 와서는 선사 앞에다 내려놓고는 통곡을 하며 "무슨 까닭에
저희 어머니를 죽였습니까?"라고 묻는 모습이 보였다. 선사는 그것
이 마인 줄 알아차리고 생각하였다. '이것은 마경이다. 도끼로 베어
버려야 한다. 그렇지 않으면 나를 해탈하지 못하게 만들고 만다.'
이에 바로 기둥에 걸어둔 도끼를 가지고 마침내 한 번에 베어버리니,
상주가 도망쳐버렸다. 후에 자기의 넓적다리가 축축하게 젖어 있는
것을 느꼈다. 문득 살펴보니 피였는데 자기가 베인 줄도 모르고
있었다. 이에 바로 좌선할 때에 마음에서 견해를 일으킨 것으로서
마침내 밖에서 마가 들어온 것인 줄 알아차렸다. 납자의 마음이
모두 자기의 마음을 말미암은 줄 모르고 있다. 혹 노래하고 춤을
추는데 원래 그것은 자기 마음의 영상이다. 때문에 만약 오직 마음인
줄 알아차리면 모든 경계가 저절로 소멸되는데, 그 어디 마음 밖에
달리 경계와 마가 있겠는가. 또한 옛날에 어떤 선사가 좌선을 할
때 돼지 한 마리가 면전으로 달려오는 것을 보고, 선사는 그것이
마인 줄 알고서 곧 침착하게 돼지의 코를 휘어잡고는 횃불을 가져오
라고 소리쳤다. 이에 살펴보니 화상 자신의 코를 붙잡고 소리치는
것을 알아차렸다. 그리고 마음의 변화를 말미암은 것임을 분명하게
알았다. 무릇 올바르게 선정을 닦는다면 어찌 마사가 있겠는가.[26]

이것은 분노 등 모든 번뇌가 마음으로부터 발생한다는 것을 자각해야
함을 보여주는 이야기이다. 곧 분노의 실체란 본래 없지만 그것이
망상으로 인하여 발생한 것인 줄 자각할 것이 요구되고 있다. 이에
분노가 망상인 줄 알고 나면 그것이 자신의 어리석은 마음으로부터

발생한 것이므로 흔적도 없이 저절로 소멸된다는 도리를 터득해야 한다는 것이다. 이것은 모든 번뇌의 실체가 공하다는 도리를 터득하고 나면 공삼매의 입장에서 분노 등의 번뇌가 극복되는 것임을 말해주고 있다. 그것 역시 자기의 마음이 견해를 내어 그것을 외부의 마로 착각한 것이기 때문에 번뇌심이 일어나지 않는다면 갖가지 번뇌의 작용이 마치 칼로 물을 베려는 것처럼, 그리고 입으로 햇빛을 불어서 없애려는 것처럼 무의미하다는 것이다. 마치 '벽에 틈이 생기면 바람이 들고 마음에 틈이 비면 번뇌가 든다'[27]는 말과 같다.

바로 달마가 몸소 경험한 해코지로 인하여 발생된 분노의 대응 원리는 분노라는 번뇌의 공성을 체득하여 그대로 수용하는 것이었다. 비단 분노의 경우에만 한정되는 것이 아니라 더욱더 널리 일체의 잡념 내지 망념 등에 이르는 공통된 원리였다. 그것은 공의 체득, 곧 공삼매의 터득이야말로 다름 아닌 집착과 분별을 초월하는 방식으로서 스스로 참회를 하고 하심을 하는 길이기도 하였다.

3. 향상적인 분노의 활용 방식

위에서는 중생적인 분노에 대하여 반야공관의 사상에 근거하여 그 실체를 인정하지 않는 입장에서 극복하는 방식을 고찰해보았다. 중생적인 분노란 자신에게 가해지는 외부 내지 타인에 의하여 발생하는 것으로 한정지었다. 그러나 선수행에서 본격적인 분노의 한 속성으로서 제시되어 있는 경우가 곧 자신에 대한 부끄러움을 바탕으로 하여 참회와 발심을 통해 깨달음에 대한 정진으로 나아가도록 해주는 향상적인 분노이다. 이 경우에 향상적인 분노는 당연히 수행과 깨달음의 완성을 향한 정진 수행의 결과 나타나는 분노이기 때문에 때로는 거룩한 분노, 성스러운 분노, 자비의 분노, 이타의 분노 등으로도 불린다. 이제 그러한 향상적인 분노를 선의 수증修證에 활용하는 모습에 대하여 사례를 중심으로 고찰해보기로 한다.

선종은 선을 중심으로 하여 형성되고 전개된 종파 내지 교단의 의미를 담고 있는데, 이 경우에 말하는 선은 좌선이 중심이 되는 수행방식을 의미한다. 그리고 선종은 또한 선의 종지를 의미하기도 한다. 곧 선의 종지에 대해서는 송대에 정형화되었던 문구로서 '불립문자 교외별전 직지인심 견성성불(不立文字 教外別傳 直指人心 見性成佛)'을 기치로 표방하기도 하는데, 여기에는 선종의 속성이 잘 드러나 있다.

이와 같은 선종의 두 가지 의미에 대하여 전자에 해당하는 종파 내지 교단의 측면으로서 볼 경우에 그것이 불교의 역사에서 선종이 형성되고 유지되며 전개되어가는 근본이 수행에 있다는 것은 물론이다. 그런 만큼 선종에서 수행의 행위는 근본을 형성하고 있다. 따라서 선종에서 수행의 의미는 결코 단순하지 않다. 수행의 성격을 어떻게 규정하느냐에 따라서 후자의 의미에 해당하는 선의 종지에 의하여 그 정체성이 규정될 수 있기 때문이다.[28]

선종의 궁극적인 목표는 깨달음이다. 그 깨달음의 성격과 경지에 대하여 한마디로 정의하기는 쉽지 않다. 그러나 깨달음은 다름 아닌 지혜가 터득되는 경지라는 입장에 대해서는 예외가 없다. 때문에 깨달음을 궁극적인 목표로 삼는 데에는 그 깨달음에 대하여 적어도 올바른 깨달음이라고 전제한다면, 그 올바른 지혜는 반드시 올바른 자비가 수반되는 것으로 간주한다. 역으로 올바른 자비는 올바른 깨달음에 근거하지 않으면 안 된다. 나아가서 올바른 깨달음은 올바른 수행을 바탕으로 하지 않으면 안 된다. 여기에서 깨달음으로 도출되는 올바른 수행이란 다름 아닌 정수행正修行을 가리킨다.

일반적으로 수행의 성격에 대하여 당면한 번뇌를 대치對治하고 그 결과 깨달음에 접근하는 차전적遮詮的인 수행의 입장과 깨달음을 드러내는 입장에서 접근하는 표전적表詮的인 수행으로 나누어볼 수가 있다. 전자는 수행하는 당사자가 본래적인 청정심의 존재인데도 불구하고 탐貪·진瞋·치痴·만慢·의疑 등 온갖 번뇌로 말미암아 중생으로 살아가는 입장에서 그것을 벗어나려는 행위이다. 이 경우를 대치관對治觀 혹은 방편수행(方便修行, 對治修行)이라고도 말한다. 반면에 후자는 수행하는 당사자가 본래적인 깨달음의 존재로서 청정심의 그대로를 자각하여 드러내는 행위이다. 이것은 곧 직관을 통하여 있는 그대로의 실상을 인정한 바탕 위에서 본래적인 진리를 터득해 나아가는 방식이다. 이것을 정관正觀 혹은 정수행正修行이라고도 말한다.

그러나 방편수행을 단순히 번뇌의 대치 내지 퇴치라는 입장으로만 보는 데에는 무리가 있다. 왜냐하면 번뇌의 대치는 그것이 다름 아닌 깨달음의 현성으로 도달하기 때문이다. 불교의 전반에서는 불성의 소유 내지 청정심의 본유本有라는 입장을 인정하고 있기 때문에 궁극적으로는 차전적인 번뇌의 소멸이 곧 그대로 표전적인 청정심의 현현이기도 하다. 왜냐하면 지혜와 번뇌는 동시에 나타날 수 없기 때문이다. 지혜 있는 곳에는 번뇌가 없고 번뇌 있는 곳에는 지혜가 있지 않기 때문이다.[29]

그래서 지혜로 번뇌를 물리치고 난 이후에 청정심을 드러내어 깨달음을 완성하는 것이 아니다. 번뇌를 물리치는 행위 그대로를 지혜의 작용으로 간주된다. 또한 번뇌가 지혜를 뒤덮고 오염시키기 때문에 중생으로 살아가는 것이 아니다. 중생성을 가지고 살아가는 것이 번뇌이고 중생성을 초월해서 살아가는 것이 지혜이다. 이것은 지혜와 번뇌가 일체一體라는 입장에서만 가능하다. 일체이기 때문에 둘이 될 수 없고, 둘이 아니기 때문에 하나가 다른 하나를 물리치고 드러난다든가 뒤덮는다든가 할 수가 없다. 그래서 지혜와 번뇌는 둘로 나누어 보고는 있지만 실은 둘이 아닌 이이불이二而不二의 관계이다.

바로 조사선祖師禪에서 선수행의 출발은 이와 같이 지혜와 번뇌가 둘이 아니라는 입장에서 비로소 가능하다. 깨달음의 본래구족本來具足으로 간주되고 있는 본증本證은 어디서 빌려오거나 만들어낼 수 있는 것이 아니다. 그것은 번뇌조차도 본래부터 실재한 것이 아니기 때문이다. 객진번뇌客塵煩惱라는 말은 번뇌가 본래부터 실재하지 않았으나 중생이 미혹으로 말미암아 잠시 그곳에 휩싸여 있다는 것을 의미한다. 그렇기 때문에 언제든지 번뇌를 물리칠 수가 있다는 수행의 가능성과 반드시 그 번뇌를 물리쳐야 한다는 수행의 당위성이 제기된다. 이로써 보면 전자의 방편수행은 중생적인 분노로서 번뇌의 성격에 해당하고, 후자의 정수행은 비중생적인 분노로서 향상적 정진의 성격에 해당한다.

선종에서 분노가 수행의 향상적인 대분지大憤志로서 기능하고 있는 경우는 다반사에 속한다. 분노가 정진으로 승화되어 있는 모습은 선수행에서 가장 비근한 일례에 속한다. 특히 선수행의 납자가 느끼는 분노의 감정은 지금까지 수행해온 자신의 수행에 대한 반성 내지 새로운 수행의 동력을 추구하려는 것으로부터 비롯된 경우가 대부분이기 때문에 일반적인 번뇌의 성격을 지니고 있는 중생적인 분노와는 성격이 다르다. 여기에는 몇 가지 유형의 속성으로 분류해볼 수가 있다.

첫째는 자신의 수행에 대한 불만족의 자각으로서 다시 점검해보고자 하는 계기에서 촉발된 반성적인 분노의 경우로서는 대통신수(大通神秀, 606~706)·구지화상俱胝和尙·임제의현臨濟義玄 등이 이에 속한다. 이 경우는 자신에게 심각할 정도로 굴욕적인 경험을 통해서 우러나는 분노의 형태로서 그 경험을 극복하기 위한 오기에 속한다.

둘째는 지금까지 자신의 능력에 대하여 무관심했다가 주변사람과의 부대낌 내지 사회의 이슈에 대한 자신의 심경 변화에서 일어나는 부조리 내지 감동적인 기연을 맞이하여 홀연히 진정한 자신의 능력을 자발적으로 검증해보고 점진적인 방향으로 극복하려는 향상적인 분노의 경우로서는 정중무상淨衆無相·보조지눌普照知訥·청허휴정淸虛休靜 등이 이에 속한다.

셋째는 수행의 과정에서 선지식의 가르침을 받은 제자가 스승의 요구에 부응하려는 대응적인 분노의 적용으로서는 가령 스승으로부터 부여받은 화두를 타파하는 데 전념하는 일련의 행위가 이에 속한다. 이와 같은 몇 가지 유형의 속성은 직접 수행에 참여하는 수행납자의 경우로서 깨달음을 향한 다양한 경험으로 제기되어 간다. 이것은 주로 참회나 재발심 및 정진의 계기가 되어 이후 깨달음으로 향하는 귀중한 정진의 경험으로 이어진다는 점에서 이 분노는 긍정적이고 필연적이며 향상적인 성격을 지니고 있다.

1) 참회의 반성적인 분노

선종의 역사에서 수행의 방향은 정수행에 초점이 맞추어져 있다. 정수행은 이미 방편수행을 통해서 번뇌를 타파하고 난 이후에 그로부터 항상적인 깨달음을 향하여 정진하는 수행으로서, 조사선의 가풍에서는 자연스러운 모습이다. 때문에 방편수행이 점차적인 수행에 가까운 성격을 지니고 있음에 비하여 정수행은 직관적인 돈수의 성격을 지니고 있음은 물론이다. 중국 선종에서 전개된 조사선의 수행은 바로 이와 같은 모습으로 전개되었다.

그것은 곧 일체의 중생이 본래부터 불성을 지니고 있으며 나아가서 본래부터 성불해 있다는 본래성불本來成佛의 사상에 바탕하여 전개된 선풍이기 때문이다. 말하자면 그 수행은 깨친 이후의 수행에 해당한다. 깨친 이후의 수행이라 해도 그 깨달음이 아직은 당사자에게 자각되지 못한 입장에 해당하기 때문에 더욱더 반드시 수행을 말미암지 않으면 안 되는 당위성이 제시되는 상황에 놓여 있다.

때문에 이와 같은 조사선풍의 수행에서 강조되는 것은 번뇌의 퇴치라는 점수적이고 소극적인 측면보다는 깨달음을 향한 돈오적이고 적극적인 측면이 제기되었다. 그것이 선수행에서는 바로 깨달음을 향하여 요구되는 새로운 발심과 참회와 정진의 계기로 작용되었다.

이 가운데 우선 참회를 자각하는 계기가 되었던 구지화상의 일화를 볼 수가 있다. 『굉지송고』에는 "구지화상은 질문을 받을 때마다 다만 한 손가락을 치켜들 뿐이었다"[30]는 공안이 수록되어 있다. 구지俱胝는 금화구지金華俱胝로서 오랫동안 무주撫州 금화산金華山에 머물면서 항상 구지관음俱胝(准提)觀音의 주문呪文을 암송한 데서 붙은 이름이다.

구지가 천태산에서 혼자 관음주문으로 수행을 하고 있었다. 어느 때 실제實際라는 미모의 비구니가 와서 삿갓을 쓰고 석장을 들고서 구지를 세 바퀴 돌고서 세 차례나 말했다. "바른 말을 하면 삿갓을 벗지요." 그러나 구지는 답변을 하지 못했다. 대신 "날이 저물었으니 하룻밤 묵고 가시지요"라고 청하였다. 실제 비구니는 "바른 말을 하면 묵어 가지요" 하고 말했다. 구지는 역시 답변을 하지 못했다. 이에 실제 비구니가 마침내 그곳을 떠나버렸다.

구지는 비로소 자신을 한탄하고 암자를 떠나려는데 꿈에 산신이 나타나 만류하였다. 여기에서 답변을 할 수 없었던 자신의 초라한 모습에 대하여 지극히 부끄럽고 참담하였다. 지금까지 수행납자로서 지니고 있던 긍지가 여지없이 무너지는 순간이었다. 굴욕적인 참회와 깊은 반성과 일체를 포기하고 출가했을 때의 오기가 분노로서 발동하였다. 그것은 곧 상대방에 대한 분노가 아니라 자신의 무기력함에 대한 분노였다. 구지의 마음에 떠오른 분노는 자칫 심각한 자괴감으로 분출될 염려도 있었다. 그러나 그동안 수행해왔던 공덕이 있었던 까닭인지 꿈속에서 그 도량의 토지신이 현몽하여 구지는 자신의 마음을 다독일 수가 있었다. 마음을 가다듬고 보니 자신에게 가해졌던 통렬하고 비참한 경험은 오히려 구지 자신에게 다시 발심할 수 있는 큰 계기가 되었다. 그리고 며칠 후에 천룡화상의 왕림을 받고 그로부터 일지두一指頭의 가르침을 통하여 크게 깨쳤다.[31]

이후 구지는 질문을 받을 때마다 다만 한 손가락을 치켜들었기 때문에 구지일지두선俱胝一指頭禪이라 불렸다. 문수의 지혜검처럼 구지는 부처를 만나도, 조사를 만나도, 시·비와 미·오와 일체의 성·색을 만나도 오직 엄지손가락 하나를 치켜드는 일지두선을 활용하였다. 처음부터 오직 준제관음보살의 주문만 염송하면서 다져진 삼매였다. 일찍이 자기 마음의 보배를 발견하고서 그에 대한 믿음으로 일생동안 그것을 수용하는 것은 참으로 선자의 진면목이었다.

수행을 지속하는 데에는 간명직절簡明直截할수록 좋다. 그래서 선의 경지를 일컬어 몸과 마음이 일여하게 되어 저절로 법락을 얻을 때까지 안주부동安住不動의 경지에 도달하는 심일경성心一境性이라고도 한다. 마음과 경계가 일여하고 주체와 객체가 불이한 것은 관찰대상의 객체와 관찰하는 주체 사이에 구분이 없는 경지이다. 가령 올곧은 좌선으로 말미암아 호흡하고 있는 자신과 호흡이 없어진 상태, 그리고 똑바르게 앉아 있는 자신과 앉아 있다는 생각이 사라진 상태가 곧 호흡삼매이고 좌선삼매이다. 앉아서 호흡을 하고 좌선을 하지만 호흡이 앉아 있고 좌선이 호흡을 하는 것이다. 일찍이 동산양개는 이것을 가리켜 귀로 색을 보고 눈으로 소리를 듣는 경지라 표현하였다.

그처럼 감각을 느끼면서도 그대로 느낄 뿐이지 더 이상 이러쿵저러쿵 그것으로 인하여 제3의 생각을 불러일으키지 않는 상태인 정수正受의 경지에 들어간다. 정수란 있는 그대로 받아들여 왜곡됨이 없이 있는 그 자체로 받아들여 인식하는 것이다. 그리고는 그것으로 유지되면서 달리 그 정수로 인하여 분별의식을 받아들이거나 일으키지 않는 상태인 불수不受가 되는데, 이것을 감각탈락感覺脫落이라 한다. 감각에 얽매이지 않으면서도 그로부터 벗어나지 않는 것, 다시 말해 감각의 범주에 속해 있으면서도 그것에 얽매이지 않는 자유스러움이다. 감각에 얽매이면 그것은 삼매가 아니다. 단순한 정신통일에 불과하다. 정신통일에서는 하나의 감각에 몰입하여 다른 것을 염두에 두지 않는다는 의미이다.

그러나 삼매는 여타의 잡념이나 망념이 없는 상태, 곧 여념을 두지 않으면서도 멍멍하거나 황홀한 무아지경에 빠져 있는 것이 아니다. 어디까지나 생생하게 살아 움직이는 활작용이다. 이것이 삼매가 단순한 정신통일과 크게 다른 구분되는 점이다. 그러면서 그와 같은 상태가 여일하게 지속되는 것이 곧 일행삼매이다. 그러나 그것이 지속적으로 끊임없이 유지된다는 것은 쉬운 일이 아니다. 자기의 몸을 바꾸고 처소를 바꾸면서 세월이 바뀌고 사람이 바뀌어도 오직 손가락 하나만으로도 평생 다 써먹지 못하는 구지의 일지두선은 그래서 진국이다.

이런 점에서 일행삼매는 자유롭게 자신이 자신을 만들어가는 세상이다. 어디까지나 자신이 주인이다. 그러나 주인이라는 상相이 없다. 주객을 잊었지만 자신이 주체적인 역할을 한다는 의미이다. 구지의 일지두선이야말로 구지 자신의 손가락이면서 그것을 수용하는 각자의 몫으로서 남는다. 모든 시방세계가 하나의 손가락이요, 모든 대지가 그 손톱 밑에 끼어 있는 하찮은 때와 같을 뿐이다. 구지가 당시까지 수행납자로 살아오면서도 전혀 모르고 있었던 자신의 깜냥에 대하여 우연한 기회로 다가왔던 실제 비구니를 통하여 경험했던 자신의 초라한 수행은 다름 아닌 자신에 대한 참회와 성찰과 평가가 없었더라면 결코 터득할 수 없었던 귀중한 인연이었다.

다만 그러한 인연을 일상에서 스쳐 지나가는 단순한 인연으로 간과하지 않고 자신의 본래 모습을 점검할 수 있었던 것도 다름 아닌 수행납자로서 지니고 있는 자신에 대한 겸허한 반성을 항상 생각하고 있었기 때문에 가능하였다.[32] 그런 점에서 구지화상은 납자로서 지녀야 하는 기본적인 자세로서 천연적인 성품을 지니고 있는 순수하고 질박한 성격의 소유자였다. 실제 비구니를 통해서 경험되었던 자신의 부끄러운 경험이 구지에게는 다행스럽게도 타인을 향한 분노의 표출로 드러나지 않고 자신의 위치와 본분을 되돌아볼 수 있었던 기연이 되었음은 물론이다. 이와 같은 구지화상의 기연에 대하여 굉지는 그것이 구지화상의 발심과 참회의 계기로 승화되었던 위의 일화를 다음과 같이 게송으로 찬탄하였다.

금화의 구지노인이 보여준 일지두선이여
일생 동안 써먹어도 그것은 다함이 없네
그것이야말로 진정 도인의 방외묘술이여
종내 눈앞에 속물의 흔적도 보이지 않네
구지가 얻은 저 일지두선 매우 간결해도
그것이 펼쳐내는 방편시설은 무량하도다
터럭이 삼천대천세계를 삼킨다고 했는데
영원을 날아가는 인룡은 뉘 손에 걸리랴
낚싯대 들고 있는 임공자여 잘 가시게나
구지가 손가락 하나 세워 살펴보라 하네[33]

구지선사는 평생 일지두선—指頭禪으로 일관하였다. 이것이야말로 진정 상식을 초월한 오묘한 술법이고 묘용이다. 너무나 단순명쾌한 구지의 일지두선은 속물이라고는 찾아보려야 찾아볼 수가 없다. 그러나 그로 인한 교화행은 무궁무진할 뿐이다. 터럭 끝에 우주가 들어 있다는 말처럼 구지는 해탈세계로 날아가는 비늘 달린 용을 낚아채고도 남는 수단을 지니고 있다. 임공자任公子는 『장자』「외물편」에 나오는 인물이다. 굵은 밧줄과 거대한 낚시에 소 50마리를 미끼로 삼아 회계산 會稽山에 올라 앉아 동해에 낚시를 드리웠지만 1년 만에 드디어 물고기를 한 마리 낚았다. 물고기는 바다에서 산 같은 파도를 일으켰고, 귀신처럼 울부짖는 소리는 천리 밖에서도 들렸다 임공자가 고기를 끌어올려 포를 떴는데 제하制河의 동쪽에서 창오蒼梧의 북쪽에 이르는 사람들이 모두 배불리 먹었다. 이것이 정녕 구지가 세운 손가락으로서 구지 자신뿐만 아니라 수행납자의 본분으로서 반드시 지니지 않으면 안 되는 발심과 참회의 크나큰 계기가 되었음은 물론이다.

대통신수(大通神秀, 606~706)는 중국 선종의 제5조 대만홍인(大滿 弘忍, 602~674)의 7백 대중의 문하에서 상수제자로 있었다. 이후에 홍인의 뒤를 이어서 동산법문東山法門을 이끌어갈 것이라는 의미에서 홍인의 발을 씻어주는 위치에 있었다. 그러나 신수의 나이 56세 때 혜능이라는 24세 된 행자가 홍인의 문하에 들어왔다. 혜능은 아직 정식으로 머리를 깎지도 않았을 뿐만 아니라 수계도 받지 않은 상태였다. 또한 신수보다 32세 연하였고, 경론에 대한 공부 내지 수행의 경력 등에서 보면 아직 신수에게는 한참 못 미치는 상황이었다.

그러나 선종의 특성인지 혹은 먼저 깨닫는 사람에게 의발을 전수하는 전통 때문이었는지, 어느 날 조사의 지위가 혜능행자에게로 전수되었다. 이러한 일화는 일상에서는 보기 드문 일례에 속한다. 신수는 7백 대중의 교수사敎授師로서 자신의 지위는 물론이고 자신에게 가르침을 받고 있는 수많은 도반들에 대한 일종의 책임의식이 있었던 사람으로서 의발을 혜능에게 빼앗겼다, 혹은 양보했다는 점에서 쉽게 수용하기 어려운 상황이었다. 그러나 의발을 전수받지 못한 것은 명백한 현실이었다. 이에 신수는 조만간 홍인의 휘하를 떠나서 깊은 산속으로 들어가 이후 40여 년에 걸친 두타행에 전념하였다. 95세 때 비로소 황제의 부름을 받고 101세에 이르기까지 양경법주兩京法主, 삼제국사三帝國師의 명예를 얻을 수 있었다.

홍인이 혜능에게 의발을 전수한 즈음에 신수는 이미 56세의 나이로서 일가를 형성할 만한 경륜과 인품과 지위에 있었지만 자신의 수행에 대한 근본적인 반성을 하고 참회를 하면서 다시 초심으로 돌아가서 피나는 수행을 경주하였다. 신수의 그와 같은 참회 및 재발심은 자신의 수행뿐만 아니라 7백 대중의 상수제자로서 있으면서도 조사의 지위를 계승하지 못했다는 통렬한 자기반성이 있지 않고서는 불가능한 것이었다. 그것은 자신의 수행의 진척에 대한 분노였을 뿐만 아니라 수백 명의 대중을 거느리는 사람으로서 짊어지고 있는 의무감에 대한 분노이기도 하였다. 그러나 신수는 이미 수십 년 동안의 수행을 통하여 철저한 하심下心의 수행을 갖추고 있었다. 스승 홍인에 대하여 스스로 느끼고 있는 자괴감과 분노를 참회와 재발심이라는 반성의 구도심으로 승화시킬 수 있는 인격의 소유자였다. 때문에 신수는 국사가 된 이후에도 홍인의 의발을 계승한 사람은 혜능이라고 인정할 수가 있었다.

임제의현(?~867)의 경우에도 마찬가지의 분노와 그 자극과 극복에

선종에서 분노의 대응 원리와 그 활용 143

대한 좋은 모습을 보여주고 있다.

임제가 황벽에게 물었다. "불법의 적적대의는 무엇입니까." 황벽이
임제를 후려쳤다. 이와 같은 상황이 세 차례나 반복되었다. 그러자
임제는 황벽을 떠나 대우에게 참했다. 대우가 물었다. "어디에서
왔는가?" 임제가 말했다. "황벽에서 왔습니다." 대우가 물었다. "황벽
은 무슨 말을 하던가?" 임제가 말했다. "제가 불법의 적적대의가
무엇인지 세 번이나 물었는데 세 차례 모두 주장자로 얻어맞기만
했습니다. 도대체 허물이 있는 겁니까, 허물이 없는 겁니까?" 대우가
말했다. "황벽이 그토록 친절하게 그대를 위해 애를 썼는데 허물이
있느냐 없느냐고 묻다니." 임제는 그 말을 듣고 곧 깨쳤다.[34]

임제는 먼저 경론을 공부하였고, 계율을 익혔다. 그러다가 마음공부
를 하려고 황벽에게 참문하였다. 3년 동안 아무런 질문도 하지 않고
그저 침묵만 지키면서 무던히도 고군분투하였다. 이에 목주睦州 진존숙
(陳尊宿, 陳浦鞋)의 권유로 황벽에게 입실하여 '불법의 적적대의가 무엇
입니까' 하고 세 번을 물었지만 세 차례 모두 주장자로 얻어맞았다.
이에 임제는 황벽과는 인연이 없다고 생각하여 그곳을 떠나 고안대우高
安大愚에게 참하여 허물이 있는지 없는지를 물었다. 피상적으로 보면
허물이 있는 것은 임제이고, 허물이 없는 것은 황벽이다. 왜냐하면
임제가 얻어맞았기 때문이다. 그러나 과연 그럴까. 정작 임제가 얻어맞
는 것은 허물이 아니라 크나큰 혜택이다. 오히려 불법의 적적대의를
그 자리에서 당사자에게 주장자로 후려치는 것만큼 확실하게 전해줄

수 있는 것이 없기 때문이다.

그러나 아직 임제에게는 그와 같은 안목이 없었다. 때문에 아무런 연유도 모르고 황벽에게 얻어맞은 임제에게는 분노가 일어났다. 이유를 알고 맞더라도 분노가 일어날 터인데, 까닭도 모른 채 그것도 세 차례나 똑같은 상황에서 몽둥이를 얻어맞은 임제가 일으킨 분노는 중생적인 번뇌의 분노 형태였다. 그러나 대우를 소개해주고 방황하지 않도록 새로운 인연을 맺어주려는 황벽의 의도를 조금이나마 알아차리고 대우를 향해 찾아가는 임제의 자세는 벌써 중생적인 분노를 벗어난 분노로 전환되었다. 그것은 스승의 가르침에 대한 자신의 부족함에서 비롯되었다는 반성의 분노였다. 대우를 찾아가는 도중에 임제의 마음에 솟아난 것은 어떻게 해서라도 황벽의 의중을 확실하게 알아차리고 그에 상응하는 능력을 갖추려는 것이었다. 때문에 다른 곳으로 가지 않고 스승의 지시대로 대우를 찾아갔다. 그 경우에 임제의 가슴에 떠오른 감정은 반드시 깨달음을 터득하여 보란 듯이 스승 앞에다 자신의 진면목을 보여주는 것이었다. 그것은 바로 자신이 무능하다는 것에 대한 참회였고, 지금까지 수행해오던 수행에 대한 자기반성이었으며, 스승의 가르침에 대한 존경이었고, 진정으로 다시 발심을 일으키는 계기가 되었다. 자신의 일종의 오기였다. 그와 같은 마음자세였기에 마침내 임제는 깨달음의 기연을 맛볼 수가 있었다.

임제가 맞이한 상황에서 황벽이 몸으로 휘두른 주장자의 거시기와 대우가 언설로 토해낸 '황벽이 그토록 친절하게 그대를 위해 애를 썼는데 허물이 있느냐 없느냐고 묻다니' 하는 말과 그것을 통해서 깨달았던 임제의 행위는 각각 실참實參이고 본참本參이었으며, 진어眞

語이고 실어實語였으며, 실오實悟이고 본증本證이었다. 여기에서 임제
는 황벽으로부터는 신身의 탈락脫落을 맛보았고, 대우로부터는 언言의
탈락을 터득했으며, 임제 스스로는 심心의 탈락을 깨쳤다. 그리고는
대우에게 '황벽선사가 가르쳐준 불법의 적적대의가 이토록 간명직절簡
明直截하구나' 하고 자신의 심정을 토로한다. 이제 임제는 황벽에게
돌아와 황벽의 옆구리를 쥐어박는 대기대용의 헌헌대장부가 되어 스승
의 친절한 가르침에 보답하였다. 임제의 이와 같은 자신의 깨달음과
스승에 가한 깨달음의 작용은 늘상 자신의 전체적인 몸과 말과 마음으로
다가온 것이었다. 그것이 정녕 의기투합意氣投合이 되느냐 안 되느냐
하는 것은 시절인연에 달려 있었다.

  임제가 처음에 분노한 것은 스승의 자비를 이해하지 못한 것으로서
분명히 자신에 대한 바로 시절인연의 부재였다. 그러나 대우를 찾아갈
때 일으켰던 분노는 스승의 자비를 이해하고 정작 자신에게서 그 원인을
찾았던 것이었다. 이 경우는 스승의 노과 친절한 가르침에 대한 이해로
서 그 결정적인 계기는 역시 자기의 반성이었다. 목주와 황벽의 가르침
에 대한 반성이 아니었다면 임제의 분노는 중생적인 분노에 그치고
말았을 것이다. 그러나 임제는 타고난 선자였다. 때문에 세 차례나
몽둥이를 얻어맞고도 요령을 피울 줄 모르고 무던히 참고 견디는 수행납
자였다.

2) 발심의 향상적인 분노

분노의 모습은 또한 자신의 일상적인 삶에 대한 자각으로부터 발생하기
도 한다. 그것은 당시까지 자신의 삶에 대한 반성으로부터 시작되어

새로운 삶을 향한 향상적인 모색의 결과일 뿐만 아니라 보다 미래지향적이고 향상적인 결과에 도달하려는 인생의 자각이기도 하다. 따라서 재가인의 경우에는 발심의 계기로 다가오기도 하지만 출가인의 경우에는 당시까지의 수행을 되돌아보고 재발심하거나 자신의 삶을 대사회적인 이슈의 문제로 확장하여 대의명분을 수반한, 사회에 대한 교화행위의 방향으로 나아간다는 점에서 거듭나는 삶이기도 하고 이타적이기도 하다.

정중무상(淨衆無相, 684~762)은 어려서 머리가 총명하고 성질이 강직하였다. 그가 차차 나이가 들고 자라서 성년이 되었을 때 그의 막내 여동생이 결혼을 마다하고 출가하려는 뜻을 밝혔다. 무상은 얼토당토 않는 말이라고 하면서 가볍게 받아넘겼다. 그러자 여동생은 다시 얼굴에 칼로 생채기를 내고 자신의 굳은 마음을 내보였다. 이에 무상은 크게 충격을 받고 '연약한 아녀자도 출가를 하여 자기 뜻을 이루려고 하는데 사내대장부로 태어난 내가 어찌 무심히 세상을 보내랴' 말하고는, 왕족 출신의 귀족 가문을 떠나 군남사郡南寺에 들어가 출가하였다.[35]

왕족으로 태어나서 부족함이 없이 지내고 있던 무상은 어느 날 여동생의 갑작스럽고 엽기적인 출가의 행위에 크게 충격을 받았다. 그것은 무상 자신이 지금까지 살아왔던 삶을 완전히 뒤집어놓은 사건이었다. 그것도 미모가 출중했던 여동생이 평범한 삶을 버리고 출가의 길로 들어선 것에 대하여 아무래도 이해할 수가 없었다. 그로부터 무상은 인생에 대하여 좀 더 깊이 고민하면서 마침내 하나의 결심을 하였다. 사내대장부라고 으스댔던 자신이 정작 사회적인 지위만 믿고 아무런 역할도 하지 못하면서 여동생을 깔보고 핀잔을 주었다는 것이 너무나 부끄럽고 창피하였으며 나아가서 자신의 몰이해에 대한 분노가 일어났다. 그 분노는 지금까지의 삶에 대한 자신만의 확신이 없었고 자신만의 미래가 없었으며 주변사람의 입장에 대한 무지와 그로 인한 무시, 그리고 사내대장부로서 호연지기가 없었던 것에 대한 통절한 분노였다.

그러나 무상의 그 분노는 단순한 자기기만 내지 자괴감으로 빠지지 않고 그로부터 삶에 대한 일종의 의무감과도 같은 뼈저린 결심이 일어났다. 그것은 자신의 정체성에 대한 전면적인 반성이었으며, 향후 자신의 삶에 대한 크나큰 결심을 하게 되는 계기였다. 그로부터 무상은 당시까지 데면데면하게 살아왔던 일상의 삶을 버리고 자신과 인생의 궁극적인 지향점을 찾기 위하여 일대의 출가를 결심하였다. 그것은 무상에게 불교를 향한 발심이었을 뿐만 아니라 자신의 삶에 대한 근본적인 회의를 결론짓는 출발이기도 하였다. 일차적으로는 자신의 삶이 그동안 여동생의 삶보다 내세우거나 나을 것이 없었다는 반성이었고, 다음으로는 이미 늦게나마 각성한 자신의 결심을 완성하려는 분노의 결심이었다.

때문에 무상은 군남사에 들어가서부터 불교경전의 연구에 힘썼다. 그러나 본국에서 배운 지식으로는 자신에 대한 분노를 해결하는 데 만족할 수가 없었다. 그리하여 당에 들어가 유명한 사원들을 순례 방문하고 고승을 찾아 배우며 불교경전을 깊이 연구하였다. 무상은 728년 장안에 이르러 현종을 알현하고 선정사禪定寺에 가서 불경을 연구하였다. 그 후 더 깊이 불법을 연구하고자 성도成都 지방에 들어가 자주資州 덕순사德純寺를 찾아갔다. 덕순사에는 처적(處寂, 648~734)이 있었다. 무상은 자신의 손가락을 태우는 결심을 내보임으로써 위법

망구爲法忘軀의 구도심을 통하여 무상으로부터 제자로 인정받을 수가 있었다. 그 밑에서 무상은 2년 동안 공부하고 거기서 무상無相이라는 이름을 얻었다. 이후에도 이전과 못지않게 피나는 정진을 계속하였다.

깊은 계곡에 들어가 바위 아래에서 좌선하였다. 검은 송아지 두 마리가 무상의 자리 아래에 뿔을 마주 대고서 몸을 뻗었다. 무상의 몸 가까이에 있다가 위급한 상황이 되면 털로 덮인 손을 무상의 소매에 넣었는데 차갑기가 얼음 같았다. 쓰다듬고 더듬으며 배까지 이르러도 무상은 조금도 흐트러지거나 움직이지 않았다. 선정에 들 때마다 대부분 5일을 기한으로 하였다. 갑자기 눈이 심하게 내렸을 때 사나운 짐승 두 마리가 왔다. 무상은 스스로 몸을 씻어 깨끗이 하고 벌거벗은 채 짐승들 앞에 누웠다. 자신의 몸을 그들의 먹이로 바치고자 한 것이었다. 두 짐승은 머리부터 발끝까지 냄새를 맡고는 무상의 주변을 돌다가 가버렸다. 종종 밤중에 앉아 있는 평상 아래로 호랑이의 수염과 털이 만져졌다. 이렇게 산에서 생활한 지 다소 오래되어 옷은 해지고 머리카락은 길게 자랐다. 사냥하는 자들이 기이한 짐승이라고 의심하고서 활을 쏘려다가 그만두었다.[36]

이런 무상에게 하루는 장사長史 장구대부章仇大夫가 찾아와서 선법을 청하자 무상은 선법을 가르쳐주었고, 중원지구에서 안사安史의 난이 일어나 현종이 성도로 몽진하였을 때 현종은 무상의 명성을 듣고 그를 내전으로 불러 접견하고 불법을 널리 전하도록 격려하였다. 그러자 무상을 시기하였던 성도의 현령 양익楊翌에게 무고를 당했지만 결국 무상의 법력에 감동되어 정중사淨衆寺, 대자사大慈寺, 보리사菩提寺, 녕국사寧國寺 등 많은 절을 세워 보시하였다. 이 시기에 무상은 성도의 각 지역을 다니면서 절과 종탑鐘塔을 많이 건립하고, 무억無憶·무념無念·막망莫妄이라는 삼구법문 등으로 불법을 널리 전도함으로써 성도 지방의 불교계를 지도하는 최고의 고승으로 인정받았다.

보조지눌(普照知訥, 1158~1210)은 25세에 승선僧選에 합격하였다. 이에 보제사의 담선법회에서 10여 명의 도반들과 함께 당시 불교계의 혼탁한 상황을 반성하고 그것을 바로잡아 정법의 불교를 회복하고자 결사를 제안하였다. 그 구체적인 내용이 곧 「정혜결사문定慧結社文」으로 출현되었다.

> 법회를 마치면 반드시 명예와 이익을 버리고 산속에 들어가서 함께 결사를 만들기로 한다. 항상 습정習定하고 균혜均慧하며, 예불하고 경전을 읽으며, 노동하고 운력하며, 각자 소임을 따라 그것을 경영하고 인연을 따라서 자성을 기르며, 평생을 걸림 없이 지내면서 멀리 진인과 달사들의 고행高行을 따르면 어찌 즐겁지 않겠는가.[37]

지눌이 활동하고 있던 시대 고려불교의 상황은 「결사문」에 드러나 있듯이 출가한 승려가 명예와 이익을 추구하느라고 출가의 본분사를 망각하고 있었다. 그것은 곧 정치와 권력에 빌붙어서 개인의 출세를 지향하는 모습이었다. 또한 불법의 실천에 대해서는 올바른 법을 지향하지 않고 기복의 불교에 치우쳐 있었을 뿐만 아니라 수행을 제대로

하지 않고 방일한 모습이었으며, 중생을 위한 보살행을 등한시하고
있었다. 곧 불법을 빙자하여 나와 남을 차별하고, 이양利養의 길에
허덕이며, 풍진의 일에 골몰하고, 도덕을 닦지 않고 옷과 음식만 허비하
는 모습이었다. 때문에 지눌은 다음과 같이 분노하였다.

오호라. 무릇 삼계를 벗어나고자 하면서도 번뇌를 타파하는 수행이
없고, 헛되게 남자의 몸이면서도 대장부의 지기가 없으며, 위로는
깨달음을 넓히는 데에도 어그러지고, 아래로는 중생을 이롭게 하지
도 못하며, 그 가운데서 네 가지 은혜를 저버리니 진실로 부끄러운
일이다.[38]

이와 같은 당시의 타락한 불교의 모습에 대하여 지눌은 자신이 출가
승려가 되려고 했을 때의 출가정신에 비추어 비분강개하면서 통탄하였
고 거룩한 분노를 일으켰다. 그것은 타락한 불교를 구원하려는 비원이
었고, 또한 무신정권 아래서 자행된 불교계의 행태가 사회적인 해악으
로까지 미치는 결과였다. 여기에 대하여 지눌은 불교의 교단문제뿐만
아니라 당시 사회의 구조적인 문제를 비롯하여 출가승려 개개인에
대한 수행의 부재 등에 대하여 환멸을 느꼈다. 그것은 불자로 태어나서
출가한 자신의 처지에서 볼 때 오탁악세와 같은 시대 및 지역에 대한
지눌의 한계이기도 하였다.
　지눌의 눈에 비친 그러한 부정적인 모습들로 인하여 일어난 공분에
대하여 은둔과 무시와 동조의 방식으로 마냥 회피할 수만은 없었다.
때문에 지눌은 불교계의 자정운동은 먼저 자신의 수행에 대한 반성으로

부터 시작하여 점차 불교 전체 및 사회에까지 번져가는 정법불교의
방향을 제시하려는 자각을 일으켰다. 이에 「결사문」에 드러나 있듯이
지눌이 지향하는 방향은 청정한 계율을 지니고, 선정과 지혜를 평등하
게 수행하며, 출가 본분인으로서 예불과 운력과 강경 등에 대하여
정진하고, 진인眞人과 달사達士의 삶을 살아가려는 것이었다. 이와
같은 지눌의 결사운동은 정법을 구현하고자 하는 보살의 공분으로서
자신의 수행에 대한 점검이었고 서원이었으며, 타인 및 사회의 교화에
대한 정법불교의 지향이었다.

3) 정진의 대응적인 분노

분노의 셋째 유형의 속성은 수행의 과업을 완수하려는 납자의 대응적인
분노의 경우는 선종에서 가장 빈번하게 등장하는 것으로 선수행의
특징적인 경우에 속한다. 원元의 고봉원묘高峰原妙는 화두를 참구하는
납자들에게 다음과 같이 말한다.

> 만약 착실하게 성취되는 참선을 말하자면 반드시 세 가지 요소를
> 갖추어야 한다. 첫째 요소는 대신근이 있어야 한다. 깨달음이란
> 마치 수미산을 의지하는 것처럼 든든해야 하는 줄을 분명하게 알아
> 야 한다. 둘째 요소는 대분지이다. 마치 부모를 죽인 원수를 만났을
> 경우 곧바로 한칼에 두 동강을 내려는 것과 같이 해야 한다. 셋째
> 요소는 대의정이다. 마치 아무도 모르는 곳에서 저지른 살인사건이
> 은폐되었다가 마침내 막 탄로나지나 않을까 전전긍긍하고 노심초사
> 하며 염려하는 상황과 같이 긴박하게 해야 한다.[39]

여기에서 화두를 참구하는 납자가 반드시 갖추어야 하는 요소로서 대분지大憤志를 언급하고 있는 것은 지극히 당연하다. 그것은 대분지를 통하여 대신근大信根과 대의정大疑情을 지속적으로 유지할 수가 있을 뿐만 아니라 또한 만약에 이 세 가지 요소 가운데 하나만이라도 빠진다면 마치 다리 부러진 솥과 같아서 끝내 쓸모가 없게 되기 때문이다. 고봉이 말한 대분지가 납자 자신에게는 바로 수행을 원만하게 성취하는 원동력일 뿐만 아니라 스승의 가르침을 따라서 수행의 과정에서 부딪치는 어떤 난관도 뚫고 나아가는 정진의 근원이다. 그리고 스승에게는 대분지를 통하여 납자로 하여금 화두를 참구토록 하려면 납자가 한 찰나에 그치지 않고 지속적으로 삼매에 들어야 하는 중요성을 부여하는 기능을 지니고 있다. 이에 고봉은 남자들에게 '공부하는 사람은 화두를 다음과 같이 살펴야 한다. 마치 기왓장을 만 길이나 되는 깊은 연못에 던지면 곧장 밑바닥으로 가라앉는 것과 같이 해야 한다. 이렇게 하여 7일이 지나도록 깨치지 못하면 내 목을 잘라 가거라'고 말한다.

화두의 참구에 대하여 이처럼 간절하게 드는 것이 필요함을 보여준 대목이다. 간절하게 화두를 든다는 것은 그 지속성을 말한다. 삼매의 순간이 곧 영원으로 통하는 경험, 곧 영원한 현재의 경험이 중요하다. 이것은 일관되게 지속되는 힘이 뒷받침되지 않고서는 불가능하다. 이 지속성이라는 것은 순간을 영원처럼 유지하고 하나를 전체처럼 간주하는 시간적이고 공간적인 상속이다. 나와 남의 분별이 개입되고 나면 지속성은 사라지고 만다. 내가 곧 관찰의 대상이 되고 관찰의 대상이 곧 내가 되는 심경일여心境一如와 물아불이物我不二의 경험이 뒷받침되지 않으면 일관되게 상속되는 상태의 경험은 나타나지 않는다. 지속적인 행위를 통하여 납자 자신이 화두와 주력의 경험으로 변화하지 않으면 안 된다.

여기에서 화두참구의 근본적인 정진력에 해당하는 바로 그 대분지야 말로 납자가 반드시 지녀야 하는 분노의 성격에 부합되는 개념이다. 따라서 여기에서 구비해야 하는 분노가 수행납자에게는 지극히 한정적 일 수밖에 없다. 깨달음이라는 목표를 향한 수행의 향상적인 분노일 경우에만 유효하기 때문이다. 이에 납자는 스승의 가르침을 믿고 불법 을 믿으면서도 참구하고 있는 화두 자체에 대해서는 끝까지 의심으로 밀고 나아가는 경험을 바로 대분지를 통하여 성취하지 않으면 안 된다. 이와 같은 일례로는 고봉 자신이 겪었던 다음과 같은 대분지의 경험이 있었다.

정자사淨慈寺에 들어가 삼 년 동안 죽기를 각오하고 참선에 전념하였 다. 그때 단교묘륜斷橋妙倫에게 법을 청하여 "생은 어디서 온 것이고 사는 어디로 가는 것인가" 하는 화두를 받았다. 그러나 마음이 생과 사에 대한 분별로 갈라져 도통 화두일념話頭一念이 형성되지 않았다. 또 일찍이 단교화상이 일러주신 화두에 대하여 어떻게 공부해야 하는지를 몰라 주변만 맴돌다가 일 년 남짓한 세월이 지났는데, 그동안 일상의 모습은 마치 미로를 헤매는 사람처럼 보였다. 그러다 가 삼 년의 기한이 다가오는 것에 부담을 느끼고 있던 차에, 홀연히 태주의 정淨 사형을 만나 "설암화상께서는 그대의 공부에 대하여 관심이 많다네. 한 번 찾아뵈는 것이 어떤가" 하는 말을 듣고는, 흔연히 향을 준비하여 북간탑의 조실인 설암 조흠화상을 참문하여

청익請益하였다. 바야흐로 질문을 하려고 향을 사루는 찰나에 통렬
하게 일돈권一頓拳만 얻어맞고 조실 밖으로 쫓겨나서 한줄기 눈물을
머금고 승당으로 돌아갔다.[40]

고봉은 앙산 노화상에게 보낸 편지에서 이와 같이 술회하고 그 가르침
을 청하였다. 앙산은 고봉에게 무자화두無字話頭를 참구토록 하였지만,
진척이 없자 "그대의 송장을 이끌고 오도록 한 것은 무엇인가?"라고
물었다. 그런데 그 물음이 채 끝나기도 전에 갑자기 냅다 주먹질을
해대고는 고봉을 내쫓아버렸다. 매일 다만 그처럼 질문하고 또 그처럼
주먹질을 당했을 뿐인데, 고봉은 바로 그러한 다그침이 경험되면서
조금씩 눈이 뜨였다. 이로써 고봉이 느꼈던 대분지의 경험이 점차
그 자신만의 진정한 정진수행으로 승화되어 갔다. 마침내 고봉은 일전
에 앙산이 일러준 "송장을 끌고 다니는 놈이 무엇인가?" 하는 화두가
별안간 타파되어 곧바로 정신이 아득하고 몸이 쓰러져 마치 죽었다가
깨어난 듯하였다. 고봉의 나이 24세 때였다.

이에 하안거를 마치고 남명사에 도착하여 다시 입실하고 참선 공부에
대하여 가르침을 받은 까닭에 공안을 이해하고 또한 더 이상 남의
속임수에 빠지지도 않게 되었지만, 아직도 화두에 대한 문답에서 자신
의 답변과 제 마음에 미진한 것이 느껴져 일상에서 자유롭지 못하였다.
마치 남에게 무언가 빚을 지고 있는 듯하였다. 다시 앙산의 도량으로
되돌아와서 시봉을 하였는데, 활달하게 공부하는 일상과 꿈속에서
주인공을 느끼고 있느냐는 물음에 말문이 막혀 어떤 답변도 못하였다.
그러자 앙산은 "오늘부터 그대는 부처를 찾을 필요도 없고 법을 추구할

필요도 없으며, 또한 그대는 고금의 진리를 궁구할 필요도 없다. 단지 배가 고프면 법을 먹고 피곤하면 잠을 자면 그만이다. 그러나 잠에서 깨면 곧 부지런히 정진하는 마음으로 자신을 일깨워 그 주인공은 필경에 어디에서 안신입명하고 있는지를 살펴라"고 말했다. 이후 용수사에 머무르게 되었을 때 34세였는데, 어느 날 암자에서 잠에서 깨어나 화두를 의심하던 차에 홀연히 옆에서 잠을 자고 있던 도반이 떨어뜨린 목침 소리에 갑자기 화두에 대한 의단이 타파되어 마치 그물 속에서 벗어난 듯하였다.

이것은 바로 고봉 자신이 대분지의 결심을 지니고 끝까지 정진한 결과였다. 고봉의 이 경험은 수행에 전념했던 고봉에게 대분지가 지니고 있는 향상적인 성격과 자신이 스승의 가르침에 대응하기 위하여 스승의 말씀을 수용하여 착실하게 정진했던 결과 성취된 것으로서, 이후에 수많은 납자를 제접하고 지도했던 바탕이 되었다.

4. 초월적인 분노의 실천과 회향

선수행에서 분노의 감정은 근원적인 번뇌로서 탐심과 진심과 치심의 삼독심 가운데 하나라는 것은 위에서 언급하였다. 이 번뇌에 대한 선수행은 바로 삼독심을 다스리는 것에 바탕을 두고서 그러한 번뇌를 잘 다스림으로써 탐욕심·진에심·치암심이 바야흐로 계학·정학·혜학의 삼무루학으로 전환된다는 것이 그 요체이다. 탐욕심은 지계로써 다스리고, 진에심은 선정으로써 다스리며, 치암심은 지혜로써 다스린다. 바로 그 가운데에 분노에 해당하는 진에심이 개재되어 있다. 여기에

156

는 타인과 외부환경의 자극으로부터 유발되는 번뇌로서 방편수행의
대상이 되는 진에심이 있는가 하면, 자신이 처한 입장의 부정과 자신이
갖고 있는 능력의 부족 등에 대한 반성으로부터 유발되는 향상적인
번뇌로서 정수행의 대상이 되는 대분지가 있다.

앞에서도 언급하였듯이 선수행에서 진에심을 다스리는 방식은 크게
두 가지 방향에서 접근할 수가 있다. 전자는 일체의 번뇌가 공하다고
간주하는 공관에 의한 다스림으로써 번뇌를 극복하는 것이고, 후자는
자신에 대한 철저한 반성과 참회를 말미암아 정진력을 고양시키는
계기로 승화시킴으로써 궁극적인 깨달음의 경지에 나아가는 계기로
삼는 것이다. 여기에서는 이제 분노의 극복과 초절, 그리고 정진심의
계기를 바탕으로 하여 이타적으로 성취된 초월적인 분노에 대하여
살펴보기로 한다.

1) 섭수와 절복의 서원

이와 같은 분노심을 초월하여 불법을 주지시키려는 보살은 그 초월적인
분노심을 가지고 중생을 교화하는 방식에서 정법의 섭수攝受와 범계의
절복折伏으로 승화시켜가는 모습을 보여주고 있다.[41] 보리심을 일으킨
존재에 해당하는 보살로서 일체의 번뇌를 극복하고 지혜와 자비가
충만한 보살에게도 분노는 일어난다. 그것은 중생적인 분노가 아니라
다름 아닌 자비의 분노이고 또한 연민의 분노이다. 소위 자비의 분노는
정법에 대한 섭수를 완수하려는 것이고, 연민의 분노는 범계에 대한
절복을 통하여 지혜로운 길로 인도하려는 지혜의 실천이다. 곧 섭수와
절복의 개념은 중생의 교화에 상응하는 보살의 속성이기도 하다.

때문에 초월적인 분노의 특징은 자비와 연민의 속성을 지니고 있다. 중생이 미혹에 헤매는 것을 보고 가슴 아파하는 보살의 대비심이 바로 그것이다. 유마거사가 문수사리의 질문에 답변한 "일체중생이 병에 걸려 있기 때문에 나도 병에 걸려 있습니다. 만약 일체중생의 병이 소멸되면 곧 내 병도 소멸될 것입니다"[42]는 말의 경우와 같다. 이것은 곧 중생병에 대하여 보살이 아직 중생을 구제해주지 못한 것으로부터 일어나는 의로운 분노이고 대비의 분노이다. 섭수와 절복의 이와 같은 초월적인 분노가 선수행의 궁극으로 간주되는 보살행에서는 어떻게 드러나고, 선지식에 의하여 어떻게 활용되고 있는지 살펴보기로 한다.

먼저 『승만경』에서 보살로서 서원을 일으키고 그 당일부터 깨달음을 성취할 때까지 결코 멈추지 않겠다는 승만 부인의 십대수十大受 가운데 아홉 번째에 해당하는 섭수와 절복에 대한 서원을 볼 수가 있다.

세존이시여. 저는 오늘부터 깨달음에 이를 때까지 만약 동물을 포획하여 기르거나 갖가지 부정직한 생활방편 및 모든 범계를 보면 끝내 내버려두지 않겠습니다. 제가 능력이 닿는 한 어떤 경우에라도 그런 중생을 보면 반드시 절복해야 할 자는 그를 절복하고, 반드시 섭수해야 할 자는 그를 섭수하겠습니다. 왜냐하면 때로는 절복하고 때로는 섭수함으로써 정법을 오랫동안 주지시킬 수 있기 때문입니다. 정법이 오랫동안 주지하면 천상세계와 인간세계에 태어나는 사람은 충만하고 악도에 태어나는 사람은 감소할 것입니다. 여래께서 굴리는 법륜을 마음대로 굴릴 수 있게 되면 이와 같은 이익을 볼 수가 있기 때문에 섭수하기를 그치지 않겠습니다.[43]

보리심의 서원을 일으켜 깨달음을 성취할 때까지 그만두지 않겠다는 승만 부인이 지니고 있는 분노는 다름 아닌 정법을 수호하기 위한 대승심의 섭수일 뿐만 아니라 정법에 위배되는 범계의 무리를 절복시키는 것이었다. 정법을 수호하려는 육바라밀의 섭수는 중생을 정법으로 인도하려는 자비의 분노로 드러났고, 불법을 훼손하려는 외도 및 범계자들에 대해서는 몽둥이를 들어서라도 어리석은 행위를 바로잡으려는 응징으로서 제시된 절복은 지혜의 분노로 드러났다. 이로써 정법의 섭수와 범계의 절복은 궁극적으로 중생을 제도하려는 것이었다.

2) 파정과 방행의 선교방편

이와 같이 초월적인 분노의 모습이 선어록에서는 더욱더 많은 문답으로 즐겨 활용되면서 수행납자의 안목을 열어주려는 의미에서 스승이 납자를 지도하는 모습으로 빈번하게 등장하였다. 목주도종睦州道蹤의 수완은 바로 그 일례이다.

> 목주가 시중설법에서 다음과 같이 말했다. "열개裂開도 내 손안에 있고, 날취捏聚도 내 손안에 있다." 한 승이 물었다. "열개란 무엇입니까." 목주가 말했다. "나는 삼구는 이십칠이고 보리이며, 열반이고 진여이며, 해탈이고 즉심시불이라 말하는데, 그대는 뭐라 말하는가." 승이 말했다. "저는 그렇게 말하지는 않습니다." 그러자 목주가 말했다. "찻잔이 떨어져 접시가 바서진 꼴이구나." 또 승이 말했다. "날취란 무엇입니까." 그러자 목주가 손을 거두어들이고 자리에 앉아버렸다.[44]

목주도종은 진陳씨의 성을 가진 훌륭한 스님이란 뜻의 진존숙陳尊宿이라 불렸다. 또 출가한 이후에도 미투리를 만들어 팔아 어머니를 봉양하여 효를 실천했기 때문에 진포혜陳浦鞋라고도 불렸다. 목주는 자신이 오랜 세월을 통하여 대분심을 지니고 착실한 정진을 통하여 깨달음을 터득하고 나서 자신의 경험을 인연이 닿는 주변의 납자들에게 흔쾌하게 베풀어준 보살행의 선자였다. 목주는 임제의현으로 하여금 황벽에게 참하도록 주선하였고, 운문문언으로 하여금 설봉의 법을 잇도록 다리를 놓아줄 만큼 법기를 알아보는 안목을 지닌 인물이었다.

여기에서 말하는 열개裂開란 방행放行과 통하는 말로서, 스승이 제자를 제접하는 하나의 방식이다. 곧 낱낱이 이래라저래라 간섭하지 않고 스스로 알아서 처신하도록 방임하는 교수법이다. 반면 날취捏聚는 파정把定 또는 파주把住의 의미로서, 스승이 원하는 인물을 만들어가기 위하여 제자로 하여금 시시콜콜한 내용까지 미주알고주알 일러주고 키울 것은 키우고 자를 것은 잘라가면서 이끌어가는 교수법이다.

이쯤 되고 보면 목주도종 자신의 말을 통해서 그 수완이 얼마나 자유자재한가를 알 수가 있다. 이에 대하여 질문을 하는 한 승의 물음이 가관이다. 열개가 무엇이고 날취가 무엇인가 하고 질문하는 자체가 벌써 그 승은 날취에 떨어져 있어 열개에 자유롭지 못한 상태임을 드러내고 있다. 그러나 목주는 일찍이 임제와 운문의 선기를 발견한 것처럼 역시 노파 친절한 마음이었다. 열개와 날취에 대하여 묻는 승에게 한편으로는 여래선적인 방식으로 자상하게 설명해주는가 하면, 한편으로는 조사선적인 방식으로 옴짝달싹도 못하게 얽어매어 분별을 그치도록 해주는 식으로 그 자리에 앉아 좌선하는 태도를 취하여 더 이상 질문을 하지 못하게 입막음해버린 것은 퍽이나 근사한 수단이다. 같은 사람에 대하여 긍정으로 답변하는가 하면 부정으로 답변하기도 한다. 또한 같은 질문에 대하여 긍정으로도 부정으로도 대꾸한다. 이것은 질문하는 당사자의 능력과 수준뿐만 아니라 질문에 관계되는 내용을 시의적절하게 제시해주는 스승의 안목이기도 하다.

이 문답에서 간과해서는 안 되는 점은 바로 제시된 승의 답변인 '저는 그렇게 말하지는 않습니다'에 대하여 목주가 내려준 '찻잔이 떨어져 접시가 바서진 꼴이구나'라는 평가이다. 설상가상이라는 말처럼 엎친 데 덮친 격이다. 처음에 제기된 승의 질문은 너무나 평범하다. 그리고 목주의 답변을 그대로 받아들이면 그만이다. 평범 그대로 봐줄 만하다. 그러나 목주의 답변에 대하여 자기 깜냥으로 이러쿵저러쿵 둘러대며 연지 찍고 곤지 찍어 덕지덕지 뭉개버리는 승의 답변은 변변치 못한 선객들의 문답상량에서 다반사로 볼 수 있는 행위이다.

이런 행위에 대해서는 한 방으로 깨끗이 부정해버리는 수완도 필요하겠지만, 목주는 노련하게 교묘한 언변으로 깔끔하게 해치우고 있다. 찻잔을 떨어뜨린 것이 분별사식이라면 접시가 여덟 조각으로 바서진 것은 머리 위에 머리를 얹는 격이다. 이래도 흥 좋다 하고 저래도 흥 좋다 하는 것은 자비도 아니고 친절도 아니다. 선은 상식을 초월하지만 상식을 무시하지도 않는다. 상식에서 초월을 지향하고 초월에서 상식을 실천한다. 망상을 피우는 자에게는 그 자리에서 날취의 방식으로 절복시켜갔는가 하면, 다시 그것을 일으켜 세워서 열개의 방식으로 섭수토록 해주는 능수능란한 방편이 바로 여기 목주의 수완에 잘 나타나 있다.

한편 『굉지염고』에는 다음과 같은 수성壽聖의 선문답이 제시되어 있다.

수성이 다음과 같이 말했다. "15일 이전에는 낚싯바늘을 활용하고, 15일 이후에는 송곳을 활용한다." 이에 대하여 승이 물었다. "그러면 15일 당일은 어찌합니까." 수성이 말했다. "진흙소가 맑은 연못에 비친 달 모습을 짓밟아버린다."[45]

이 문답에 대하여 석문온총(石門蘊聰, 965~1032)은 '15일 이전은 제불이 출생하였고, 15일 이후는 제불이 입멸하였다. 15일 이전에 제불이 출생한다는 것은 그대들이 내가 말한 그 의미를 벗어나지 못한다는 것이다. 만약 내가 말한 그 의미를 벗어난다고 하더라도 나에게는 그대들을 낚아챌 수 있는 낚싯바늘을 가지고 있다. 15일 이후에 제불이 입멸한다는 것은 그대들이 내가 말한 그 의미 가운데 머물러 있다는 것이다. 만약 내가 말한 그 의미 가운데 머물러 있다고 하더라도 나에게는 그대들을 쫓아낼 수 있는 송곳을 가지고 있다. 자, 말해보라. 15일 당일은 낚싯바늘을 활용해야 좋겠는가 아니면 송곳을 활용해야 좋겠는가'라고 말했다.

결국 석문온총은 15일에 해당하는 날은 바늘과 송곳의 활용도 할 수 없는 경우를 가리킨다고 했다. 낚싯바늘과 송곳은 눈 밝은 스승이 제시하는 선교방편이요 교화수단이다. 본 내용에 대한 안목은 낚싯바늘과 송곳 가운데 어떤 것을 활용해야 하는 것이 아니다. 단지 15일 이전은 제불이 본래 출생하지도 않았고, 15일 이후는 제불이 본래

162

입멸하지도 않았다는 사실에 속지 말아야 한다. 그래서 석문온총의
말대로 15일 이전에 설령 석문온총이 말한 의미를 벗어난다고 하더라도
그 사람을 낚아챌 수 있는 낚싯바늘을 활용할 필요조차 없다. 오히려
그 사람을 제접하기 위하여 들고 있던 주장자를 들고 있는 채로 다
떨어진 신발 끈이나 조인다면 그것으로 그만일 것이다. 그리고 15일
이후의 경우에도 석문온총의 말 속에 머물러 있다고 하더라도 그 사람을
쫓아낼 수 있는 송곳을 활용할 필요가 없다. 오히려 주장자를 꺾어버리
고 바랑조차 짊어지지 않고 그저 시렁에 높이 걸어둘 뿐이다. 이러한
경우에 만약 15일 당일을 맞이한다면 어찌 해야 하는가. 15일을 전후하
여 활용하는 바늘과 송곳은 쓸데없는 것이다. 바로 15일 당일만 존재할
뿐이다.

　여기에서 15일 이전과 이후는 분별에 불과하다. 중요한 것은 여기·바
로·이것·지금을 깨우치고 그대로 활용하는 것이다. 때문에 삼세제불
이 출현하고 입멸하는 것도 여기·바로·이것·지금을 벗어나지 않는다.
이것을 『금강경』에서는 '과거심불가득, 현재심불가득, 미래심불가득'
이라 말하였다. 말하자면 과거심과 현재심과 미래심은 분별적으로
존재하지 않는 줄을 알아야 한다. 그것은 시분의 분별에 불과하다.
오직 영원한 현재일 뿐이다. 그래서 천태지의는 『열반경』을 언급하여
'보름 이전은 종지種智가 점차 원만해지고 그믐 이후는 번뇌가 점차
스러져간다. 이런 까닭에 여래는 2월 보름 한밤중에 열반하셨다'고
말했다. 곧 보름 이전과 그믐 이후는 같은 시분이다. 이처럼 여래에게는
시간의 관념으로 보면 언제나 영원한 현재일 뿐이다.

　때문에 천동정각은 이에 대하여 "두 가지 경우 모두를 활용하는

수성이야말로 진정한 본분작가本分作家였다. 제멋대로 놓아서 가르치는 방행放行과 노파 친절하게 참견하여 자상하게 제시하는 파정把定을 구사하는 데 있어 혹은 벗어나게도 하고 머물러 있게도 하여 자유자재한 본분작가의 기량을 유감없이 발휘하였다"[46]라고 말하였다. 그래서 수성은 '진흙소가 맑은 연못에 비친 달 모습을 짓밟아버린다'고 말했다. 이것은 밤하늘에 달이 지니 맑고 고요한 연못이 텅 비어 아무리 달 모습을 찾으려 한들 손을 쓸 여지도 없을 만큼 완벽하다는 것을 찬탄하고 있다. 말하자면 모든 제자들을 교화하는 데 있어 어떤 경우에는 방행의 상황에서 파정을 하고, 어떤 경우에는 파정의 상황에서 방행을 하는 것으로 걸림 없이 선교방편을 구사할 줄 아는 것이야말로 15일 당일에 해야 할 도리를 제때에 스스로 처리하는 선기의 소유자이다. 수성이 말한 15일 당일의 행위란 무엇인가. 그것은 수성의 설법을 듣고 있던 납자들에게는 이마와 머리가 서로 부딪치는 것으로 말후구末後句의 소식이었고, 천동정각이 제시한 착어著語는 곧 방행과 파정의 소식이었다.

3) 호법의식과 파사현정

한편 근현대 한국불교의 여명을 열었던 인물로 평가받고 있는 백용성 선사의 불교에 대한 시대의식의 자각과 그로 인하여 불전을 한글로 번역하게 된 계기는 분노의 초월의식으로서, 시대정신의 자각과 파사현정의 기치를 치켜세운 보살도의 실천이었다. 『금강경』의 한글 번역에 대한 용성선사의 열의는 선사 자신이 서술한 「저술과 번역에 대한 연기」에 잘 드러나 있다.

대각응세 2946년(기미년 1919) 3월 1일에 독립선언서 발표의 대표 1인으로 경성 서대문 감옥에 3년 동안 철창생활의 고단한 맛을 체험하게 되었다. 각 종교의 신자로서 동일한 국사범으로 감옥에 들어온 자의 수효는 대단히 많았다. 각각 자기들이 신앙하는 종교서적을 청구하여 공부하고 기도를 하였다. 그때 내가 열람해보니 모두 조선글로 번역된 것이었고 한문으로 된 서적은 별로 없었다. 그것을 보고 곧 통탄한 생각을 이기지 못하여 이와 같이 큰 원력을 세우게 된 것이다.[47]

당시 한국의 불교가 처해 있던 상황은 너무나 참담한 상태였고, 또한 불자들의 호법의식도 마찬가지였다. 이러한 상황에서 용성선사는 당시의 한국불교의 상황에 대하여 대분지를 토로하면서 스스로 분연히 나섰다. 먼저 역경사업을 통하여 불교의 본질을 밝히고, 한국불교의 전통을 되살림과 동시에 선의 대중화, 선농일치, 경전의 한글화 및 현대화, 계율의 중흥, 포교의 쇄신, 사원경제의 자립화, 민족의 자주독립운동 등에 매진하였다. 이를 보다 효율적으로 수행하기 위하여 용성선사는 새로운 불교운동의 일환으로 대각교大覺敎 운동을 현창하였다. 그 운동방향은 불교이념에 의한 사회개혁이었고, 새로운 불교의 정립으로서 불교 자체의 개혁을 겨냥한 그 이념은 자각각타自覺覺他였다. 이것이 곧 용성선사가 제시한 상구보리였고 하화중생의 보살도로서 파사현정의 보살행이었다.

또한 당시 열악했던 불교의 상황을 중흥시키고자 이에 대각교 운동이라는 신불교 운동을 펼쳤던 용성선사는 뼈저린 자기반성과 전통불법의 퇴락 및 외세의 침입에 의한 자주적인 불법의 상실 등에 대한 쇄신운동의 깃발을 치켜세웠다. 이후로 불서에 대한 역경사업은 구체화되어갔다.[48] 그러나 식민통치가 더욱더 가혹되면서 1937년 이후는 역경과 역경사업에도 영향을 끼쳐서 뚜렷한 움직임을 찾아보기가 어려웠다. 다만 그 무렵에는 백용성을 비롯하여 안진호, 허영호, 김태흡, 권상로, 신소천, 김어수, 김동화 등의 활동이 주목되었다.

5. 선종에서 분노의 패러독스와 그 지향

인간의 가장 기본적인 번뇌 가운데 하나인 분노의 감정은 모든 사람들이 극복해야 할 대상이다. 불교에서는 그것을 진에심으로 간주하여 세 가지 수행덕목(三學)의 하나로써 극복해야 할 것을 설해왔지만, 보다 넓게 말하면 이는 삼독심의 소멸과 관계되어 있다. 때문에 불교 수행, 나아가서 선수행의 방향은 바로 번뇌로서의 탐·진·치 삼독심은 각각 별개가 아닌 유기적인 구조로서 그것이 삼무루학을 통하여 계·정·혜로 전환되는 것에서 찾아볼 수가 있다.

그런 만큼 분노는 궁극적으로, 제1차적으로는 번뇌의 속성을 지니고 있는데, 이 경우 외부의 자극에 의한 비의도적인 분노의 속성을 지니고 있다. 그러나 번뇌를 퇴치하고 깨달음의 터득을 궁극적인 목표로 삼고 있는 선수행에서는 분노의 감정을 반야공관의 터득에 근거한 무집착의 수행에 의하여 번뇌를 근본적으로 퇴치하는 방편 차원을 바탕으로 한다. 그것은 반야 계통의 경전을 비롯하여 보리달마의 보원행 등에서 엿볼 수 있듯이, 선수행의 출발이 곧 번뇌의 공성을 이해하고 그에 근거하여 무집착의 성취라는 모습으로 전개되어 왔음을 보여주는 것이기도 하다.

나아가 제2차적으로는 선수행에서는 깨달음을 지향하는 정수행의 입장에서 분노를 대분지의 향상적인 차원으로 끌어올려서 그것을 정진의 발판으로 활용하는데, 이 경우는 보다 능동적인 입장으로서 수행을 완성하고 깨달음을 성취하려는 의도적이고 주체적이며 자리적인 분노의 속성을 지니고 있다. 이로써 분노는 단순한 번뇌의 속성을 벗어나서 선의 깨달음에 대한 대분지로서의 기능을 지님으로써 정진력의 바탕으로 활용되었다.

그리고 제3차적으로는 더욱이 보살이 지녀야 할 섭수와 절복의 교화방편으로서 실천하여 때로는 방행의 방식으로, 그리고 때로는 파주의 방식으로 수행납자를 향상시키고 불교의 정법으로 회향시키는 기능으로까지 전개되었다. 이 경우는 불법의 완성을 향한 수행과 깨달음의 궁극적인 성취로서 타인과 사회에 대하여 자발적이고 이타적인 분노로서 작용하는 속성을 지니고 있다.

이처럼 선수행에서 중생적인 번뇌의 분노를 다스리는 근본적인 원리는 반야공관에 근거한 무집착이었고, 향상적인 분노의 자각과 그 활용은 발심과 참회와 정진으로서 수증의 양상으로 전개되었으며, 초월적인 분노의 실천과 회향은 조사선풍에서 보살행으로 현성되면서 교화방식의 주요한 요소로 제시되었다. 그 결과 처음에 분노가 외부의 환경 내지 타인의 가해로 인한 중생적인 번뇌로부터 비롯되었지만, 선종에서는 그것을 수행으로 승화시켜서 번뇌를 대치하는 방편수행으로 극복하였다. 또한 선종에서는 자발적인 분노로서 자신에 대한 참회와 발심을 바탕으로 하여 깨달음을 향한 정진의 원동력으로 승화시킨 향상적인 분노, 곧 대분지의 개념으로 분노가 선수행의 수증에 활용되는 방식으로 전개되었다.

한편 대분지를 활용한 수행과 깨달음의 활용 방식은 궁극적으로 보살도의 실천으로서 섭수와 절복으로 확장되면서 선종에서 선지식은 제자를 제접하는 경우에 방행과 파주의 교화방식을 적용하여 수행하는 납자, 나아가서 불법을 사회에 회향시키는 모습으로 성취해왔다. 그것은 보살정신으로서 서원과 선교방편과 파사현정의 구현으로서 기능해왔다. 이런 점에서 선수행에서 분노는 중생적인 번뇌를 대치하는 소극적인 측면뿐만 아니라 분노를 대분지의 향상적인 개념으로 활용하여 보다 적극적인 정진력으로 승화될 수가 있었다. 그것은 유마거사가 보여주고 있는 무한한 무연대비의 연민이었고, 목주도종과 수성과 석문온총 등이 보여주고 있는 파주와 방행의 지혜로운 교화였으며, 보조지눌과 용성조사가 지향했던 정법불교의 구현으로서 파사현정을 위한 결사운동 및 대각운동이었다. 이처럼 초월적인 분노는 대승보살이 지니고 있는 대비의 분노이고 의로운 분노로서 조사선이 궁극적으로 지향하고 있는 중생구제의 서원으로 회향되는 특징을 보여주고 있다.

분노의 사회적 원천과 파장

- 계급적 양극화와의 연관성을 중심으로 -

김문조(고려대학교 사회학과 명예교수)

1. 분노의 시대

분노는 인지상정人之常情이라 불리는 희노애락애오욕喜怒哀樂愛惡慾,
즉 기쁨, 노여움, 슬픔, 즐거움, 사랑, 미움, 욕심이라는 칠정七情의
하나인 노여움을 대변하되, 슬픔과 미움 및 욕심이라는 부정적 정서들
과도 연루된 감정적 행위 범주를 뜻한다. 분노는 여러 형태로 구분될
수 있다. 노발대발이나 비분강개와 같은 발산적·행동적·폭발적 유형
과 통분이나 울분과 같은 내재적·심리적·적체적 유형으로 양분할
수 있으며, 그 사이에 양대 유형이 혼합된 복합적 형태로서의 화울火鬱
같은 것들을 상정할 수 있다. 따라서 분노는 화를 불러일으키는 분심憤
心이라는 감정적 잠재태(latent state)와 그것이 행동으로 발현한 표출적

현재태(manifest state)를 망라한 포괄적 개념이라고 할 수 있다.

불화의 여신 에리스가 결혼식에 초청받지 못한 데 격분해 미끼로 던진 황금사과로 인해 촉발된 트로이 전쟁이 서양사의 흐름을 바꾸고, 오吳나라 왕 부차夫差가 그에게 원한을 품은 월越의 구천句踐이 보낸 서시西施의 미모에 반해 망국을 자초했다는 동서양 고사들로부터 유추할 수 있듯, 분노의 기원은 인류 역사의 먼 과거로까지 소급할 수 있다. 뿐만 아니라 "분노의 다스림"에 대한 경구는 주요 종교 교리나 사상가들의 저작에서도 널리 찾아볼 수 있어, 분노는 시공간을 불문한 인류의 보편적 화근이었음을 짐작케 한다. 그럼에도 왜 현 시점에서 분노를 재론하고자 하는가? 그것은 "지금 여기"(here and now)에 대한 화두를 서둘러 논해야 할 만큼 분노의 바이러스가 우리 사회에 만연하고 있기 때문이다.

최근 한국사회에서는 분노로 인한 폭행, 방화, 살해, 자살과 같은 비행이 속출하고 있다. 또 그러한 극단적 행동까지 이르지 않더라도, 사소한 자극에 노기를 드러내는 분기탱천憤氣撐天한 인간이 급증해 대한민국이 분노의 공화국으로 치닫고 있다. 분노의 불길이 도처에 넘실대는 거대한 화택火宅이 되어가고 있는 것이다.

한국사회가 분노의 아수라장으로 전락하고 한국인의 심성도 더불어 악화되어가고 있음을 걱정하고 안타까워하는 이들이 많다. 필자도 그에 전적으로 공감하지만, 우려와 애탄을 넘어 현황에 대한 정치한 분석과 이해가 동반되어야 한다는 견지에서 개인 차원을 넘어선 집단 수준의 사회적 현상으로 비화되어가는 분노의 문제를 최근 한국사회의 불평등 현황, 특히 학계 안팎의 최대 관심사의 하나인 '양극화'(class disparity) 추세와 결부시켜 논의해보고자 한다.

2. 사회적 현상으로서의 분노

왜 나는 조그마한 일에만 분개하는가
저 왕궁 대신에 왕궁의 음탕 대신에
50원짜리 갈비가 기름덩어리만 나왔다고 분개하고
옹졸하게 분개하고 설렁탕집 돼지같은 주인년한테 욕을 하고
옹졸하게 욕을 하고
(김수영의 시 "어느 날 고궁古宮을 나오면서"의 첫째 연)

사소한 일도 참아내지 못하고 울뚝불뚝 역정 내는 사람들이 있다. 과거에 이들은 어지간한 피해나 불편은 감내하며 살아가는 보통사람들로부터 외면되어 왔다. 하지만 근자에 들어서면서 그런 심향을 지닌 사람들이 급속히 늘어나 분노가 필요하고도 당연한 행태로 우리 사회에 점착하고 있다. 분노가 회피적 행위범주에서 허용적 행위범주를 거쳐 권고적 행위범주로 발돋움하고 있는 것이다.

차근차근 타이르거나 의논하면 풀릴 일도 한바탕 성질을 부리면 단숨에 해결되고, 큰소리로 윽박지르는 사람이 자신의 잇속을 보다 잘 챙기며, 성난 기색을 보여야 사람들을 다스리기 쉽다는 이야기들이 생활의 팁으로 떠돌고 있다는 사실이 바로 그런 경향을 대변한다. 따라서 현진건이 일제 치하의 한국사회를 "술 권하는 사회"라고 규정했듯, 요즈음 한국사회는 "화를 돋우는 사회"로 이행해가는 듯하다. 분노

가 개인적 품성의 문제를 지나 많은 사람들이 일상적으로 체험하거나 자행하는 보편적 행위 양식이 되어가고 있는 것이다.

'갈등 해소'(conflict resolution)가 사회체계의 유지존속을 위한 필수 요건이자 핵심 과제의 하나로 꼽혀온 것이 사실이지만, 갈등이 전무全無한 무풍사회보다 적당한 갈등이 상존하는 상태가 오히려 건강한 사회라는 견해가 학계의 정설로 받아들여져 왔다(Coser, 1956). 마찬가지로 분발과 같은 적정한 수준의 분노도 개인이나 집단의 성장 발전에 유익하다고 할 수 있지만, 원만한 사회관계나 사회통합을 저해하는 분노의 과잉 현상은 극력 경계하고 대비해야 할 일이라고 본다.

1950년대 미국의 비판사회학자 C.W. Mill은 신변적 골칫거리(personal troubles)를 공적 쟁점(public issues)으로 전환시켜주는 사유 능력인 "사회학적 상상력"(sociological imagination)을 통해 우리의 일상적 문제를 보다 큰 사회역사적 안목으로 파악해야 함을 역설한 바있는데(Mills, 1959), 그의 주장은 살짝 건드려도 격하게 반발하는 분노형 인간이 늘어나는 오늘날 한국사회의 세태를 이해하고 합당한 대안을 마련하는 데 시사하는 바가 크다고 본다. 분노가 개인의 인성이나 심리에 한정된 문제가 아니라 집단적 증상의 일환으로 우리 사회에 널리 확산되고 정착되어가는 사회병리적 현상의 하나인 만큼, 전폭적 관심과 대응을 필요로 하는 공적 이슈라는 자기계발적 각성(self-cultivating awakening)이 주어져야 분노의 질곡을 벗어나 고양된 생활양식을 조망할 수 있기 때문이다.

3. 분노의 사회적 원천

개인적 특성을 넘어선 사회적 분노에 대한 설명 과정에서 가장 빈번히
거론되는 것이 목표한 것을 이루지 못했을 때 가해적 행동이 따르게
된다는 좌절-공격 이론(frustration-aggression theory)이다(Dollard et
al., 1939; Berkowits, 1989). 하지만 좌절은 공격적 행위만을 초래하는
것이 아니라 수치, 혐오, 도피, 포기 등 다양한 행태를 야기한다.
따라서 좌절-공격 명제는 보편적 이론이라기보다 부분적 가설의 하나
로 받아들여야 할 것이다. 어떻든, 좌절이 공격적 행위를 유발하는
유력한 요인의 하나라는 좌절-공격 명제를 조건적으로 받아들여 사회
현상으로서의 분노의 원천을 추정해본다면, 그 원인에 해당하는 사회
적 좌절이란 물질이든 물질이 아니든 자신이 의당 누려야 할 것들을
온전히 누리지 못하고 있다는 열패감에서 비롯된 것이라고 말할 수
있다(Bauman, 2004). 열패감을 주조로 하는 사회적 좌절은 기본적으로
⑴ 지금의 삶에 대한 부정적 평가에 근거한 현재적 형태로서의 불만,
⑵ 지난날의 쓰라린 기억에 근거한 과거적 형태로서의 회한悔恨, ⑶
앞날의 불확실성에 근거한 미래적 형태로서의 불안이라는 세 가지
범주로 대별할 수 있다.

1) 불만: 좌절의 현재형

분노는 다양한 각도에서 진단 가능하다. 하지만 그 원인을 탐색하는
과정에서 지금 시점에서 일상적으로 체험하는 현실적 삶에 대한 부정적
반응에 해당하는 불만이 일차적으로 거론되어야 한다고 본다. 경제학

자들은 전래적으로 국민총생산(GDP)을 한 국가의 발전 상태를 가늠하는 가장 보편적인 지표로 간주해왔다. 그러나 개인별 국민총생산의 상승에도 불구하고 행복도 평균치가 횡보를 거듭한다는 이스털린의 역설이 발표된 이후 국민총만족(Gross National Satisfaction: GNS)이나 국민총행복(Gross National Happiness: GNH)과 같은 대안적 지표들이 행복도 비교를 위한 척도로 제안되어, 주어진 현실에 대한 만족이나 불만의 정도가 삶의 질적 수준을 좌우하는 새로운 요소로 각광받고 있다(Veenhoven and Ehrhardt, 1995; Easterlin, 2001; Stevenson and Wolfers, 2008; Verme, 2011; Rozer and Kraaykamp, 2013; 이민아·송리라, 2014).

한국경제는 1960년대부터 의욕적으로 추진된 국가주도형 성장 정책으로 단시일에 장족의 발전을 이룩했다고 호평 받아 왔다. 반면 경제외적 부문들은 잘 나가는 "일류경제"에 비해 낙후해 있다는 인식이 지배적인데, 그 점은 지표상으로도 여실히 드러나고 있다. 한국은 최근 경제규모, 교역량, 외환보유고, 무역 상장회사 수와 같은 경제지표상으로는 세계 10위권 내외를 오르내리는 성과를 기록하고 있다. 반면 출산율, 이혼율, 자살률, 부패지수 등과 같은 사회지표에 있어서는 중하위권을 면치 못하고 있는 실정이다. 고도 성장기를 넘어선 탈 성장기에 들어섰음에도 불구하고 선방하고 있는 경제 부문과 크게 동떨어진 열악한 사회 현실은 세계적으로는 중간 정도에 불과하고, OECD 국가군에서는 바닥에 가까운 한국의 행복 관련 지수들에 여실히 반영되어 있다(한준 외, 2014; KB금융지주 경영연구소, 2014; 서문기, 2015). 1997년 환란 이후 근 20년간 지속되어온 이 같은 불균형 상태로 인해 적지 않은 국민들이 대한민국을 외화내빈外華內貧의 가성비(가격성능대비) 낮은 사회로 폄하하면서 불만을 제기해왔다.

2) 회한悔恨: 좌절의 과거형

"그때 그러지 않았어야 하는데"라든지 "당시 그렇게 해야 좋았을 걸" 등과 같은 지난날의 과오나 그릇된 판단으로 인한 좌절감은 후회 없는 삶을 살았다고 자부하는 극소수를 제외한 대다수 사람들의 보편적 정서라고 본다. 따라서 과거를 되돌아보며 당시의 일을 아쉬워하는 회고적 성향은 사회적인 것이 아니라 개인적인 것이요, 그로부터 파생하는 회한 역시 개인적 삶의 궤적과 직결된 것이라는 해석이 설득력을 견지해왔다. 그러나 구한말이나 일제 강점기의 고초, 더불어 해방 이후의 극렬한 이념투쟁, 분단사태, 동족상잔의 전쟁, 수차례 혁명과 정변 및 그에 동반한 정치사회적 탄압과 저항 등으로 우리 민족은 사회적 유형으로서의 집단적 회한을 여러 방식으로 체감해왔다.

예나 지금이나 한국인의 가족의식은 세계적으로도 정평이 높으니만큼, 파행적 현대사로 인한 가족붕괴나 가족이산의 사례를 놓고 얘기해보자. 해방공간에서의 권력투쟁과 6.25 전쟁의 와중에 가족을 잃거나 헤어진 사람들이 얼마나 많았고, 연이은 분단 상황으로 생사를 알 수 없거나 알고도 만나지 못하는 가족도 얼마나 많았으며, 남한 내에 같이 살면서도 오랜 기간 뿔뿔이 흩어져 살아온 가족 역시 얼마나 많았던가(박완서, 2012). 1983년 6월 30일에 시작해 138일간 방영된 〈KBS특별생방송 "이산가족을 찾습니다"〉에 대한 범국민적 호응이 바로 그러한 통한의 표출이었다고 본다. 또 가족을 핵심 소재로 한 원로화가 이중섭, 박수근, 장욱진의 작품에 대한 열렬한 대중적 애호나 추상화가 김환기의 작품 "어디서 무엇이 되어 다시 만나리"에 대한 깊은 공감도 바로 가족상실이라는 집단적 회한을 반증하는 사례라고 본다.

가족적 회한 이외에도 교육, 취업, 결혼, 출산, 혼인, 인간관계 등에서 좌절을 맛본 흘러간 과거사에 대한 회한의 사례는 얼마든지 찾아볼 수 있는데, 그로 인한 좌절의 한 가지 경로가 수난의 책임이나 대처와 관련된 소재를 중심으로 한 분노인 것이다(정태인 외, 2011; 정상근, 2011; 김태형, 2013).

3) 불안: 좌절의 미래형

한국사회의 시대적 이슈는 다음과 같이 변모해왔다. 해방 이후 1950년 대까지는 국가체제의 확립이 가장 화급한 시대적 과제였고, 향후 1960~70년대에는 산업화를 통한 "빈곤 탈피"가 가장 절박한 국가적 대사였다. 한편 1970~80년에 들어 고도성장으로 절대적 빈곤 상태에서 벗어나게 되면서는 권위주의적 통치체제의 극복이 가장 첨예한 이슈로 대두되어 민주화 열망을 고조시켰으나, IMF 환란 이후의 침체 국면에는 "불안"이 대다수 국민을 괴롭히는 절박한 난제로 대두하고 있다(김문조·박형준, 2012).

한국사회의 불안은 생애주기에 따라 양상을 달리한다. 10대 청소년 기에는 명문교 입학을 위한 학업불안, 20~30대 청장년기에는 번듯한 일자리 및 보금자리를 확보하기 위한 취업불안 및 주거불안, 30~40대 장중년기에는 고용불안이나 승진불안, 40대 이후부터 죽는 날까지의 길고 긴 세월에는 건강 문제를 포함한 노후불안으로 이어진다. 이처럼 오늘날 한국인의 인생은 성격이나 유형을 달리하는 불안의 연속체라고 해도 과언이 아니다. 따라서 우리 사회의 불안은 생애 과정 전체에 걸쳐 꼬리를 물고 이어지는 릴레이적 성격을 지닌다. 더불어 부모 및 직계자녀로 이루어진 가장 보편적 형태의 가정을 놓고 볼 때 중고교 재학생을 자녀로 둔 중년부부, 거기에 대학생/재수생 자녀까지 딸린 부부의 경우 자신의 직업불안에 자녀들의 학업불안과 취업불안이 중첩된 다중적 불안으로 시달리며, 노부모가 계시다면 불안이 한 단계 가중된다.

고조되는 불안은 이를 모면하고자 하는 방어기제로서의 안주 심리나 회피 심리를 획책할 수 있다. 방어적 생활전략을 추구하려는 보신주의(well-being ideology)가 불안 심리의 반작용으로 출현 가능한 것이다. 그러나 자신의 삶은 기본적으로 본인이 책임져야 한다는 신자유주의 논리가 팽배한 지금 시대에는 미래에 대한 불안이 보신주의와 같은 안주 심리로 귀결되기보다 강박적 성취주의를 조장함으로써 결과적으로 분심을 자극하는 경우가 많다(Ehrenreich, 1990).

불안은 책임을 자신에게 전가하느냐 외부로 전가하느냐에 따라 귀추가 달라진다. 한국사회와 같이 사회적 신뢰도가 낮고 사회정의에 대한 부정적 인식이 팽배한 상황에서는 불안이 분노의 형태로 응결될 경향이 높다. 요컨대, 높은 사회적 불신과 불공정성을 특징으로 하는 한국사회에서는 앞날에 대한 사람들의 불안감이 높은 대다수 사람들은 자책이나 체념에 빠지는 대신 분노의 대열에 합류할 개연성이 높다.

4. 양극화와 분노의 새로운 양상

오늘날 우리 사회에서 분노가 고조되고 있다는 사실은 실생활에서 열패감에 시달리는 사람들이 증가하고 있음을 뜻하는데, 그 이면에서는 '양극화(Class Disparity)'라는 사회 불평등 체계의 변화가 결정적 영향을 가하고 있다고 본다. 왜냐하면 사회 중심층에 대한 주변층의 부정적 반응이 사회현상으로서의 집단적 분노를 담지하고 있기 때문이다. 요컨대, 좌절-공격 명제에 제시된 현실계에서의 좌절이 사회적 분노의 원인이라면, 그 심부에는 사회 불평등 체계의 동학이 자리하고 있다(장하성, 2015). 따라서 사회적 분노의 원인을 탐지하는 과정에서는 사회적 좌절의 원초적 진원에 해당하는 양극화라는 계급질서의 변화상을 주시할 필요가 있다고 본다.

1) 계급질서의 현대적 변화상

오늘날 사회적 불평등 양상은 사회체계의 복잡성에 비례해 복잡성을 더해가고 있는데, 그 근저에는 권력이나 재화와 같은 정치경제적 요소는 물론이요 사회적 존재가치나 정체성 확보 등과 같은 상징적 쟁투와 직결된 인정(recognition)의 욕구가 잠입해 있다(Honneth, 1996; Fraser and Honneth, 2004). 즉 소비의식, 지역정서, 탈근대성, 성해방 의식 등 다양한 주의주장이 점착된 작금의 집합적 갈등상황에는 생활기회의 향상이라는 기대 차원을 넘어선 적정 생활양식의 향유라는 동기가 점착해 있다(Giddens, 1991).

상징적 가치를 향한 인정 욕구는 물적 자원에 대한 소유욕과는 여러 점에서 대비된다. 우선 물적 자산은 양적 계측이 가능하나 상징적 자원은 그렇지 못해 기대치에 대한 준거를 확정하기가 원천적으로 불가하다. 둘째로 인정이란 타인과의 상호작용 상황에서 획득되는 것이나, 적정선에 대한 기준이 사람마다 다를 뿐더러 그에 대한 자신이 생각마저 불분명한 경우가 많아 조정과 타협이 용이치 않다. 또 하나의 중요한 차이란, 기본적으로 배분적 원리를 준행하는 물적 자산과는 달리 상징적 자원은 차등화 원리를 통해 가치를 실현한다는 점이다 (Bourdieu, 1984).

이렇듯 계급질서가 복합적 양상을 나타내게 됨으로써 사회적 위계구도는 종전의 계급적 분석틀로는 쉽게 포착할 수 없는 비가시성(invisibility)을 높여나가게 되는데, 그 요지를 정리하면 다음과 같다(김문조, 2008).

⑴ 사회 불평등 요소가 재력, 권력, 신분지위 외에 학력, 기회구조, 사회관계, 용모 등으로 다원화하고 있음.

⑵ 사회 불평등 영역 또한 계급 이외에 성, 연령, 지역, 인종 등으로 다변화하고 있음.

⑷ 세대내/세대간 사회이동성이 증가해 불평등 체계의 가변성이 촉진되고 있음.

⑹ 소유나 분배를 넘어 자아실현이나 자존의식을 강조하는 주관적 평가 기준에 대한 비중이 커짐으로써, 사회적 위계질서의 불확정성이 증대되고 있음.

⑺ 개인화 현상으로 인한 자기 선택성의 강화로 전통적 계급의

존재 기반인 집단의 응집력이 약화되어가고 있음.

이상 열거한 일련의 추세는 "탈구조화"라는 명제로 축약할 수 있는데, 그러한 변화과정의 전후 특성을 비교하면 〈표 1〉과 같다.

〈표 1〉 사회 불평등 체계의 현대적 변화상

구조적 불평등	탈구조적 불평등
단선적 지위	복합적 위상
상-하	중심-주변
소유	소속
고착적, 객관적, 가시적	가변적, 주관적, 비가시적

권력이나 재산의 소유와 관련된 정치경제적 불평등은 기본적으로 분배구조의 개선에서 해결책을 도모할 수 있다. 그러나 다양한 상징적 요인들이 가세된 오늘날의 융복합적 사회 불평등 체계는 '결핍의 문제'를 넘어선 '의미의 문제'를 동반하고 있다. 따라서 그러한 불평등 현상의 효과적 규명과 대응을 위해서는 사회질서의 문화적 배태성(cultural embeddedness)을 고려한 새로운 분석 패러다임이 절실하다고 생각된다.

문화적 분화현상은 물적 자원동원만으로는 쉽사리 넘나들 수 없는 상징적 경계(symbolic boundary)를 중시한다는 점에서 자원 배분을 중심으로 한 종전의 계급도식과 구별된다(Lamont and Molnar, 2002).

현존 한국사회의 계급 불평등 체계 역시 "위계에서 경계로(from hier-archy to boundary)"라는 주제로 응축할 수 있다(〈표 2〉 참조). 최근 우리 사회에 회자되며 성행하는 갑을관계, A급－B급, 혹은 승자(위너) －패자(루저) 같은 용어들도 계급체계가 연속적 형태가 아니라 소정의 경계를 기준으로 한 단절적 형태로 양분되고 있음을 시사한다.

〈표 2〉 한국사회 불평등 체계의 과거와 현재

시대 구분	과거	현재
평가의 기초	양	양+질
행위적 차원	소유	소유+향유
핵심 영역	경제	경제+문화
구분의 성격	위계	위계+경계

2) 양극화의 차원별 논의

양극화 이슈가 우리 사회에 알려지게 된 것은 2006년 1월 노무현 대통령 신년 연설을 계기로 해서였으나, 그 경향이 가시화하기 시작한 것은 1997년 IMF 외환위기 이후이다. 추후 지속적 경기침체와 세계 금융위기 등으로 뚜렷한 추세의 하나로 고착된 한국사회의 양극화는 경제적 영역으로부터 사회적, 문화적, 의식적 영역에 이르기까지 다차 원적으로 전개되어 왔다(김문조, 2008: 제2부 참조).

(1) 경제적 양극화

빈부격차의 한 가지 지표인 한국사회의 지니계수는 경제위기 이전인 1995~97년에는 대략 0.28 수준에 머물렀으나, 경제위기 이후인 1998~2000년에는 약 0.32로 상승해 현재까지 비슷한 수치를 견지하고 있다(삼성경제연구소, 2006; 남준우, 2007). 하지만 이 정도의 소득불균형은 고도성장 정책을 추구해온 국가들과 비교해보더라도 이례적으로 높다고 볼 수 없을 뿐더러, OECD 회원국들과 비교해도 비관적이라고 단정할 수 없다. 그러나 근로소득이 아닌 자산소득의 불평등 현황은 양상이 판이하다. 근로소득 외의 금융소득, 부동산소득, 자산소득 및 기타소득에 관한 지니계수는 1998년 이래 0.6 이상의 고공행진을 지속해왔다. 즉 1997년 환란 이후 기업도산이나 대량해고로 인한 실업률 상승, 노동시장 유연화를 위한 임시직·계약직 근로층의 확대, 개별적 성취를 강조하는 신자유주의 원리의 확산 등으로 중간계급의 구성비나 중산층 의식이 급속히 저하하는 중산층 하락 현상이 지속되고 있다. 따라서 우리 사회의 경제적 양극화에는 근로소득과는 무관한 불로소득, 그 중에서도 상속성 재산에 속하는 부동산이나 금융자산이 결정적으로 기여해왔다고 말할 수 있다.

(2) 사회문화적 양극화

경제적 차원을 넘어선 사회문화적 양극화는 주거지 분화에서 가장 명시적으로 관찰된다. 한국사회에서는 삶의 기본 요건에 해당하는 주거 문제가 "생존 공간의 확보"라는 본원적 의미를 넘어 자산 확장이나 투기 대상의 확보라는 부가적 기능을 행사해왔기 때문이다. 더구나 부동산의 불균등한 분포와 연관된 주거지 분화는 학군 및 사교육이라는 한국사회 특유의 제도적 기제와 맞물려 차등화 효과를 배가시켜 왔다. 즉 거주지의 계층별 분화는 자녀교육의 기회격차를 확장시켜 사회적 불평등을 재생산하거나 고착시키는 결정적 요인으로 작용해왔다.

한국사회의 교육격차는 공간적 분화와 함께 세습화 경향을 지향한다는 점에서 심각성이 더하다. 지역별 학력격차가 세대적으로 전승되어 사회적 양극화의 재생산을 조장하면서 인구의 대도시 편중, 수도권 과밀화 현상 및 서울지역의 강남북 분화를 심화시켜 왔는데, 이러한 현상의 저변에는 가계계승의 현대적 외연이라고 할 수 있는 "가문의 영광"에 관한 세대적 책무의식이 이면적으로 작용해왔다고 여겨진다.

주거지를 중심으로 한 공간적 격차로 가시화하기 시작한 한국사회의 양극화는 생활양식의 차별화를 촉진해 문화적 양극화를 초래하고 있다. 특히 생산중심 사회에서 소비중심 사회로의 이행과 함께 사회 불평등의 범역이 생산영역을 넘어 소비영역으로 파급됨으로써, 소비 양극화가 소득 양극화 못지않은 민감한 사안으로 대두하고 있다. 요컨대, 주거지 및 자녀교육 격차를 중심으로 한 계급 재생산구조가 생활양식의 추축을 이루는 소비활동을 통해 완결 상황으로 접어들고 있는 것이다.

(3) 의식적 양극화

두터운 중산층을 형성했던 고도성장기와 20:80 사회를 지향하는 현 상황은 계급의식의 측면에서 어떤 식으로 비교될 수 있을 것인가? 성장시대에 최대 70% 선에 육박하던 중산층은 의식적 차원에 관한

한 낙관적 미래관과 높은 성취동기를 겸비한 희망적 존재였다는 점에서 의식적 측면에서는 상류층과 크게 다를 바 없었다고 본다. 따라서 성장기 한국사회의 의식적 계층구조는 상층과 중산층을 망라한 다수의 '열망계급(aspiration class)'과 거듭된 실패로 의기소침한 극소수 '낙망계급(disappointment class)'이 보다 나은 미래를 꿈꾸며 같은 집 위아래층에 동숙하는 "한 지붕 두 가족"이었다고 할 수 있다. 하지만 환란 이후의 거듭된 경제위기로 탈脫성장 단계로 접어들면서 한국사회의 의식적 계층구조는 경제적·사회적·문화적 자본을 독점한 극소수 '야망계급(ambitious class)'과 언제 일자리가 떨어질지 몰라 상시적 불안감에 시달리는 종다수 '절망계급(despairing class)'으로 분할되어가는 단절적 상황으로 변모하고 있다(〈그림 1〉 참조).

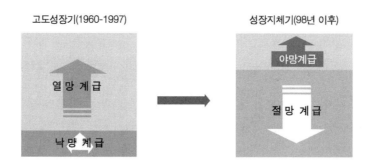

〈그림 1〉 한국사회의 의식적 양극화

3) 양극화 시대의 분노

상하층 간에 소득격차가 벌어지고, 소득격차가 사회문화적 격차로 외연됨으로써 하나의 사회가 "인간다운 삶의 터전과 그것이 불가한

영역으로 양분되어가고 있는 것이 2008년 세계 금융위기 이후 선후진을
막론한 세계 각처에서 드러나는 글로벌 양극화의 보편적 정경이다
(Deaton, 2013; Piketty, 2014). 그런데 한국사회의 양극화는 중류층
하방화를 촉진할 뿐 아니라 하류계급의 상향이동을 더 이상 꿈꿀 수
없는 폐쇄사회로 전락하고 있다는 점에서 심각성이 더하다(최필선·민
인식. 2015; 이왕원 외, 2016). 극심한 소득정체나 상시적 빈곤 상태에서
지위 상승의 기대마저 상실하게 된 하류층의 좌절은 가진 자에 대한
분노를 증폭해왔다. 하지만 그들의 분노는 기득권층의 반발심을 유발
해 한국사회는 주어진 현실을 서로 달리 바라보고, 달리 인식하고,
달리 해석하면서 상대방의 심기를 자극하는 분노의 온상으로 변모하고
있다. 또 계급질서의 양극화는 사회적 좌절을 새로운 형태로 전환시킴
으로써 분노의 장이 다음과 같은 형태로 재편되어가고 있다.

(1) 불만(Discontent)에서 혐오(Disgust)로: "적대적 갈등의 장"

선호하는 가치, 지위, 권력 혹은 희소자원의 점유를 위한 개인이나
집단 간 충돌을 뜻하는 갈등은 추구하는 목표나 지향이 다양하기 때문에
그 형태나 내용을 일률적으로 규정하기가 용이치 않다. 더구나 정보화,
세계화 및 분산화로 요약되는 오늘날의 거시적 사회 동향은 사회구조의
유연성과 사회가치의 다원성을 배가시켜 갈등의 양태를 다변화시키고
있다. 즉 현대 사회의 갈등은 날로 이질화, 정교화, 중층화, 복합화
되어가고 있는데, 부처갈등이라든가 노노갈등, 혹은 정당 내 계파갈등
등을 통해 그러한 경향을 식별할 수 있다.

갈등은 기본적으로 어느 한 쪽이 다른 쪽의 손실을 전제로 하는

사회적 상호작용의 일개 형태에 해당한다. 또한 갈등은 경쟁적 상황 속에서 둘 혹은 그 이상의 당사자들 간 의도적인 상호작용의 결과로서, 잠재적 행동이나 주관적 상태이기보다는 명시적으로 구현되어 드러나는 명시적 행위를 말한다(Oberschall, 1978). 핑크에 의하면, "갈등은 둘 혹은 그 이상의 실체가 적어도 적대적인 심리 구도 하에서 엮여진 상호작용 과정으로 정의되는데(Fink, 1968), 특히 양극화라는 계급적 단절 상황에서는 갈등의 감정적 기초는 불만에서 혐오로 이동하며, 갈등의 성격도 적대적 성향을 강화하게 된다.

(2) 회한(Regret)에서 원한(Resentment)으로: "징벌적 보복의 장"

미래의 불확실성으로 인한 불안의 격화, 생존을 위한 투쟁적 경쟁 상황과 그로 인해 야기되는 탈진, 경제적 격차의 심화와 계급의 고착화, 세월호 사건이나 메르스 사태와 같은 일련의 부정적 체험은 기억상자 안에 사회에 대한 거부감을 겹겹이 채워나간다. 더구나 그런 사태로 인한 악영향이 재력을 위시한 사회적 자원의 분포에 따라 차등화될 때 축적적 산물로서의 회한은 책무나 공격 목표나 보복 의식을 동반한 원한이라는 노여움으로 진전하게 된다. 이는 가족 관계와 같은 사적 차원에서부터 민원과 같은 공적 차원에 이르기까지 광범하게 나타날 수 있다.

모든 형태의 원한에 하류계급이 여유롭고 풍요로운 삶을 살아가는 상류층에 대한 박탈감이 개입된다. 하류층은 일에 매여 여가를 생각할 수도 없고, 여행이라야 가끔씩 하는 국내 여행이 전부이며, 대학생이면 방학 때마다 다음 학기를 위해 아르바이트로 바쁜 나날을 보내야 한다.

반면 상층계급은 수시로 해외여행하면서 여유 있는 여가생활을 즐긴
다. 하층이 결코 따라잡을 수 없는 생활 격차를 보이는 것이다. 이러한
사회구조적인 격차의 심화는 때로 '묻지 마 살인'과 같이 익명적 군중을
향한 무차별적 보복에 노출, 위험을 감수해야 하는 상황에 몰리기도
한다.

나아가 세월호 사건과 같이 바뀌지 않는 위험 관리 시스템도 언제든지
국민들의 생명이 위협받을 수 있다는 생각은 국가를 향한 원한의 감정을
분출하는 원천으로 작용할 수 있다. 국민의 안전은 안중에도 없이
자본과 결탁해 부패를 일삼는 권력층이나 국가에 대한 반복된 실망은
국가에 대한 원망으로까지 진전해 이민 보따리를 싸 나라를 등질 마음을
품기까지 하는 것이다.

금수저/흙수저와 함께 요즘 청년세대들에게 회자되는 신조어 '헬조
선'은 자기 비하를 넘어 한국사회에 대한 깊은 절망과 상실감을 함축하
는 말이다. 헬조선은 "사실상 자유를 박탈당한 채 시키는 대로 살아야
하는 노예로 가득한 나라", 열정 페이, 장시간 근로, 포기 대상이 날로
늘어나는 'N포세대' 대학 학력이라는 스펙의 무력화, 집값을 올려놓기
만 한 기성세대들 탓에 주택 구입은 꿈도 못 꾸는 나라 등 청년세대의
격분을 자아내는 저주에 가까운 악담으로 확대 재생산되고 있는 것이
다. 헬조선에서 파생된 지옥＋한반도의 변형어 '지옥 불반도'는 지옥과
같은 불행한 한국, '노오력'해도 빈곤한 삶을 면치 못하는 지옥 같은
현실 등, 기성세대를 향한 청년 세대의 분노가 응축된 용어이다. 청년세
대들이 표출하는 이 같은 언사는 한마디로 사회 현실에 대한 그들의
울분이 통상적 비난을 넘어 징벌적 보복까지 바라보는 수준으로 비등하

고 있음을 함의한다.

(3) 불안(Anxiety)에서 강박(Obsession)으로: "극한적 갈망의 장"

현대사회를 "고도 불안의 시대"로 규정한 사회철학자 찰스 테일러는 현대인들이 불안을 (1) 도구적 이성의 지배로 인한 삶의 목표 상실, (2) 도덕적 지평의 실종으로 인한 삶의 의미 상실, (3) 자율성이나 자결권 약화로 인한 삶의 권한 상실로 설명한 바 있다(Taylor, 1991). 하지만 그러한 실존적 불안보다 생활 현실과 보다 유착된 사회적 불안을 주시해 온 사회학자들은 기술 발달이 촉발한 사회체계의 유연화를 사회 불안의 원천으로 지목한다(Sennett, 1998; 2002; 2012).

20세기 후반부터 급성장한 정보통신기술은 외적 현실세계는 물론이요 내적 정신세계의 변혁을 재촉해왔다. 접속성, 시공간변형성, 탈제약성 등을 속성으로 하는 첨단 정보통신기술은 유연적 축적(flexible accumulation)을 지향하는 새로운 경제체제를 구축했을 뿐 아니라 경제활동과 무관한 사회제도나 내면세계의 유연화에도 지대한 영향을 끼쳤다. 유연적 사회체계는 개인에게 전통적 방식과는 판이한 새로운 생활양식을 강요함으로써 과거와는 형태를 달리하는 새로운 인간형을 요구한다. 더구나 휴대성, 이동성, 편이성을 겸비한 첨단 정보통신기기들을 통해 때와 장소에 관계없는 전재적(ubiquitous) 소통이 가능해지면서, 실생활에서는 예측보다 적응, 계획보다 대처, 정주보다 이동, 내용보다 속도, 과정보다 결과가 중시되어가고 있다.

유연화 명제로 일축할 수 있는 사회체계의 탈구조화로 인한 불안의 확산은 세계 전역에 걸친 보편적 현상의 하나이지만, 외길 경쟁이 치열한 한국사회에서는 그 양상이 보다 심각하다. 특히 1997년 외환위기 이후의 구조조정 여파로 사회체계의 유연화가 촉진되면서 불안심리는 강박이라는 새로운 단계로 이행해가고 있다. 따라서 십대 청소년층으로부터 중년기 직장인은 물론 장년층 남녀에 이르기까지 인구학적 범주를 막론한 거의 모든 한국인은 무언가를 꾀하지 않으면 사회적으로 도태될 것 같은 강박증을 지니게 되어, 사회는 원하는 것을 무조건 이뤄야 한다는 과도한 갈망이 풍미하는 강박적 투쟁의 장으로 전락해가고 있다.

더구나 우리 사회가 고도 성장기 이후의 탈脫성장 시대에 진입하면서 어제보다 나은 오늘, 오늘보다 더 나은 내일이 도래할 것이라는 희망이 사라져 미래적 삶에 대한 예기적 불안이 날로 가중되고 있다. 여기에 세계 1위를 기록하고 있는 낮은 출산력으로 인한 생산적 인구의 감소, 가족제도나 가족의식의 변화로 인한 보호기능의 약화, 급진적 고령화 추세로 인한 복지수요의 팽창과 같은 요인들이 가세되어, 지난날의 "압축적 성장"에 비견되는 "압축적 불안"이 사회를 극한적 각축장으로 변모시켜가고 있다.

5. 분노의 한국적 전형: 울화

"울화통이 터진다"는 일상어로 유추할 수 있듯, 울화는 분노의 한국적 전형에 해당하는 것으로 여겨진다. 울화는 개인문제나 인간관계 등에서 파생하기도 하지만, 가족주의 유제가 강한 한국사회의 경우 가정생활이나 친족 모임과 같은 곳에서 표출될 때가 빈번한데, 문제는 울분이 날로 사회화·보편화·일상화되어 국민 상당수가 흘깃 건드리기만 해도 노기를 드러내는 요주의 인물로 변해가는 면모가 역력하다는 점이다. 날로 증가하는 '충동형 범죄' 같은 것이 그러한 추세를 반영하는 대표적 사례라고 하겠다.

이러한 성향은 해외여행에서도 노골적으로 드러난다. "항공기가 연착됐다. 출발이 지연될 것 같다"라는 안내 메시지가 나오면 제일 먼저 창구에 달려가 "언제 오느냐"고 채근하고 따지는 사람들이 한국인들이다. 꼭 가야 한다고 거세게 달려들어 항의하는 반면, 조용히 기다리는 외국인들을 순종적이거나 바보 같은 존재로 여긴다. 재난을 당했을 때도 하늘이나 당국에 분풀이라도 퍼부어야 적성이 풀리는 것이 한국인이다. 따라서 울화를 우리 민족 특유의 기질로 단정하면서 시공간적 뿌리를 탐지하려는 노력이 성행해왔다.

1) 울화의 역사지정학적 기원

울화의 기원을 논의하는 데 있어 지정학적 배경을 무시할 수가 없다. 역사적으로 한민족은 외세에 시달리며 살아왔다. 한반도는 중국을 중심으로 한 대륙세력과 미국, 일본 등의 해양세력과 교차하는 지점이기 때문이다. 과거에는 주로 중국과 일본의 침략에 시달렸는데, 이런 수난의 역사가 울분의 모태가 되었음에 틀림없다.

또 이조시대로 거슬러 올라가 보자면, 우리나라에는 사회적 위계체계에 관한 두 가지 원리가 공존했다. 양천제良賤制와 반상제班常制이다. 『경국대전』에 명문화된 법적 신분제인 양천제는 국민을 대다수 양인良人과 천역을 담당하는 극소수 천민賤民으로 나누어 양인에게는 과거

응시 자격을 부여하는 대신 조세, 공납, 군역 등의 의무를 부과하였다. 반면, 현실적으로 작동한 반상제는 사람들을 통상적으로 소수의 상급 지배층인 양반兩班과 다수의 하급피지배층인 상인常民으로 구분한 것이다(국사편찬위원회, 1990). 따라서 국가는 자원동원 시에는 양천제라는 법적 원리를 따르고, 실익을 추구할 때는 반상제를 적용했으니, 극소수 천민층을 제외한 대다수 상민층은 공적 의무는 있고 누릴 권익은 없는 모순적 위치에 머무를 수밖에 없었다. 지금 식으로 말하자면 다수 서민층이 소수 특권층에 시달리는 상황인 것이다. 서민 대다수를 중산층으로 추켜세우면서도 빈곤층이 아니니 서민의 공적 의무를 강화시키려는 논리라고 할 수 있다.

기질적 요소도 분노와 연관성이 있다. 기질과 관련해 가장 분명한 점의 하나는 한국 사람들이 대단히 표출적 존재라는 점이다. 자기를 나타내거나 때때로 과시하고, 감추거나 은폐하는 것을 좋지 않다고 본다. 우리는 자주 속내(本音, 혼네)와 겉마음(建前, 다테마에)이 다른 일본 사람들을 이중적이라고 힐난해왔다. 겉으로는 예의바른데 속은 알 수 없는 그들은 표리부동表裏不同하다는 것이다. 대신, 자기감정을 솔직히 토로해야 겉과 속이 일관된 가식 없는 사람으로 애호해왔다. 좋고 나쁨을 떠나 한국인에게는 실로 이런 기질이 농후하다. 따라서 슬플 때 통곡하고 좋을 때 환호작약하는 것을 자연스럽게 생각한다. 한마디로 심사를 온전히 표현해야 하는 표출적 존재인 것이다.

2) 울화의 사회적 형성

울화의 계기가 되는 한국사회의 대표적 갈등으로는 세대갈등, 지역갈등, 노사갈등 같은 것들을 일차적으로 거론할 수 있다(강원택 외, 2014). 이들 중 지역갈등은 이전에 비해 완화되어가는 중이지만, 노사갈등이나 세대갈등은 임금문제나 취업문제 등과 결부되어 날로 첨예해지고 있다. 조만간 우리 사회에서 가장 큰 정책적 쟁점이 될 것으로 예상되는 것이 연금문제이다. "자기들은 실컷 누리고 연금제도를 강화시켜 우리 세대를 힘들게 하느냐"라는 젊은 세대의 절규가 그 단적 표현이라고 하겠다. 따라서 세대갈등도 이제 사고방식이나 행동방식과 같은 생활양식(lifestyle) 때문이 아니라 "앞으로 잘 살 수 있겠는가"라는 생활기회 (life chance)로 인해 격화되곤 한다(Newman, 1988). 요컨대 계급갈등이 울화의 가장 큰 요건이 되어가고 있다고 말할 수 있다.

분노는 한국에만 있는 것은 아니고 중동, 중남미, 유럽에도 있고, 심지어 자본주의 중심국인 미국의 금융 중심지 월가에도 있다. "분노하라"는 구호는 이제 세계 어느 곳에서나 쉽게 접할 수 있는 상시적 언표인 것이다(Hessel, 2011). 그런데 세계 도처에서 통상적으로 목도할 수 있는 분노의 일반형은 미국 소설가 존 스타인벡이 포도송이에 비유한 바와 같이, 노기가 알알이 응결되는 결집적 형태를 취하는 것이 일반적이라고 본다. 그러나 한국인의 분노를 대변하는 울분은 적층식積層式으로 우리 흉중에 겹겹이 쌓이는 것이어서 결집적 형태의 분노보다 다스리기가 힘들고, 개개인의 심성에 끼치는 악영향도 크며, 폭발력도 더하지 않을까 생각된다. 실제로 우리는 잘못 건드리면 노기를 폭발적으로 분출하는 격분형 인간과 자주 마주치는 경우가 많다. 울분을 품은 사람들이 늘어나고 있는 것이다. 남녀간 차이도 없고, 청장년층은 물론 중노년층에도 있으며, 직종이나 직급과 관계없이 각계각층에 널리 산재한다. 지위고하를 막론한 대부분 사람들이 차량 접촉사고 시에 드러내는 비이성적인 행위에서 그 점을 간파할 수 있다.

울화의 사회적 요인으로는 흔히 '3불三不'이라고 불리는 불안, 불만, 불신이 자주 거론되어 왔다. 하지만 그들은 신자유주의 체제에서 각축적 삶을 살아가는 현대인들이 보편적으로 공유하는 삶의 고뇌에 속한 것들이라고 여겨진다. 현대사회를 두고 피로사회, 단절사회, 승자독식 사회와 같은 진단들이 속출하는 것도 그 때문이라고 본다(한병철, 2012; 쑨리핑, 2007, Frank and Cook, 2010). 하지만 날로 공고화되는 계급적 양극화로 우리 국민은 3불을 넘어선 보다 극단적 형태의 고뇌나 고난에 시달리고 있다. 즉 앞 절에서 설명한 바와 같은 불만을 넘어선 혐오, 회환을 넘어선 원한, 불안을 넘어선 강박이라는 새로운 고뇌와 더불어 (1) 경쟁을 넘어선 사투, (2) 불신을 넘어선 적의, (3) 비판을 넘어선 단죄와 같은 고행이 부가됨으로써 통상적 분노와는 변별되는 울분이 누적되었다가 활화산처럼 분출하는 사태가 한국사회에 만연해 가는 것이다.

3) 울화 대한민국의 실상

(1) 경쟁(Competition)을 넘어선 사투(Struggle)

한국사회의 불확실한 미래에 대한 강박적 불안은 무한경쟁 논리를 강화시켜가고 있다. '안정'의 보호벽이 무너져버린 사회에서 개인들은 각자가 스스로를 돌보고, 자신에게 닥친 어려움은 스스로 구제하지 않으면 생존이 불가능하다는 생존불안을 증폭시키고, 이런 현실은 '자기 통치'가 강제되는 치열한 경쟁의 장에서 패배하거나 낙오되지 말아야 한다는 집단적 강박을 추동한다. 이는 자신이 어려움에 처했을 때 도움을 받은 적이 있거나 도움 받을 사람이 있는가 하는 질문에 대해 참여자 절대다수가 부정적 답변을 내놓은 결과로부터 확인할 수 있다(OECD, 2013). 강박적 불안은 패배와 낙오에 대한 집단적 두려움을 낳음으로써 경쟁의 밀도를 강화시켜 투쟁적인 집단경쟁 시스템에 진입하도록 강제한다. 이는 오늘날 한국사회를 특징짓는 경쟁사회의 속살이 경쟁을 넘어 죽기 아니면 살기 식의 전투 모드로 전환되고 있음을 시사한다. 따라서 사회는 많은 사람들이 몰려들어 서로를 누르고 제압하고자 하는 치열한 전쟁터로 변모해가고 있다.

하지만 '박 터지는' 격전장에서 절대강자는 존재하지 않는다. 제한된 자리 하나라도 확보하기 위해서는 어떤 방식으로든 상대를 제압해야 하기 때문이다. 참여자들 입장에서 볼 때 투쟁의 본질이 상대를 떨어뜨리고 자신이 살아남아야 하는 생존게임인 것이어서 협력과 배려의 가치가 경시된다. 따라서 친구나 동료가 라이벌일 때 방해를 하는 경우도 발생한다.

다른 사람을 짓누른 다음에야 자신이 생존할 수 있다는 감정 구조, 즉 경쟁을 넘어선 투쟁의 정서는 근로세계에서는 물론이요 학교에서도 크게 바를 바 없다. 정보 공유나 협력을 통한 동반 성장의 정서가 사라지고 있는 것이다. 자기만 점수를 잘 받으려고 동료들에게 노트를 빌려주거나 보여주는 것을 꺼려한다는 학생들의 진술, 또 같은 회사에 지원하는 친구가 있다면 취업에 관한 정보를 친구와 공유하지 않고 자신만 알고 있어야 하므로 선의의 경쟁이란 존재하지 않는다는 취업준비자들의 진술은 우리 사회가 단순한 경쟁을 넘어선 "사투의 장"임을 시사하는 사례들이라고 할 수 있다.

(2) 불신(Distrust)을 넘어선 적의(Hostility)

'헬조선'에 함축된 대한민국의 자화상은 우울하다. 부조리한 이미지로 가득한 한국사회는 울분이라는 감정에 포섭되어 있는 것이다. 심지어 한국사회보다 지옥이 차라리 낫다는 자조가 넘쳐난다. 죄를 지은 것에 대한 벌을 받는 곳이 지옥이지만 한국사회는 죄가 없이도 벌을 받을 수 있는 곳, "유전무죄 무전유죄"로 상징되는, 지옥보다도 못한 부정한 곳이라는 인식이 커져가고 있기 때문이다.

이 같은 극단적인 자기비하의 기저에는 사회에 대한 깊은 불신이 자리한다. 정부를, 사회를, 법을, 언론을, 기업가를, 스승을, 전문가를, 다른 세대를, 이웃을, 동료를 믿지 못하는 불신의 늪에 빠져 있는 것이다. 우리 사회가 당면하고 있는 이 같은 문제의 실상은 단순히 서로가 서로를 의심하는 불신의 수준을 넘어선다. 증오에 가까운 적대감을 드러내기 때문이다. 이러한 적대감은 성, 계급, 세대, 지역, 직업, 인종 등과 같은 다양한 영역을 포괄한다(이재열, 1998; 장수찬, 2002).

이로부터 누적된 악감은 단순한 불만 또는 불신을 넘어 증오에 가까운 적대감을 표방한다. 일례로, 여성들이 육아나 가사노동이란 여성들만의 일이 아니라 공동으로 담당해야 하는 일이라고 간주한다면, 남성들은 전통적인 여성들의 역할을 남성들에게 요구하는 사회적 분위기를 적대시한다. 그래서 페미니스트나 여성가족부에 화살을 돌려 타도해야 할 집단으로 단정하는 것이다. '여성혐오집단'으로 상징되는 '일베' 현상, 군가산점을 둘러싼 전쟁과도 같은 패싸움 양상, 온라인 남초카페와 여초카페의 적대적 대결 등은 요즘 우리 주변에서 흔하게 볼 수 있는 남녀 간 적대전선인 것이다.

계급 간 적대감정은 그보다 훨씬 심각하다. 이는 상류층과 하류층의 상접 불가능성을 시사하는 것으로, 계급 간 적대감은 상대 계급의 생활세계에 대한 몰이해로부터 적대적 대결 구도를 거쳐 계급적 단절에 이르게 되는 일련의 과정에 고루 관여된다. 계급갈등은 경제적, 사회적 지위에 있어 상류층에 위치한 참여자와 일반 서민들이 같은 생활공간에서 살아가면서 겪게 되는 갈등을 의미하는 것이므로, 상하 계급 간 갈등이 발생했을 때 협상이나 조정을 통한 해소보다는 서로 상종 못할 사람이라는 적대감을 견지한 채 끼리끼리 살아가는 생활영역의 공간적 분리를 획책하게 된다.

이 같은 상하 계급의 상호적 적대감정은 동일한 사회현상을 바라보는 관점이 근본적으로 다르기 때문에 발생하는 것으로 보인다. 같은 사회에 존재하나 서로 다른 꿈을 꾸는 동상이몽同床異夢의 상황에서 두 계급 간 타협과 협상, 그리고 배려의 접점을 찾기란 매우 어려운 일이다. 사회갈등, 사회분열, 계급 간 대결 구도는 모두 타협의 접점을 찾기 힘든 시각의 차이가 결정적 요소가 된다. 요컨대, 그러한 양단적 사고방식은 상이한 계급, 지역, 인종, 학력, 젠더, 세대에 대한 비판을 넘어 도덕적 단죄를 감행함으로써 상이한 세력들 사이의 타협과 화해를 어렵게 하는 요인으로 작용한다.

(3) 비난(Blame)을 넘어선 단죄(Punishment)

갈등은 비정상적인 사회병리현상으로 단정된 경우가 많다. 그것을 사회분열과 공동체의 존립을 위태롭게 하는 중대한 사회문제로 인식했기 때문이다. 그러나 알고 보면 갈등은 어느 사회나 존재하는 보편적 현상이라고 할 수 있다. 사회는 다양한 이해관계를 가진 사람들의 집합체인 까닭에, 갈등은 정상적 사회현상의 일환인 것이다. 그렇기 때문에 다양하게 얽혀 있는 갈등을 어떻게 풀어가고, 이를 얼마나 효과적으로 관리하며, 새로운 아젠다를 구축해 어떻게 사회 발전의 비전을 제시할 것인가를 중심으로 학문적 고찰이 진지하게 지속되어 온 것이다.

그러나 이질적 집단 간에 존재하는 단절과 원한, 그리고 적대의 정서는 서로가 서로를 정죄하거나 단죄해버림으로써 상이한 집단 간에 화해가 불가능한 상황으로 치달을 수 있다는 데 문제의 핵심이 있다. '비난을 넘어선 단죄'의 정서는 우리 사회의 도드라진 속성들 중 하나인 것이다. 여성은 남성을 단죄하고 남성은 여성을 단죄한다. 또 하류층은 상류층을, 상류층은 하류층을 단죄한다.

부자와 빈자 사이의 관점 차이도 마찬가지이다. 부유한 사람들은 빈곤자들을 게으름, 나태함, 잘사는 사람들에 대한 시기심을 가진 사람, 제도만 비판할 뿐 자신이 바뀔 생각은 안 하는 사람들이기 때문에 빈곤에서 벗어나지 못하는 존재로 단죄한다. 나아가 하류층은 바닥에서부터 힘들게 살아온 경력 때문에 인간성마저 사악하다고 단죄한다. 반면, 서민들은 잘사는 사람들을 부정과 부패, 배경 혹은 물려받은 재력을 바탕으로 부자가 되었을 뿐이라고 단죄한다. 부자들의 부는 능력의 결과물이 아니라 부정부패의 산물이다. "노동자들의 등골을 빼먹고 착취하고, 권력에 붙어 기업을 키웠고, 이러한 부모의 부의 조건이 좋은 교육을 받고 능력을 키울 수 있게 된 것"이 대를 이어 부를 재생산하게 된 토대가 되었다고 단죄하는 것이다.

빈부에 대한 상호배타적 정죄는 애국심과 도덕성에 대한 응답에서도 여실히 드러난다. 상류층은 하류층 사람들이 애국심이 없는 사람들이라고 단죄한다. "전쟁이나 터져서 같이 망하고 모두 다 죽어버리자"는 악심을 품은 사람들이 하류층 사람들이라고 단정해버리는 것이다. 반면 하류층은 상류층이 오히려 애국심이 없다는 관점이다. 전쟁이 나면 외국 영주권이나 시민권을 얻어서 도망갈 사람이 부자들이라고 단죄하는 것이다. 도덕성도 마찬가지이다. 부유한 상류계급은 하류계급 사람들을 막가는 사회적 저변에서 살아가는 사람들이기에 도덕성이 부재하다고 단정하나, 기층민들은 부자들이 스스로 도덕성을 과시하더라도 사실상 윤리도덕과 거리가 먼 위선적 존재들이라고 일축한다. 오히려 부패 고리에 긴밀히 연루된, 도덕적 해이가 극히 심각한 사람들로 규정해버리는 것이다.

6. 새 시민공동체 의식을 향하여

산업화와 민주화를 비교적 짧은 기간에 달성한 한국사회는 사회통합을 가로막는 극심한 사회적 단열斷裂에 직면해 선진사회의 문턱을 넘어서지 못하고 있다. 계급적 양극화로 인해 증가하는 사회적 격차는 그 최대 피해자인 주변층 및 청년세대의 울분을 유발해 사회갈등을 격화시키고 있다.

계급적 양극화로 인한 분노의 증폭 현상은 우리 사회에만 국한된 문제가 아니라 지구적 난제에 속하는 것인 만큼, 불안 해소나 척결을 위한 미봉책은 적절치 않다고 본다. 그러나 낮은 사회적 신뢰도와 공정성으로 불만이 혐오로, 회한이 원한으로, 불안이 강박으로 악성화함으로써 우리 사회는 적대적 갈등, 징벌적 보복, 극한적 갈망이 교차하는 분노의 도가니로 변모해가고 있다. 여기에 경쟁을 넘어선 사투, 불신을 넘어선 적의, 비난을 넘어선 단죄가 수반됨으로써 억하심정을 동반한 울화가 쌓이고 폭발하는 울분사회가 되어가고 있다.

울분이 적절히 제어되지 않고 임계점을 넘어서게 되면, 갈등이 통제 불능의 상태로 진전되어 엄청난 사회적 손실을 초래한다. 따라서 의식 개혁이나 제도개선을 망라한 모든 방법을 동원해 울분을 사회 통합적 에너지로 승화시킬 수 있는 사회체계의 재구조화가 화급한 시점에 이르렀다고 판단된다.

오늘날 한국인은 생활현장에서 통상적으로 회자되는 "각축(contest)"과는 질적으로 구분되는 일종의 투쟁적(combative) 상태 하에서 살아가고 있다. "생존경쟁"이 "생존투쟁", "생활현실"이 "생활전선"으로 회자되고, "상대가 승패를 결해야 할 "적"이요, "성공"이 "승리", "실패"가 "패배" 등으로 표현되고 있다는 점이 바로 그러한 진단을 뒷받침한다. 울화라는 토착형 분노로 점철된 삶의 실제 현장에는 상처 입은 사람들이 나오기 마련인데, 그 일차적 대응은 외상(trauma)이라고 불리는 마음의 상처에 대한 치유책을 강구하는 일이라고 본다.

이러한 방향으로의 유용한 지침은 프로이트의 정신분석학과 애들러 심리학을 접목해 로고테러피(logotherapy: 의미치료)라는 치유법을 제안한 빅터 프랑켈의 논지에서 발견할 수 있다(Frankel, 1959). 로고테러피는 "인생의 의미를 찾아 미래를 바라보며 삶에 충실하라고 격려하는 심리치료법"인 바, 이는 회복적 정의(restorative justice)에 기초한 갈등 극복 방안인 화해적 접근(reconciliation approach)에 적절한 실천 방안으로, 지금 우리 사회에 팽배한 사회적 상흔(social trauma)을 치유하는 최적의 처방이라고 판단된다(Braithwaite and Strang, 2001; McCold and Wachter, 2003). 그러한 원리에 준거해 큰 성공을 거둔 역사적 사례로는 남아공화국의 인권운동가이자 남아공화국 초대대통령인 넬슨 만델라(Nelson Mandela)의 인권운동에서 찾아볼 수 있다(Mandela, 1994).

"눈에 보이고 의사가 고칠 수 있는 상처보다 보이지 않는 상처가 훨씬 아픕니다. 남에게 모멸감을 주는 것은 쓸데없이 잔인한 운명으로 고통받게 만드는 것이라는 걸 나는 알았습니다"라는 그의 메시지는 곧 오늘날 우리 사회현실과 맞닿아 있는 현상으로, 현실적 고난은 희망이 곧 살아남을 수 있는 힘의 원천이라는 로고테러피 정신에 의해 극복될 수 있으리라 본다. "마음의 고통은 화를 내게 한 원인으로 인한 것보다 화를 낼 때 더 커진다"는 마르쿠스 아우렐리우스의 명언이나, 다음과 같은 초대교부의 말씀도 그 점을 강조하는 것에 다름 아니다.

상처를 입는 사람은
다른 사람들로부터 상처를 받는 것이 아니라
자기 스스로 상처를 내는 것이다.
자기 자신에게 상처를 내지 않는 사람은
끝없이 많은 고통을 당해도 강해진 채
고통에서 걸어 나온다. (성 요한 크리소스톰, 초대교부의 강해 중에서)

그러나 마음의 평화에 이르는 길은 "자기 안의 분노의 적은 스스로 다스리지 못하면 외부의 적은 물리쳤어도 다시 늘어가므로, 사랑과 자비의 힘에 의한 마음 다스리기가 수행의 근본"이라는 보살행에 보다 명시적으로 제시되어 있다. "분을 쉽게 내는 자는 다툼을 일으키고, 노하기를 더디하는 자는 시비를 그치게 한다"든가 "어리석은 자는 노를 다 드러내어도 지혜로운 자는 그 노를 다 억제하느니라"와 같이, 분노의 억제를 촉구하는 성서 구절은 얼마든지 찾아볼 수 있다. 그럼에도 불구하고 성경에서는 분노를 하느님께서 인간에게 허락하신 생활감정의 일부로 인정하는 바, 자제와 대비되는 이 같은 분노의 서구적 전통은 오늘날 사회정의의 개념으로 전승되고 있다고 본다. 그러나 자비의 개념으로 귀결되는 인욕을 중시하는 불도佛道에서는 분노의 절제보다 분노의 생성 자체를 문제시하면서 심성 도야를 통한 개인의 존재적 가치 증진을 우선시한다. 진노하신 하느님 모습은 이따금 발견할 수 있지만, 화난 부처님 모습은 좀처럼 찾아보기 힘들다는 점이 바로 그러한 정향적 차이를 뒷받침한다.

따라서 존재의 의미를 되살리고자 하는 로고테러피가 제도화되기 위해서는 관용과 존중에 기초한 새로운 공동체의식의 계발이 우선시되어야 한다고 본다. 지난 반세기 간의 산업화-정보화 과정과 더불어 농업 중심의 지역공동체가 우리 사회에서 급속히 사라져가고 있다. 농촌을 떠나 도시로 이주한 사람들 역시 도시라는 거주공간을 공동체적 터전이 아닌 생존경쟁의 장으로 이해하려는 경향이 크다. 이같이 농촌 및 도시지역 양방에서 전개되고 있는 공동체 해체 경향은 우리 사회만의 고유한 현상은 아니다(Putnam, 2000). 그러나 한국사회의 경우는 개인

주의, 경쟁주의, 성취주의의 극단적 형태인 이기주의, 도구주의, 결과주의로 인해 개인·집단·조직·부문들 간의 대립과 갈등이 첨예화하여 공동체적 결속이 급격히 약화되고 있다.

어느 시대에 있어서든 사회체계란 모종의 공동체적 결속을 필요로 한다. 그러나 거대화, 과밀화, 이질화되어가는 오늘날의 삶에 전통적 공동체윤리를 접목시키는 것은 대단히 비현실적인 발상이 아닐 수 없다. 대신 사고나 행동방식이 서로 상이한 사람들끼리 어울려야 하는 오늘날의 사회현실에서는 서로 간의 차이를 인정하며 더불어 살아가려는 지구적 차원의 새로운 시민공동체 의식 함양이 절실히 요망된다 (Appiah, 2006; Beck, 2006).

새로운 시민성 개념에 준거한 새 시민의식의 발양은 다양한 형태와 양상으로 전개되는 현존 사회갈등을 치유한다는 목적을 위해서는 물론이나, 민족적 대단합이 요구되는 통일시대를 대비한다는 견지에서도 의의가 크다. 타자에 대한 배려나 상생의식에 입각한 신新 시민의식의 계발은 한반도 통일 이후 남북한 동포들 간의 불신과 혐오의 감정을 해소하고 민족적 동질감을 회복하여 개인의 존엄성, 자유, 기회균등, 복지증진 등과 같은 보편적 가치를 지향하는 통일국가의 염원을 실현하기 위해서도 긴요한 과업임이 틀림없다.

분노의 경험과 표현

권석만(서울대학교 심리학과 교수)

1. 분노, 어떤 마음의 문제인가

분노는 우울, 불안과 함께 인간의 3대 부정 정서 중 하나다. 우리의 삶을 고통스럽게 만드는 우울, 불안, 분노는 서로 밀접하게 연결된 부정 정서지만 각기 다른 심리적 특성과 유발요인을 지니고 있다. 특히 분노는 강렬한 불쾌감으로 경험될 뿐만 아니라 공격행동을 촉발하여 인간관계를 파괴하는 가장 위험한 부정 정서다.

우울(depression)은 상실과 실패에 의해 유발되는 부정 정서로서 슬픔, 좌절감, 무가치감, 무력감, 절망감을 수반하며 외부세계와의 접촉을 기피하는 은둔적인 반응을 통해 인간의 삶을 위축시킨다. 불안 (anxiety)은 실제적인 것이든 상상적인 것이든 위험과 위협에 의해서 촉발되는 두려움, 걱정, 염려, 공포감으로서 인간의 삶을 불안정하게 만들 뿐만 아니라 두려워하는 대상과 상황을 회피하도록 만든다. 우울과 불안은 모두 개인의 자신감을 저하시킴으로써 소극적이고 내부지향적인 행동을 유발하기 때문에 타인에게 직접적인 피해를 주는 경우는 드물다.

이와 달리 분노(anger)는 타인에 의해 받게 된 피해와 손상에 대한 정서적 반응으로서 적개심과 공격행동을 촉발하여 인간관계의 갈등과 분쟁을 초래한다. 분노는 우울이나 불안과 마찬가지로 고통스러운 감정이지만 우울이나 불안과 달리 타인에 대한 공격과 보복 행동을 촉발함으로써 인간관계를 훼손할 뿐만 아니라 인간사회를 불화와 투쟁의 아수라장으로 몰아가는 매우 위험한 파괴적 정서라고 할 수 있다.

불교에서도 분노는 삼독三毒의 하나로서 인간의 삶을 고통으로 몰아가는 핵심적인 심리적 원인으로 여기고 있다. 특히 우리가 살고 있는 한국사회는 '분노사회' 또는 '울분사회'라고 불릴 만큼 많은 사람들이 분노를 가슴에 안고 살아갈 뿐 아니라 종종 극단적인 행동으로 표출하여 많은 사회적 문제와 갈등을 야기하고 있다. 분노가 경험되고 표현되는 심리적 과정을 이해하여 분노를 잘 조절하는 것은 개인의 안락과 행복을 위해 필요할 뿐만 아니라 사회의 안녕과 번영을 위해서도 중요한 일이다.

1) 분노라는 심리적 현상

분노는 불쾌한 상황을 유발한 또는 유발했다고 판단된 대상에 대해서 느끼는 적대적인 부정 정서로서 그 대상을 공격하여 보복하려는 충동을 촉발한다(Berkowitz, 1993; Novaco, 1994). 분노를 유발하는 불쾌한 상황은 매우 다양하다. 가장 대표적인 것은 타인에 의해서 공개적인 비난이나 공격을 받는 상황으로서 그로 인해 신체적, 심리적, 사회적 피해와 손상을 입는 경우다. 이 밖에도 개인의 목표 추구가 타인에 의해서 방해받거나 좌절되는 상황, 부적절한 개입과 참견으로 개인의 자율성이 침해되는 상황, 혐오감과 이질감을 유발하는 상황과 같이 매우 다양한 상황에서 분노가 촉발될 수 있다.

분노가 촉발되면 불쾌한 상황을 유발한 사람을 표적으로 하는 미움, 적대감, 혐오감, 보복욕구, 공격충동이 수반된다. 분노는 대부분의 경우 사람에 의해서 유발될 뿐만 아니라 보복행동을 통해서 사람에게 영향을 미친다는 점에서 인간관계에서 발생하는 대표적인 사회적 정서다. 그러나 천재지변으로 인해 피해를 입거나 그 원인을 분명히 알기 어려운 손상을 당한 경우처럼, 분노의 표적은 자연, 신, 동물, 사물과 같이 비인간적인 대상이 될 수도 있다.

분노는 가벼운 성가심이나 짜증에서부터 살의殺意를 느낄 정도의 격노나 격분에 이르는 다양한 강도의 정서적 상태를 포함한다. 분노는 공격을 위한 신체적 흥분과 행동적 준비태세를 수반하는 정서로서 다음과 같은 독특한 신체적, 인지적, 행동적 반응이 나타난다(서수균, 2004; 서수균, 권석만, 2005a, 2005b).

(1) 분노의 신체적 반응

분노를 경험하게 되면 교감신경계가 활성화되어 혈압상승이나 심장박동 증가와 같은 다양한 생리적 반응과 신체적 변화가 일어난다. 일반적으로 분노상태에서는 얼굴이 붉어지고 몸(입술이나 손발)이 떨리며, 손에 땀이 나고 주먹을 불끈 쥐게 된다. 또한 눈을 부릅뜨고 입을 꽉 다물게 되며, 몸이 경직될 뿐만 아니라 타액 분비가 줄어들어 입이 마른다. 체온이 상승하고 식은땀이 흐르며, 몸을 가만히 두지 못하고 서성거리게 되며, 어지러움과 두통을 느낄 수 있고, 소화가 잘 안 되는 등의 다양한 신체적 반응이 나타난다.

(2) 분노의 인지적 반응

분노상태에서는 인지적 기능과 내용의 변화가 수반된다. 분노를 느끼면 주의 폭이 좁아지면서 자신의 피해상태와 피해를 유발한 사람에게로 주의가 집중된다. 특히 분노가 고조된 상태에서는 자신의 피해와 상대방의 부당성에 대한 생각이 증폭되면서 일시적으로 인지적 과부하 상태가 발생하여 사고의 현실성과 논리성이 저하될 수 있다. 이처럼 격앙된 분노상태에서는 말을 더듬거나 목소리가 커지면서 억지스러운 비논리적인 주장을 펼칠 수 있다. 흔히 분노상태에서는 "현재 상황은 명백히 부당하며 잘못된 것이다", "상대방은 의도적으로 이러한 상황을 유발했다", "상대방은 비난받아 마땅하다", "나의 분노는 정당하고 적절하다"와 같은 자기중심적인 생각에 집착하게 된다. 이러한 분노 사고는 분노감정에 의해서 증폭될 뿐만 아니라 분노감정을 강화하게 된다.

(3) 분노의 행동적 반응

분노는 공격행동을 준비하는 상태로서 흔히 공격적인 보복행동으로 표출된다. 분노는 매우 다양한 공격행동으로 표현될 수 있다. 분노를 유발한 대상을 향한 다양한 수준의 신체적, 언어적 공격행동뿐만 아니라 그 대상을 다른 사람에게 비방하거나 고립시키는 사회적 공격행동으로 나타날 수도 있다. 또한 그 대상을 직접적으로 공격하기 어려운 경우에는 간접적으로 방해하거나 좌절시키는 수동공격적 행동이나 나약한 다른 대상에게 화풀이를 하는 대리적 공격행동으로 표출될 수도 있다.

그러나 분노를 경험한다고 해서 항상 공격행동으로 표출되는 것은 아니다. 또한 공격행동이 반드시 분노경험에 의해서만 유발되는 것도 아니다. 분노는 불쾌감을 유발한 대상을 공격하여 보복하려는 충동을 수반할 뿐이다. 실증적인 연구(Averrill, 1983)에 따르면, 분노나 공격충동을 경험하더라도 직접적인 신체적 공격으로 표출되는 경우는 10% 정도에 불과했다. 분노와 공격행동의 관계는 단순하지 않다. 분노가 공격행동으로 이어지는 심리적 과정은 매우 복잡하며 다양한 요인이 관여하기 때문이다. 분노는 내면적으로 억제되거나 억압될 수 있으며, 승화를 통해서 건설적인 행동으로 표현될 수도 있다.

2) 인간의 정서체계와 분노

정서를 연구하는 심리학자들(Ekman, 1984; Pluchick, 2002)은 분노를 기본정서의 하나로 여기고 있다. 인간이 경험하는 다양한 정서는 기본정서와 복합정서로 구분될 수 있다. 기본정서(basic emotion)는 모든 인간에게 공통적으로 나타나는 일차적 감정을 뜻하는 반면, 복합정서(complex emotion)는 기본정서의 조합에 의해 파생되는 이차적 감정을 의미한다.

Ekman(1984)은 인간의 다양한 정서 중에 여러 문화권에서 공통적으로 인식될 뿐만 아니라 후천적인 경험에 의해서 학습되지 않는 기본정서가 있다고 주장했다. 그에 따르면, 기본정서는 진화과정에서 발전한 핵심적 정서로서 생물학적으로 결정된 얼굴근육의 패턴으로 구성된 표정으로 나타난다. Ekman은 여러 문화권에서 공통적인 표정으로 나타나는 기본정서가 존재할 뿐만 아니라 이러한 기본정서의 표정은 여러 문화권에서 잘 인식된다는 것을 발견했다. 이러한 연구에 근거하여 그는 6개의 정서, 즉 분노, 혐오, 공포, 기쁨, 슬픔, 놀람을 기본정서로 분류했다.

Plutchik(2002)은 Ekman의 주장을 발전시켜 8개의 기본정서로 구성된 정서의 원형모델(wheel of emotions)을 제시했다. 그는 긍정성과 부정성에 근거하여 상반되는 4개의 정서 쌍, 즉 기쁨(joy) 대 슬픔(sadness), 분노(anger) 대 공포(fear), 신뢰(trust) 대 혐오(disgust), 놀람(surprise) 대 기대(anticipation)를 제시하고 이러한 8개의 정서를 기본적인 것으로 여겼다. 그에 따르면, 복합정서는 이러한 기본정서들의 혼합에 의해 생성되는 것이다. 예를 들면 애정은 기쁨과 신뢰, 불만은 슬픔과 놀람, 낙관은 기대와 기쁨이 혼합된 것이다. Plutchik은 이러한 관계를 설명하는 정서의 원형모델을 〈그림 1〉과 같이 제시하였다.

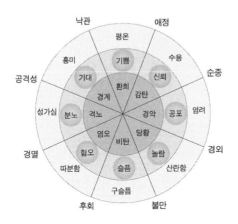

〈그림 1〉 Pluchick이 제시한 정서의 원형모델

정서의 원형모델에 따르면, 8개의 기본정서들은 인접성의 정도에 따라 상호유사성의 정도가 결정되며, 바퀴의 양극에 있는 정서들은 서로 반대되는 관계의 정서임을 표시한다. 분노는 공포와 반대되는 정서로 분류되고 있으며, 혐오와 기대와 인접하고 있다. 정서는 강도나 흥분 수준에 따라 연속선상에 놓일 수 있는데, 분노는 성가심-분노-격노의 순서로 강해질 수 있다. 분노는 혐오와 혼합되어 경멸을 생성할 수 있고, 기대와 혼합되어 공격성을 유발할 수 있다.

3) 분노의 기능과 역기능

분노는 기본정서로서 생의 초기부터 경험되고 표현된다. 생후 2개월 된 아이도 분노를 경험하고 표현할 수 있다. 이러한 사실은 분노가 인간의 생존에 필요한 적응적 정서라는 점을 시사한다. 그러나 인간사회가 복잡해지면서 분노와 그에 수반되는 공격행동은 다양한 역기능을 초래하게 되었으며 분노에 대한 사회문화적인 억압이 강화되었다. 분노는 개인의 생존과 적응을 돕는 순기능과 더불어 자신과 타인을 파괴하는 역기능의 양면성을 지니고 있다.

(1) 분노의 기능

분노는 인류의 진화과정에서 발전한 기본정서로서 개인의 생존과 적응을 돕는 다양한 기능을 지닌다. 분노의 가장 핵심적인 기능은 위협을 받는 상황에서 에너지를 집중하여 위협하는 대상에게 저항하도록 적극적인 행동을 추진하는 것이다(서수균, 2004; Bilodeau, 1992; Ellis & Harper, 1997; Izard, 1977; Lazarus, Kranner, & Folkman, 1980).

우선, 분노는 자기보호를 위한 투쟁행동을 촉발함으로써 인류의 생존에 기여한다. 분노상태에서 분비되는 화학물질인 아드레날린은 통증에 둔감하게 만들어 상처를 입더라도 싸움을 지속하게 해준다. 또한 분노는 싸우는 동안 개인의 에너지가 다른 곳으로 전환되지 못하게 함으로써 싸움에 집중할 수 있도록 돕는다.

둘째, 분노는 사람들 간의 의사소통을 도움으로써 극단적인 손상을 회피하도록 돕는다. 위협이나 방해를 받는 상황에서 화난 표정을 짓거나 격앙된 목소리를 냄으로써 자신이 분노하고 있음을 상대방에게 전달한다. 이러한 의사소통을 통해서 상대방은 위협행동을 중지하게 됨으로써 극단적인 불화와 투쟁을 방지할 수 있다.

셋째, 분노는 개인의 존엄성과 자존감을 보호하는 기능을 한다. 우리는 다른 사람으로부터 무시나 비난을 받거나 비웃음을 당할 때 분노의 감정이 일어난다. 또한 다른 사람으로부터 속임을 당하거나 과소평가를 받을 때 분노를 느낌으로써 자존감을 방어할 수 있도록 대처할 수 있는 용기를 북돋아준다.

넷째, 분노는 사회구성원 간의 갈등을 조절함으로써 사회적 결속과 발전을 촉진한다. 분노는 사회적 갈등과 불평등을 구성원들이 인식하도록 부각시키고 사회적 변화와 개선을 촉발하는 점화장치의 기능을 한다. 분노는 사회적 갈등을 해결하도록 촉진함으로써 사회적 안정과 결속에도 기여할 수 있다. 이처럼 분노는 개인의 생존과 적응을 도울 뿐만 아니라 사회의 유지와 발전에 기여하는 다양한 순기능을 지닌다.

Averill(1983)은 사람들이 분노의 결과를 얼마나 긍정적 또는 부정적으로 평가하는지를 조사했다. 그 결과, 분노를 경험한 사람들뿐만 아니라 분노의 표적이 되었던 사람들 모두 분노로 인한 결과의 긍정적 측면이 부정적 측면보다 더 많다고 보고했다. 즉 분노사건 자체는 불쾌하지만 그 사건이 가져오는 결과는 긍정적인 측면이 더 많다고 보고했다. 분노의 표적이 된 사람의 76%는 자신의 잘못을 깨닫게 되었다고 보고했으며, 약 50%의 사람들은 분노를 나타낸 사람과의 관계가 전보다 더 좋아졌다고 보고했다.

(2) 기능적 분노와 역기능적 분노

분노는 다양한 순기능을 지니지만 과도하거나 부적절하게 표출될 경우에는 다양한 역기능을 초래하게 된다. 분노는 강한 신체적 흥분상태를 수반하는 동시에 공격행동을 유발함으로써 심신건강을 악화시킬 뿐만 아니라 대인관계나 직업적 활동에 부정적인 영향을 미친다. 심리학자들은 개인의 삶에 악영향을 미치는 역기능적 분노(dysfunctional anger)

의 심리적 원인과 조절방법을 깊은 관심을 지니고 탐구해왔다.

기능적 분노와 역기능적 분노를 구분하는 것은 쉬운 일이 아니다. 분노를 느끼는 사람은 대부분 자신의 분노가 정당하다고 주장하기 때문이다. 기능적 분노와 역기능적 분노의 구분을 시도한 심리학자들 (Bowlby, 1980; Tangney et al., 1996)에 따르면, 기능적 분노는 가해자의 잘못이 객관적으로 인정되는 상황에서 유발되며 분노의 강도가 중간 정도를 넘지 않는다. 기능적 분노는 자신이나 타인이 미래에 동일한 피해를 입지 않도록 예방하는 적응적이고 문제해결적인 행동을 하도록 인도하며 자신과 타인의 기능을 불필요하게 손상시키지 않는다.

반면에 역기능적 분노는 빈도, 강도, 지속기간에 있어서 과도한 수준으로 나타난다(Deffenbacher & McKay, 2000). 역기능적 분노는 타인의 부당한 행동이나 상황보다 개인의 비합리적 신념과 비현실적인 기대에 의해서 유발되는 경향이 있다. Ellis(1977; Ellis & Dryden, 1987) 에 따르면, 격노나 격분과 같은 강한 분노는 비합리적인 신념과 높은 관련성을 지닌다.

역기능적 분노는 과도하게 적대적이고 공격적인 형태의 사회적 표현 을 유발함으로써 부적응적인 문제를 초래하게 된다(서수균, 2004). 분노를 유발한 상황의 문제해결을 방해할 뿐만 아니라 동일한 피해를 예방할 수 있는 적응적인 행동을 오히려 위축시킨다. 이처럼 조절되지 않은 형태의 공격적 행동으로 표출되는 역기능적 분노는 통제되지 않은 분노(uncontrolled anger) 또는 공격적 분노(aggressive anger)라고 지칭되기도 한다. 또한 역기능적 분노는 과도한 불쾌감과 신체적 흥분 상태를 유발하고 분노와 관련된 반추적인 사고를 촉발함으로써 개인의 신체적, 심리적 기능을 손상시킨다(DiGiuseppe, 1995).

역기능적 분노는 다양한 상황에서 쉽게 분노를 경험하는 개인적인 성향, 즉 특성 분노(trait anger)와 관련되는 것으로 여겨지고 있다. 특성 분노를 지닌 사람들은 명백하게 피해를 입은 특정한 상황에서만 분노를 경험하는 것이 아니라 다양한 상황에서 빈번하게, 그리고 강렬하게 분노를 경험하게 된다. 이러한 분노는 타인과 상황에 의해서 유발되기보다 개인의 심리적 성향에 의해서 유발된 것이라고 할 수 있다.

그러나 특정한 상황에서 경험하는 분노가 기능적인 것인지 역기능적인 것인지를 판단하는 일은 쉽지 않다. 현재까지 기능적 분노와 역기능적 분노를 명확히 구분할 수 있는 합의된 기준은 존재하지 않는다. 여러 학자들의 견해를 종합하면, 특성 분노가 높고 비합리적인 신념이 강한 사람일수록 역기능적 분노를 나타낼 가능성이 높다(서수균, 2004).

2. 분노, 어떻게 경험되는가

사회적 정서인 분노는 경험과 표현이라는 두 단계의 심리적 과정을 통해서 타인에게 전달된다. 분노는 불만과 적개심을 내면적으로 경험하는 과정과 공격행동을 통해서 외부적으로 표현하는 과정으로 구성된 심리적 현상이다. 분노는 공격행동을 통해 외부적으로 표현되는 경우가 많지만, 분노를 경험했다고 해서 항상 공격행동으로 표현되는 것은 아니다. 속으로는 심한 분노를 느끼지만 겉으로는 상대방에게 화를 내지 않거나 오히려 미소를 짓는 경우처럼, 분노의 경험과 표현은 서로 다른 심리적 과정을 통해서 결정된다.

분노는 어떤 심리적 과정을 통해서 경험되는 것일까? 분노를 비롯한 인간의 정서는 진화과정에서 형성된 생물학적 기반을 지니고 있지만 주로 인지적 평가의 결과로 발생한다. Lazarus(1981)에 따르면, 정서는 인지적 평가의 산물이다. 분노를 연구하는 대부분의 심리학자들은 분노의 경험에 인지적 요인이 깊이 개입한다는 데에 동의하고 있다. 갑작스런 명백한 위협에 반사적으로 분노감정을 느끼는 경우도 있지만, 인간사회에서 경험하는 대부분의 분노는 타인의 행동과 상황에 대한 인지적 평가에 의해서 유발된다.

1) 분노경험의 심리적 과정

분노는, 대부분의 정서가 그러하듯이, 사건 자체보다 사건에 대한 생각, 즉 의미부여에 의해서 유발된다. 우리는 어떤 사건을 접하면 그 의미를 해석하게 된다. 사건의 의미가 명확한 경우에는 반사적으로 특정한 정서가 경험되지만, 모호한 사건의 경우에는 내면적으로 복잡한 해석과정이 일어난다. 이러한 해석과정이 매우 신속하고 자동적으로 일어나기 때문에 우리의 의식에 잘 자각되지 않는 경우가 많다. 인지치료의 창시자인 Beck(1976)은 이렇게 자동적으로 처리되고 신속하게 마음속을 지나가기 때문에 잘 자각되지 않는 사고를 자동적 사고(automatic thoughts)라고 불렀다. 이러한 자동적 사고는 우리의 정서와 행동을 결정하는 중요한 심리적 요인이 된다. 이처럼 정서체험에 영향을 미치는 사고과정은 크게 의미추론과정과 의미평가과정으로 구분할 수 있다(권석만, 2003; Lazarus, 1981).

의미추론과정은 사건의 의미를 추론하는 일차적인 심리적 과정이다. 특정한 사건이 발생하게 된 원인에 대해 추론하거나 특정한 행동을 한 사람의 내면적 의도를 파악하는 일이 의미추론과정에서 이루어지는 일이다. 이러한 의미추론과정에서 인지적 오류를 범하여 그 의미를 현저하게 과장하거나 왜곡하게 되면, 실제 사건에 비해서 강렬한 정서를 경험하게 된다.

의미평가과정은 의미추론과정에서 파악된 의미의 긍정성과 부정성을 평가하는 과정이다. 즉 특정한 의미로 해석된 타인의 행동이 자신에게 어떤 영향을 미치는지에 대해서 평가하는 과정을 뜻한다. 이러한 의미평가과정에서는 개인이 지니고 있는 신념이나 기대와의 비교가 일어나게 되며, 그 결과에 따라서 타인에 대한 정서가 결정된다.

2) 의미추론과정

인간은 이 세상 모든 것에 의미를 부여하고 의미를 만들어내는 존재다. 인간은 일상생활에서 부딪치는 모든 사건에 대해서 나름대로 의미를 부여한다. 타인이 한 말이나 행동에 대해서 그 의미를 추론하게 된다. 예를 들어 한 친구가 모호한 미소를 지으며 눈을 찡긋했다면, 그 행동의 의미와 친구의 의도가 무엇인지를 생각하게 된다. 이렇듯이 타인이 보인 행동이나 상황이 의미하는 바를 생각하는 과정이 의미추론과정이다. 즉 "상대방의 저런 언행은 무슨 의미인가?", "상대방이 지금 나에게 어떤 메시지를 전달하는 것일까?", "어떤 의도로 저런 행동을 하는 것일까?"와 같은 물음에 응답하는 과정이다. 특정한 사건이 발생하게 된 원인에 대해 추론하거나 특정한 행동을 한 사람의 내면적 의도를 파악하는 일이 의미추론과정에서 이루어지는 일이다. 이렇게 추론된 의미의 내용이 특정한 정서를 결정하게 된다. 다양한 정서 중 특히 분노를 유발하는 의미부여를 '분노촉발사고'라고 한다.

(1) 분노촉발사고

분노촉발사고(anger triggering thoughts)는 특정한 상황에 대한 개인의 의미부여로서 주로 '타인이 나를 손상시키려 했다'는 내용의 생각을 뜻한다. Lazarus(1991)에 따르면, 분노촉발사고의 핵심주제는 '나와 나의 것에 대한 비하적인 공격'이다. 이처럼 분노는 타인의 행동이 자존감이나 자기 가치감을 위협했을 뿐만 아니라 이러한 위협은 부당하거나 잘못되었다는 의미해석에 의해서 촉발된다. Beck(2000)은 특정한 상황에 대해서 '부당하다'는 해석이 결정적으로 분노를 일으킨다고 주장한다. 상대방의 부당한 행동이 의도적인 것이라고 여겨지거나 그러한 해석에 대한 확신이 강할수록 더 강한 분노를 느끼게 된다.

　서수균(2004)은 한국의 대학생들을 대상으로 분노를 느끼게 만든 타인의 행동에 부여한 의미를 조사했다. 그에 의하면, 대학생들은 다음과 같은 세 가지의 의미를 부여한 행동에 대해서 분노를 경험했다. 그 첫째는 "상대방이 나를 배려, 이해, 존중해주지 않는다"는 의미부여다. 즉 타인의 행동이 이기적이고 자기중심적이며 일방적이라는 부정적인 평가를 뜻한다. 둘째는 "상대방의 행동이 규범에 어긋난 것이거나 나에게 피해를 주었다"는 해석이다. 상대방이 상식에 어긋나는 잘못된 행동을 했다는 부정적인 평가를 말한다. 마지막은 "상대방이 나를 무시, 모욕을 하거나 거부했다"는 해석으로서 자존감에 상처나 위협이 되었다는 내용이었다. 이러한 결과는 타인의 행동이 자신의 자존감을 부당하게 훼손하고 있다고 지각할 때 분노가 경험된다는 것을 보여준다.

(2) 인지적 오류: 의미추론과정의 왜곡

의미추론과정에서 도출된 해석내용은 객관적인 것일 수도 있고 주관적으로 왜곡된 것일 수도 있다. 인간관계에서 일어나는 사건들은 그 객관적인 의미를 분명하게 확인하기가 어렵다. 상대방에게 직접 물어본다 하더라도 상대방이 자신의 진정한 의도를 밝힌다는 보장이 없기 때문이다. 이렇게 상대방이 나타낸 행동의 의미를 추론하는 과정에서 다양한 오류가 개입될 수 있다. 역기능적 분노는 의미추론과정에서의 오류, 즉 과장과 왜곡에 의해서 촉발되는 경우가 흔하다. 예컨대 피해의식을 가진 사람들은 타인의 중립적 행동을 악의적인 것으로 오해하거나 그러한 행동을 의도적인 것으로 왜곡함으로써 역기능적 분노를 경험하게 된다.

역기능적인 정서반응을 나타내는 사람들은 현실을 부정적인 방향으로 과장하거나 왜곡하여 해석하는 경향이 있다. Beck은 생활사건의 의미를 해석하는 과정에서 범하게 되는 인지적 오류(cognitive error)의 유형을 다음과 같이 제시하였다(권석만, 2013; Beck, Rush, Shaw, & Emery, 1979).

흑백논리적 사고(all or nothing thinking)는 생활사건의 의미를 이분법적인 범주 중의 하나로 해석하는 오류를 말하며 이분법적 사고

(dichotomous thinking)라고 불리기도 한다. 예를 들어 다른 사람의 반응을 '호의적인 것' 아니면 '적대적인 것'으로 해석하거나 '칭찬' 아니면 '비판'으로 받아들이며 그 중간의 회색지대를 생각하지 못하는 경우이다.

과잉일반화(overgeneralization)는 특수한 상황의 경험으로부터 일반적인 결론을 내리고 무관한 상황에도 그 결론을 적용시키는 오류이다. 예를 들어 상대방이 '내가 어떻게 행동하든지', '어떤 상황에서나', '항상' 자신을 무시한다고 생각하는 것은 과잉일반화에 속한다.

정신적 여과(mental filtering)는 특정한 사건과 관련된 일부의 정보만 선택적으로 받아들여 그것이 마치 전체를 의미하는 것으로 잘못 해석하는 오류를 의미한다. 상대방의 여러 가지 행동 중에서 자신에 대한 부정적 반응에만 선택적으로 주의를 기울여 자신을 비난한 것으로 평가하고 분노하는 경우가 그 예다.

의미확대와 의미축소(minimization and maximization)는 어떤 사건의 의미나 중요성을 실제보다 지나치게 확대하거나 또는 축소하는 오류를 말한다. 화를 잘 내는 사람의 경우 부정적인 일의 의미는 크게 확대하고 긍정적인 일의 의미는 축소하는 잘못을 범하는 경향이 있다. 예를 들어 친구가 자신에게 한 칭찬은 별 뜻 없이 듣기 좋으라고 한 말로 의미를 축소하는 반면, 친구가 자신에게 한 비판은 평소 친구의 속마음을 드러낸 중요한 일이라고 그 의미를 확대하여 받아들인다.

개인화(personalization)는 자신과 무관한 사건을 자신과 관련된 것으로 잘못 해석하는 오류를 말한다. 예를 들어 길거리를 걸어가면서 벤치에 앉아 있는 사람들의 웃음소리를 듣고 자신의 외모나 행동거지를 비웃는 것이라고 받아들이고 화를 내는 경우가 이에 해당한다.

잘못된 명명(mislabelling)은 사람의 특성이나 행위를 기술할 때 과장되거나 부적절한 명칭을 사용하여 기술하는 오류를 뜻한다. 예를 들어 상대방의 행동을 과장하여 '그는 나를 죽이려 했다', '그 사람은 악마다' 라고 부정적인 명칭으로 부과하는 것이다.

이 밖에도 충분한 근거 없이 다른 사람이 악의적인 마음을 자신을 해치려 했다고 제멋대로 추측하고 단정하는 독심술(mind-reading)의 오류, 마치 미래에 일어날 일을 예언하듯이 단정하고 확신하는 예언자 (fortune telling)의 오류, 현실적인 근거 없이 막연히 느껴지는 자신의 감정에 근거하여 결론을 내리는 감정적 추리(emotional reasoning)와 같은 인지적 오류가 있다.

3) 의미평가과정

우리는 다른 사람의 행동이 의미하는 바를 파악하고 나면, 그 의미가 자신에게 미치는 영향을 평가하게 된다. 다른 사람의 행동이 자신에게 이로운 것인지 해로운 것인지, 자신이 수용할 수 있는 것인지 수용하기 어려운 것인지를 평가하게 된다. 의미추론단계에서 파악된 의미의 긍정성과 부정성을 평가하는 과정이 의미평가과정이다. 의미평가과정 은 사건에 대해 '좋다─나쁘다'의 판단을 내리는 과정이다. 의미추론과 정이 특정한 사건에 대한 사실판단에 관여하는 과정인 반면, 의미평가 과정은 그 사건의 의미에 대한 가치판단 또는 선악판단의 과정이라고 할 수 있다. 이러한 의미평가과정이 중요한 이유는 타인에 대한 정서를 결정하는 핵심적인 심리적 과정이기 때문이다(권석만, 2003).

(1) 기대와의 비교

의미평가는 어떤 기준과의 비교를 통해서 이루어진다. 평가기준은 우리가 인간관계에 임할 때 지니는 기대를 의미한다. 개인이 자신, 타인, 세상에 대해서 지니고 있는 신념이나 기대가 의미평가의 기준으로 작용하게 된다. 충분히 예상했던 결과에 대해서는 특별한 감정반응을 보이지 않지만, 기대하지 못했던 부정적인 결과가 나타났을 때 격렬한 정서반응을 나타내게 된다. 이처럼 현실에서 충족되기 어려운 비현실적 신념과 과도한 기대를 지니고 살아가는 사람들은 분노를 경험할 가능성이 높다. 자신이 특별한 대접을 받아야 한다고 기대하는 특권의식을 지닌 사람들이나 타인과 세상에 대해서 지나치게 완벽주의적이고 높은 도덕적 기준을 지닌 사람들은 더 자주 강한 분노를 느끼게 된다.

Beck(1976, Beck et al., 1979)이나 Ellis(1958, 1962)와 같은 인지치료자들에 따르면, 역기능적 분노를 경험하는 사람들은 현실 속에서 충족되기 어려운 당위적이고 절대적이며 완벽주의적인 신념과 기준을 지니고 있다. Ellis(1962)에 의하면, 대인관계에서 부적응을 경험하는 사람들은 "나는 언제나 타인과의 관계에서 ~해야 한다" 또는 "타인은 항상 나에게 ~해야 한다"라는 절대적인 명제 형태의 신념과 기대를 지니고 있다고 한다. 이처럼 "~해야 한다" 또는 "~해서는 안 된다"라는 당위적인 명제 형태의 신념을 자신이나 타인에게 부과하고, 그러한 신념에 어긋나는 결과가 발생하면 그것을 재난적인 것으로 평가하여 역기능적인 분노를 경험하게 된다.

(2) 비합리적 신념

Ellis(1962)에 따르면, 인간이 역기능적 분노를 나타내는 주요한 원인은 비합리적 신념(irrational beliefs)이다. 비합리적 신념은 "반드시 ~해야 한다(musts, shoulds)"라는 절대적이고 완벽주의적인 당위적 요구의 형태를 띠고 있으며 세 가지의 범주, 즉 자신, 타인, 세상에 대한 당위적 사고로 구분될 수 있다.

첫째는 자신에 대한 당위적 요구(self-demandingness)로서 스스로 자기 자신에게 현실적으로 충족되기 어려운 과도한 기대와 요구를 부과하는 것이다. 그 대표적인 예는 "나는 다른 사람들로부터 특별한 대우와 존중을 받아야 한다", "나의 자존심은 어떤 경우든 훼손되어서는 안 된다", "내 자존심을 손상시키는 행위는 결코 용납해서는 안 된다", "나는 모든 일에서 성공해야 한다"와 같은 신념이다. 이러한 비합리적 신념과 기대는 타인으로부터 충족되기 어렵기 때문에 분노를 촉발하게 된다.

둘째는 타인에 대한 당위적 요구(other-demandingness)로서 개인이 타인에 대해서 지니는 과도한 기대인 동시에 암묵적으로 타인이 그러한 기대에 따르도록 요구하는 것이다. 그 대표적인 예는 "사람들은 항상 나를 존중해야 한다", "진정한 친구라면 항상 내편을 들어줘야 한다", "그렇지 않으면 나쁜 사람이며 징벌을 받아야 한다"와 같은 신념이다. 이러한 과도한 기대와 신념은 필연적으로 실망, 좌절, 배신과 같은 마음의 상처를 유발할 뿐만 아니라 타인에 대한 분노, 적개심, 폭력을 초래하게 된다.

마지막 세 번째는 세상에 대한 당위적 요구(world-demandingness)로서 우리가 살아가는 사회뿐만 아니라 자연에 대한 비현실적인 기대를 의미한다. 예컨대 "우리 사회는 항상 공정하고 정의로워야 한다", "세상은 항상 내가 원하는 방향으로 돌아가야 한다", "자연은 결코 우리에게 부당한 피해를 주어서는 안 된다", "그렇지 않은 사회나 세상은 혐오스러우며 참을 수 없다"와 같은 신념을 뜻한다. 이러한 비현실적인 신념을 지닌 사람들은 자신의 기대처럼 움직이지 않는 사회나 세상에 대해서 분노를 느끼게 된다.

비합리적 신념은 우리 자신과 타인, 그리고 세상에게 비현실적인 것을 과도하게 요구함으로써 우리의 삶을 고통스럽고 불행한 것으로 몰아가게 된다. Ellis는 이러한 절대적이고 당위적인 신념이 정서적 문제의 근원이라고 보았다. 정신분석학자인 Homey 역시 '당위적 요구의 폭정(tyranny of shoulds)'을 신경증의 핵심이라고 보았다. 이러한 당위적 요구는 인간의 본성적인 비합리성에 기인할 뿐만 아니라 사회적 환경으로부터 주입된 것이다. 인간은 누구나 어느 정도의 비합리적 신념을 지니고 있으며, 이러한 신념의 현실성과 합리성을 재평가하지 않은 채 행동하거나 스스로에게 계속 주입함으로써 강화될 수 있다. 비합리적 신념은 꾸준한 노력과 훈련을 통해서 변화될 수 있다. Ellis(2000)에 따르면, "인간은 누구나 어느 정도의 당위적 요구를 지니고 태어나며 길러진다. 따라서 오직 꾸준한 노력을 통해서만 이러한 당위적 요구를 '건강한 소망'으로 바꿀 수 있다."

이상에서 살펴보았듯이, 정서는 사건의 의미를 추론하고 평가하는 인지적 과정에 의해서 경험된다. 특히 분노는 타인의 행동이 자신에게 피해와 손상을 초래했다는 의미부여에 의해서 촉발된다. 또한 타인의 행동이 부당한 것이며 결코 용납할 수 없는 것이라고 평가되었을 때 더욱 강한 분노가 유발된다. 이러한 의미부여과정에 비합리적 신념과 인지적 오류가 관여하게 되면 사건의 의미를 부정적인 방향으로 과장하거나 왜곡함으로써 역기능적 분노를 초래하게 된다. 이러한 심리적 과정을 도식적으로 제시하면 〈그림 2〉와 같다.

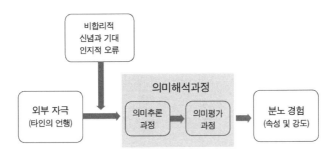

〈그림 2〉 분노 경험에 이르는 심리적 과정

의미추론과정과 의미평가과정은 사실상 거의 동시에 일어나며 서로 영향을 주고받는 매우 밀접한 사고과정이지만 분노의 경험에 각기 다른 역할을 담당한다. 어떤 모임에서 한 친구가 모호한 웃음을 지어보인 상황을 예로 두 사고과정의 역할을 살펴보자. 〈그림 3〉에 제시되어 있듯이, 그 웃음이 무엇을 의미하는지에 대한 의미추론과정에서 "나를 좋아한다는 표시"라고 받아들일 수도 있고 "나를 비웃는 것"으로 해석할 수도 있다. 전자의 경우에 의미평가과정에서 "좋아한다는 표시는 당연한 것"으로 평가하면 약한 유쾌감이 경험될 것이다. 그러나 "그 친구가 나에게 웃음으로 호의를 전하다니 뜻밖의 좋은 일"이라고 평가하게

되면 강한 유쾌감을 느끼게 될 것이다. 또한 "나를 비웃는 것"이라고
해석한 후자의 경우에도 의미평가에 따라 결과적 감정이 크게 달라질
수 있다. 예컨대 "나를 비웃는 것은 불쾌하지만 그 친구는 원래 누구에게
나 냉소적인 사람이니 그럴 수도 있는 일"이라고 평가하게 되면 약한
불쾌감을 느끼게 되겠지만, "나를 비웃다니 도저히 있을 수 없는 일"이라
고 평가하면 강한 분노감정을 느끼게 될 것이다. "나를 비웃는 것은
당연하다. 오늘 모임에서 내가 바보 같은 짓을 많이 했으니 비웃음을
받아 마땅하다"라고 평가했다면 분노보다는 자괴감이나 자책감을 느끼
게 될 것이다. 이처럼 어떤 사건에 동일한 의미를 부여하더라도 그
의미를 어떻게 평가하느냐에 따라 결과적 감정이 현저하게 달라질
수 있다(권석만 2003).

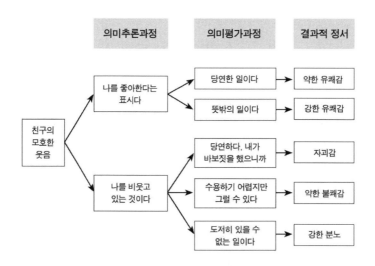

〈그림 3〉 의미추론과정과 의미평가과정에 따른 결과적 정서경험

4) 분노를 잘 느끼는 사람의 특성

역기능적 분노의 특징 중 하나는 다양한 상황에서 빈번하게 부적절한 분노를 강하게 경험하는 것이다. 다른 사람이라면 그다지 분노를 느끼지 않을 상황에서 강한 분노를 빈번하게 경험하는 것이다. 이처럼 분노를 잘 느끼는 사람들의 심리적 특징을 '특성 분노'라고 한다.

Spielberger(1980)는 분노를 상태 분노와 특질 분노로 구분했다. 상태 분노(state anger)는 특정한 상황에서 일시적으로 분노를 느끼는 심리상태를 뜻하는 반면, 특성 분노(trait anger)는 개인이 일상생활에서 분노를 자주 강하게 경험하는 경향성으로서 상태 분노를 자주 경험하는 사람의 성격 특성을 의미한다. 특성 분노가 높은 사람은 분노가 촉발되는 역치가 낮아서 사소한 자극에도 쉽게 분노를 경험할 뿐만 아니라 질투, 후회, 미움, 혐오와 같은 부정 정서를 잘 느끼는 경향이 있다(서수균, 2004; Siegman & Smith, 1994; Spielberger, Krasner, & Solomon, 1988).

특성 분노는 비합리적 신념과 밀접한 관련성을 지닌다. Ellis(1977)에 따르면, 분노를 잘 느끼는 사람은 비합리적인 신념체계를 지니고 있으며 다음과 같은 네 유형의 비합리적인 사고를 통해서 단계적으로 부정 정서를 강하게 경험하게 된다(권석만, 2015).

그 첫째는 절대적인 당위(absolutistic shoulds)로서 앞에서 설명한 당위적 요구를 의미한다. 분노를 잘 느끼는 사람은 자신, 타인, 세상에 대해서 비현실적인 과도한 기대를 나름대로 만들어서 그것을 일방적으로 부과할 뿐만 아니라 반드시 지키도록 요구한다. 이것은 마치 스스로 다양한 계율을 만들어 자신뿐만 아니라 타인에게 일방적으로 강요하는 폭군의 행위와 같은 것이라고 할 수 있다. 이러한 당위적 요구는 다음과 같은 비합리적 사고과정을 통해서 역기능적인 분노를 유발하게 된다.

두 번째의 비합리적 사고는 파국화(awfulizing)다. 이것은 당위적 요구가 충족되지 않았을 때 그러한 현실의 결과를 과장되게 해석하는 것이다. 예컨대 "진정한 친구라면 항상 내 편을 들어주어야 한다"라는 당위적 요구와 달리, 친구가 상대편을 지지하는 경우에 "이것은 심각한 배신행위다", "도저히 있을 수 없는 끔찍한 일이다"라고 과장되게 해석하여 생각하는 것이다.

셋째는 좌절에 대한 낮은 인내력(low frustration tolerance)으로서 당위적 요구가 좌절된 상황을 참을 수 없다고 생각하는 비합리적 사고를 의미한다. 흔히 "나는 이런 상황을 도저히 참을 수 없다(I-can't-stand-it)"는 형태의 사고로 나타난다. 예컨대 자신을 도와주지 않은 친구의 배신행위는 "도저히 참을 수 없다", "이런 일을 그냥 참고는 살 수 없다"고 생각하는 것이다. 좌절에 대한 인내력은 커다란 개인차를 나타내는 심리적 특성이다.

마지막 넷째는 타인에 대한 질책(damming others)이다. 당위적 요구를 충족시키지 못한 타인은 사악한 존재이며 비난과 처벌을 받아야 한다는 비합리적인 사고를 뜻한다. 예컨대 자신의 편을 들어주지 않은 친구에 대해서 "배신행위를 하다니 몹쓸 인간이다", "그는 이제부터 내 친구도 아니며 비난받아 마땅하다", "내가 당한 아픔을 몇 배로 갚아주겠다"고 생각하는 경우다. 이러한 사고는 타인에 대한 분노, 비판, 경멸, 공격행동으로 이어지게 된다.

이처럼 자신, 타인, 세상에 대한 비합리적 신념을 많이 지니고 인지적 오류를 통해서 타인의 행동을 부정적으로 과장하거나 왜곡하는 사람들은 분노를 잘 느끼게 된다. 이 밖에도 자존감이 낮아서 타인의 평가에 예민한 사람, 신경과민성이 높아서 사소한 고통이나 좌절에 쉽게 스트레스를 받는 사람, 과거의 심리적 상처와 해소되지 않은 분노를 지닌 사람, 타인에 대해서 불신을 지닌 사람, 특권의식이 있어서 타인으로부터 특별한 대우를 받아야 한다고 기대하는 사람들은 일상생활에서 분노를 빈번하게 경험할 수 있다.

3. 분노, 어떻게 표현되는가

분노는 공격행동으로 표현된다. 그러나 분노를 경험했다고 해서 반드시 공격행동으로 표현되는 것은 아니다. 또한 공격행동을 나타낸다고 해서 반드시 내면에 분노가 있는 것도 아니다. 분노는 공격행동의 충분조건이 아닐 뿐만 아니라 필요조건도 아니다. 분노가 외부적으로 표현되는 방식은 매우 다양하다. 분노는 직접적인 공격행동으로 표출될 수도 있지만 간접적인 우회적 방법으로 표현될 수도 있고, 때로는 외부적으로 표현되지 않은 채 억제될 수도 있다.

1) 분노의 표현방식

분노가 표현되는 방식은 매우 다양하다. 상대방을 째려보기, 상대방과 말하지 않기, 언어적으로 따지며 공격하기, 신체적으로 공격하기, 다른 사람에게 상대방을 비난하며 왕따 시키기, 마음속으로 상대방을 비난하며 저주하기, 상대방이 추구하는 일을 수동-공격적으로 방해하기, 다른 대상에게 화풀이하기, 상대방과 대화하며 사과 받아내기, 상대방과 소통하며 문제 해결하기, 상대방을 설득하여 문제행동 교정하기, 분노를 내려놓고 용서하기 등과 같이 다양하다. Tangney, Wagner, Gavlas와 Gramzow(1991)은 분노상황에서의 반응을 다음과 같이 분류했다. ⑴ 직접적인 공격(신체적 공격, 언어적 공격, 상징적 공격), ⑵ 간접적 공격(제3자에게 비방하기, 상대방의 중요한 물건 손상시키기), ⑶ 대치된 공격(사람이 아닌 대상이나 다른 사람에게 화풀이하기), ⑷ 자기 공격하기(자책하기나 자해하기), ⑸ 분노를 안으로 삭이기, ⑹ 회피/분산적 행동(즐거운 일 찾기, 상황 피하기, 무시하기, 과소평가하기), ⑺ 인지적 재평가하기(자기나 타인의 행동을 다른 방식으로 재해석하기), ⑻ 적응적 행동하기(조절된 행동으로 문제해결을 시도하기).

분노의 표현방식은 매우 다양하지만 크게 세 유형, 즉 분노표출, 분노억제, 분노통제로 구분할 수 있다(Spielberger et al., 1985). 분노표출(anger-out)은 분노를 느끼면 겉으로 드러내는 것으로서 화난 표정을 지어보이는 것, 욕설을 내뱉는 것, 말다툼이나 과격한 공격행동을 하는 것이다. 분노억제(anger-in)는 분노를 느끼지만 이를 겉으로 드러내지 않는 채 속으로 참는 것으로써 말을 하지 않거나 사람을 피하면서 울분을 삼키며 속으로 상대방을 비판하는 경우다. 분노통제(anger-control)는 분노를 인식하면서 진정시키기 위해서 다양한 방략을 구사하는 것으로서 냉정을 유지하고 상대방과의 갈등을 해결하려고 노력하는 것이 대표적인 예이다.

일반적으로 분노표출과 분노억제는 역기능적인 분노표현으로 간주되는 반면, 분노통제는 기능적인 분노표현으로 분류된다(Biodeau,

1992; Thich, 2001). 역기능적 분노표현은 다양한 신체질환과 정신장애에 영향을 미치는 것으로 보고되고 있다. 분노표출이나 분노억제가 강한 사람들은 심장혈관계나 소화계 질환을 많이 보였으며, 분노억제가 강한 사람들은 우울감과 절망감을 많이 나타내고 자살 위험성도 높았다(김교헌, 2000; 서수균, 2004; Zaitsoff, Geller, & Srkameswaran, 2002).

2) 분노표현의 심리적 과정: 대처결정과정

분노가 행동으로 표현되는 심리적 과정은 복잡하다. 우선, 분노를 경험하면 상대방에게 보복하고 싶은 공격충동이 유발된다. 이러한 공격충동이 외현적 행동으로 표현되는 데에는 대처결정과정이라는 심리적 과정이 개입된다.

　Lazarus(1981)는 정서가 경험되고 표현되는 과정에 인지적 평가가 중요하다고 주장하면서 이러한 평가과정을 일차적 평가와 이차적 평가로 구분했다. 그에 따르면, 일차적 평가(primary appraisal)는 개인이 추구하는 목표와 관련지어 사건의 의미를 평가하는 과정으로서 정서경험에 영향을 미치는 반면, 이차적 평가(secondary appraisal)는 상황에 효과적으로 대응하기 위한 대처방법을 평가하는 과정으로서 대처행동에 영향을 미친다.

　일차적 평가를 통해 분노를 경험하면 상대방에게 보복하고 싶은 공격충동이 유발되는데, 이러한 공격충동을 '어떻게 처리할 것인가?', '어떻게 표현할 것인가?'에 대해서 생각하는 과정이 대처결정과정이다. 〈그림 4〉에 제시되어 있듯이, 대처결정과정은 자신이 동원할 수 있는 대처자원을 평가하는 과정과 여러 가지 대처방법 중에서 최선의 것을 선택하는 과정으로 구분될 수 있다.

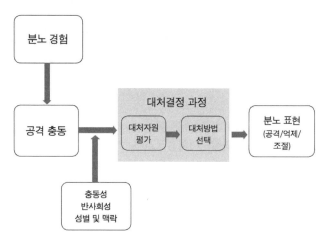

〈그림 4〉 분노의 표현을 위한 대처결정과정

(1) 대처자원 평가과정

분노와 공격충동의 대상을 어떻게 공격할 것인가? 우리는 공격행동을 결정하기 전에 자신이 지니고 있는 대처자원을 고려한다. 대처자원 (coping resources)은 자신이 상대방을 공격하기 위해 동원할 수 있는 신체적, 물질적, 심리적, 사회적 자원을 뜻한다. 예를 들어 배신한 친구에게 분노를 느끼는 사람은 그 친구를 공격하여 보복하고 싶을 것이다. 이때 어떻게 분노를 표현할 것인가를 결정하기 위해 자신이 사용할 수 있는 자원을 고려하게 된다. 자신의 신체적 힘과 싸움의 기술, 언어구사 능력과 논쟁의 기술, 사회적 지위나 경제력, 지원을 받을 수 있는 주변의 인물이나 사회적 세력 등을 평가하게 될 것이다.

다른 대처자원에 비해서 자신의 신체적 힘이 상대방보다 우월하다고 평가하는 사람은 신체적 공격을 선택하게 될 것이며, 언어적 논쟁능력이 탁월하다고 평가하는 사람은 상대방에게 언어적 공격을 하게 될 것이다. 대처자원이 적은 사람은 공격방법이 제한되는 반면, 대처자원이 많은 사람은 상대방을 공격할 수 있는 대처방법이 다양해진다.

분노는 대인관계나 조직사회에서 흔히 경험되는 부정 정서로서 사회적 지위나 권력이 대처결정과정에 강력한 영향을 미친다. 높은 지위나 강한 권력을 지닌 사람들은 분노를 표현할 수 있는 대처자원이 풍부한 사람들이다. 따라서 자신보다 낮은 지위에 있는 사람들에게 공격충동을 주저 없이 직접적이고 강력한 행동으로 나타낼 수 있다. 이러한 행동이 우리 사회에 회자되고 있는 소위 '갑질' 행동이라고 할 수 있다. 반면에, 지위가 낮은 사람들은 공격할 만한 대처자원이 부족하기 때문에 분노를 억제하거나 수동공격적인 표현방식을 선택하게 된다. 특히 상대방의 부당한 행동에 대해서 자신의 분노를 표출하지 못한 채 억제해야만 하는 서비스 직종의 종사자들은 '감정노동'에 시달리게 된다.

그러나 대처자원에 대한 평가는 주관적인 것이다. 강렬한 분노상태에서는 자신과 상대방의 대처자원에 대한 왜곡이 발생할 수 있다. 분노상태에서는 자신이 정당하며 우월하다고 생각하는 사고성향이 나타나게 된다. 분노하는 사람은 누구나 자신의 분노가 정당하다는 믿는 동시에 자신이 도덕적으로 우월하다고 생각한다. 따라서 자신은 상대방을 공격할 권리를 지니며 다른 사람들도 자신을 지지할 것이라고 생각한다. 또한 강렬한 분노상태에서는 상대방에게 보복을 가하고 싶은 강력한 충동으로 인해서 자신의 대처자원은 과대평가하는 반면,

상대방의 대처자원은 과소평가하는 낙관적인 편향적 사고가 나타난다. 아울러 공격행동으로 인해서 결과적으로 초래될 자신의 피해보다 상대방이 입게 될 피해에 초점을 맞추게 된다. 자신의 공격으로 인하여 상대방이 치명적인 피해를 입고 괴로워하는 모습을 상상하는 것은 매우 달콤하고 유혹적이기 때문에 자신이 입게 될 심각한 피해가 있더라도 충분히 감수할 수 있다는 생각을 하게 된다. 대처결정과정에서 나타나는 이러한 편향적 사고는 무모한 공격행동을 유발하여 분노의 역기능적 표현을 초래하게 된다.

(2) 대처방식 선택과정

대처자원에 대한 평가가 이루어지면, 자신이 동원할 수 있는 대처자원을 사용하여 상대방을 공격하는 다양한 방법을 고려하고 그 중에서 가장 효과적인 방법을 선택하여 실행에 옮기게 된다. 이러한 사고과정이 대처방식 선택과정으로서 분노표현을 위한 여러 대처방안(coping option)의 장·단점과 그 결과에 대한 평가가 이루어진다. 배신한 친구에게 분노를 표현하고자 하는 경우 여러 가지 대처방안이 고려될 수 있다. 예컨대 신체적 폭력을 사용하는 방법, 언어적으로 분노를 표현하는 방법, 다른 친구들에게 그 친구의 배신행위를 폭로하는 방법, 주변사람들을 동원하여 그 친구를 고립시키는 방법 등을 고려할 수 있다. 또한 각각의 방법으로 분노를 표현했을 경우에 예상되는 효과와 부담에 대해서 평가한다. 이러한 평가에 따라 가장 효과적이고 가장 부담이 적은 대처방법을 선택하게 되는 것이다. 즉 상대방에게 가장 치명적인 피해를 입혀 최대의 고통을 주는 대신, 자신은 가장 적은 비용을 부담하고 가장 적은 피해가 예상되는 방법이 최종적인 대처행동으로 결정되는 것이다.

그러나 분노표현에는 상대방을 직접적으로 공격하는 것 외에 매우 다양한 방법이 존재한다. 분노에 대처하는 다양한 방식은 크게 두 가지 방식, 즉 정서초점적 대처와 문제초점적 대처로 구분할 수 있다 (Lazarus, 1981).

정서초점적 대처(emotion-focused coping)는 분노라는 불쾌감정을 해소하기 위한 다양한 대처노력을 의미한다. 그 첫째는 정서적 발산으로서 분노를 적극적으로 표출하여 불쾌감정을 감소시키는 방식이다. 상대방에게 소리를 지르며 싸우거나 다른 사람에게 상대방을 비방하며 분노를 호소하는 것이 그 예다. 둘째는 주의전환으로서 다른 일에 주의를 돌림으로써 불쾌감정을 잊으려는 노력을 말한다. 예컨대 분노를 경험할 때 운동을 하거나 드라마를 봄으로써 기분의 변화를 시도하는 방법이 이에 속한다. 셋째는 인지적 재구성으로서 갈등상황의 중요성이나 그 의미를 재해석함으로써 분노를 감소시키는 방법이다. 넷째는 반추로서 불쾌감정과 그 당시 상황을 자꾸 반복해서 생각하는 것을 의미하는데, 이 방법은 불쾌감정을 지속시키거나 악화시키는 것으로 알려져 있다. 이 밖에도 상대방에게 보복하는 장면을 상상하기, 상대방이 불행해지도록 기원하기 등의 방법이 있다.

문제초점적 대처(problem-focused coping)는 갈등이 발생한 문제의 해결을 위한 대처노력을 의미한다. 즉 갈등이 발생한 원인을 분석하고 그 원인을 변화시켜 갈등을 해결하고자 하는 현실적이고 직면적인 대처방식을 말한다. 만약 자녀양육의 역할분담 문제를 상의하면서 배우자와의 의견대립으로 분노를 경험한 경우라면, 의견대립의 원인을 생각해보고 배우자와 다시 대화하면서 서로 한발씩 양보하여 갈등을 해소하거나 또는 다른 사람의 중재를 구하여 서로 납득할 수 있는 해결책을 강구하는 것이 문제초점적 대처의 한 예라고 할 수 있다. 문제초점적 대처는 자신이 문제해결이나 상황변화를 유도할 수 있다고 생각하는 경우에 선택하게 된다.

분노에 대처하는 방식은 그 유형에 따라 분노감정을 해소하고 현실적인 갈등상황을 완화하는 정도가 다르다. 또한 분노가 유발된 갈등상황에 따라 대처방식의 효율성도 달라진다. 분노의 표현방식에 따라서 갈등상황이 완화될 수도 있고 오히려 악화될 수도 있다. 분노는 여러 가지 적응적 기능을 지니지만 다른 사람과의 관계를 악화시킴으로써 장기적인 비용을 초래하게 된다. 따라서 분노를 조절하여 적절하게 표현하는 것은 성장과정에서 배워야 할 매우 중요한 발달과제다. 개인은 그가 속한 문화에서 분노를 언제, 누구에게, 어떻게 표현해야 수용될 수 있는지에 관한 '표현규칙(display rules)'을 배워야 한다. 분노를 조절하지 못하거나 적절하게 표현하지 못하는 것은 개인의 대인관계를 훼손할 뿐만 아니라 신체질환과 정신장애를 유발할 수 있다.

3) 분노를 잘 표출하는 사람의 특성

분노를 경험하면 즉시 과격한 공격행동으로 표출하는 사람들이 있다. 역기능적 분노를 지닌 사람들은 분노를 쉽게 경험할 뿐만 아니라 과격한 공격행동으로 표출하여 주변사람들과의 갈등을 확대하거나 심화시킨다. 특히 충동성이나 반사회성과 같은 성격특성을 지닌 사람들은 분노를 공격행동으로 잘 표출하는 경향이 있다.

(1) 충동성

충동성(impulsivity)은 신중한 고려 없이 내면적인 욕구나 충동을 행동으로 표출하는 심리적 성향을 뜻한다. 충동성은 유전적인 요인에 의해 영향을 받는 것으로 알려지고 있으며, 다음과 같은 세 가지의 심리적 특성을 나타낸다(Evenden, 1999). 첫째, 주의(attention)의 측면에 있어서 한 가지 주제에 오래 집중하지 못하고 쉽게 싫증을 느낀다. 둘째, 운동(motor)의 측면에 있어서 빨리 행동으로 옮기려는 경향을 지닌다. 어떤 생각이나 충동을 내면적으로 유지하지 못하고 빨리 외현적 행동으로 나타내어 긴장을 해소하려는 성향을 나타낸다. 마지막으로, 인지(cognition)의 측면에 있어서 단계적인 추론보다 전반적 인상에 근거한 직관적인 사고를 하며 미래에 대한 계획을 세우지 못하는 경향이 있다.

Whiteside와 Lynam(2001)은 충동적인 사람들의 심리적 특성을 치밀하게 분석하여 충동성의 5요인 모델을 제시한 바 있다. 그 첫째는 긍정적 긴급성(positive urgency)으로서 긍정적인 정서를 느낄 때 서둘러 행동을 하려는 경향이다. 둘째는 부정적 긴급성(negative urgency)으로서 부정적인 기분을 느낄 때 역시 서둘러 행동을 하려는 성향을 지닌다. 이러한 두 가지 요인은 정서조절과 관련된 특징이라고 할 수 있다. 충동적인 사람들은 긍정적이든 부정적이든 강렬한 정서를 천천히 음미하지 못하고 즉각적인 행동으로 표출하려는 경향을 지닌다. 셋째는 사전계획의 결여로서 충동적인 사람들은 행동하기 전에 치밀하게 계획을 세우지 못할 뿐만 아니라 자신의 행동이 어떤 결과를 초래할지를 예상하지 못한다. 넷째로 이들은 인내심의 부족으로 인해서 한 가지 과제를 끝까지 수행하여 완수하지 못한다. 마지막은 감각추구 성향으로서 충동적인 사람들은 과격한 행동을 통해서 쾌감과 스릴을 경험하려는 경향을 지닌다.

(2) 반사회성

반사회성(anti-sociability)은 사회의 법과 도덕을 지키지 않으며 폭력적이고 무책임한 행동을 반복적으로 나타내는 성격특성을 뜻한다. 대부분의 사회는 타인의 권리와 이익을 존중하고 특히 폭력을 억제하도록 권장하는 윤리적 규범을 지니고 있다. 반사회성을 지닌 사람들은 이러한 규범을 무시할 뿐만 아니라 자신의 이익과 쾌락을 위해서 타인의 권리와 감정을 무시하는 경향이 있다.

반사회성이 높은 사람들은 어린 시절부터 폭력을 비롯한 무단결석, 규칙위반, 거짓말 등과 같은 반사회적 행동을 나타내는 경향이 있다. 특히 이들은 강한 분노와 적대감을 자주 느끼며 공감능력이 결여되어 있어 과격한 공격행동을 나타내기 쉽다. 또한 충동적이고 호전적이어서 육체적인 싸움을 자주 하고 폭력을 휘두르며 배우자나 자녀를 구타하기도 한다. 이들은 자신을 과대평가하고, 양육강식의 사고방식을 지니고 있으며, 타인에게 상처를 입힌 후에도 자신의 행동을 합리화하기 때문에 자신의 행동에 대해서 자책하거나 후회하지 않는 경향이 있다.

반사회성은 흔히 폭력이나 범죄행위와 연결될 수 있으며 심각한 경우에는 반사회성 성격장애로 발전할 수 있다. 잔인한 폭력을 일삼고 살인행위까지 저지르지만 죄책감을 느끼지 못하는 '사이코패스'가 극단적인 반사회성을 나타내는 사람들이다. 반사회성과 정신병질 (psychopathy)는 유사한 성격특성을 의미하지만 학술적으로는 구별되는 개념이다.

(3) 공격성의 성차

전반적으로 남자는 여자에 비해서 더 공격적이다. 또한 남자와 여자는 공격성을 표현하는 방식에 있어서 차이를 나타낸다. 남자는 직접적이고 물리적 방식으로 공격성을 표출하는 반면, 여자는 간접적이고 사회적인 방식으로 공격한다. 여자는 대안적 공격(alternative aggression)을 선호한다. 서로 치고받고 놀려대며 소란스러운 소년들과 달리, 소녀들은 상대방과 직접 맞서지 않고 그의 자존감이나 사회적 위치를 겨냥한다. 이러한 소리 없는 공격의 대부분은 친밀한 관계망 내에서 따돌림의 형태로 일어난다. 친구들과 온갖 비밀을 교환하는 소녀들에게 있어서 관계적 공격은 상대방에게 치명적 상처를 입힐 수 있다. 이미 3세경부터 여자아이는 남자아이보다 관계적 공격방식을 더 많이 나타내고 아동기가 되면 이러한 차이가 굳어진다. 이러한 사실은 신체적 또는 관계적 공격방식이 남자와 여자에게 선천적으로 유전되는 것이라는 추측을 낳게 한다(권석만 2015).

공격행동에 대한 남녀의 차이는 진화과정을 통해서 형성된 것으로 여겨지고 있다. 진화과정에서 남자는 먹이를 수집하고 위협을 물리치는 사냥꾼과 전사의 역할을 담당한 반면, 여자는 자녀를 낳아 기르는 양육자의 역할을 담당했다. 이러한 성역할이 공격행동에 있어서 남자와 여자의 차이를 유발했을 것으로 추정되고 있다. 남자는 생존을

위한 것이든 번식을 위한 것이든 투쟁을 해야 하기 때문에 공격적이어야
성공할 수 있었다. 반면에 여자는 싸움에서 이기는 짝을 선택하고
그 짝의 부양과 보호를 받으며 자식을 낳아 기르면 되므로 수동적이고
온순해야 번식에 성공할 수 있었다.

(4) 맥락적 요인

분노를 공격행동으로 표현하는 데에는 여러 가지 맥락적 요인이 영향을
미친다. 우선, 공격충동을 느끼는 상대방이 어떤 사람이냐에 따라
분노표현이 달라질 수 있다. 상대방이 자신보다 높은 지위와 강력한
권력을 지닌 경우에는 분노표현이 억제된다. 반면에 상대방이 자신보
다 낮은 지위의 약한 존재인 경우에는 분노가 쉽게 공격행동으로 표현될
수 있다. 높은 지위와 강한 권력을 지닌 사람들 또는 주관적으로 그러하
다고 생각하는 사람들은 분노를 공격행동으로 잘 표출할 수 있다.
양순하던 사람이 사회적 지위가 올라가면서 공격적으로 변하거나 직장
에서는 상사에게 고분고분한 사람이 가정에서는 폭군처럼 행동하는
이유가 여기에 있다.

분노표현에 대한 도덕적, 문화적 요인이 공격행동을 촉진하거나
억제할 수 있다. 예컨대 욕설이나 비속어를 통한 분노의 언어적 표현이
수용되는 청소년집단이나 분노의 육체적 공격행동이 흔히 일어나는
폭력배 집단에서는 언어적, 육체적 공격행동이 촉진될 수 있다. 반면에
인권에 대한 의식이 높고 부당한 공격행위가 비도덕적이고 불법적인
문제로 여기지는 집단이나 문화에서는 분노의 표현이 억제될 것이다.

이 밖에도 사회적 기술(social skill)이 부족한 사람들은 분노를 자주

느낄 뿐만 아니라 과격한 행동으로 표출할 수 있다. 사회적 기술은 자신이 원하는 바를 다른 사람에게 효과적으로 전달하는 의사소통, 정서표현, 자기주장의 다양한 사회적 행동을 말한다. 자신의 분노를 상대방에게 순화된 언어로 적절하게 표현하는 기술이 부족한 사람은 분노를 공격적인 폭력행동으로 표출할 가능성이 높다. 또한 자신이 원하는 바를 적절하게 요청하는 자기주장 기술이 부족한 사람들은 분노를 자주 느낄 뿐만 아니라 억압해온 분노를 강력한 폭력적 형태로 표출할 수 있다.

4. 분노, 어떻게 삶을 파괴하는가

분노는 다양한 적응적 기능을 지닌다. 분노는 자기방어와 환경통제를 위한 적응과정을 조절할 뿐만 아니라 목표성취를 위해 방해물을 극복하도록 돕는다(Izard & Kobak, 1991; Saari, Campos, Camras, & Witherington, 2006). 이러한 적응적 기능에도 불구하고, 분노는 타인과의 관계를 소원하게 만들거나 갈등을 유발함으로써 장기적인 비용을 치르게 된다. 특히 역기능적인 분노는 중요한 사람과의 대인관계를 악화시킬 뿐만 아니라 정신장애와 신체질병을 유발하고 사회적 갈등과 분쟁을 강화시킴으로써 자신과 타인의 삶을 파괴하게 된다.

1) 분노의 악순환 과정

역기능적 분노는 대부분의 경우 외부의 상황적 요인보다 개인의 내면적 요인에 의해서 촉발된다. 앞에서 살펴보았듯이, 자신과 타인에 대한 비합리적인 신념과 기대를 지닌 사람들은 타인의 말과 행동을 부정적인 의미로 해석하는 경향이 있다. 의미를 추론하고 평가하는 과정에서 다양한 인지적 오류를 범함으로써 타인의 언행이 자신의 자존감과 이익을 침해하는 것으로 과장하고 왜곡하게 된다. 그 결과, 실제적 자극의 강도에 비해서 현저하게 강렬한 분노를 빈번하게 경험하게 된다.

특히 역기능적 분노는 과격한 공격행동으로 표출됨으로써 자신과 타인의 삶에 악영향을 미친다. 건강한 삶을 위해서는 분노를 잘 조절된 행동으로 표현하여 타인과의 갈등을 원만하게 해결하는 것이 중요하다. 이러한 과정에서 자신의 대처자원을 객관적으로 잘 평가하여 효과적인 대처방식을 신중하게 선택하는 것이 필요하다. 그러나 충동성과 반사회성이 높은 사람들은 분노로 인한 공격충동을 조절하지 못하고 공격적인 폭력행동으로 표출하는 경향이 있다.

공격행동으로 표출된 분노는 대부분의 경우 타인의 분노를 촉발시킨다. 그 결과, 공격행동을 주고받는 보복의 악순환에 빠져들게 됨으로써 정서적 대립과 갈등이 심화되어 불행한 결과를 초래하게 된다. 이처럼 분노가 역기능적으로 경험되고 표현되어 악순환으로 빠져드는 심리적 과정이 〈그림 5〉에 제시되어 있다. 이러한 역기능적 분노의 악순환은 개인의 삶을 파괴할 뿐만 아니라 집단이나 국가 간의 갈등을 심화시켜 테러나 전쟁과 같은 비극적인 결과를 초래할 수 있다.

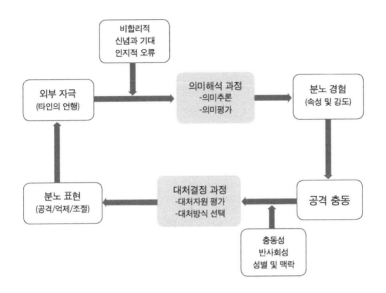

〈그림 5〉 역기능적 분노의 악순환 과정

2) 분노와 대인관계

분노는 대인관계에서 가장 빈번하게 경험되는 부정 정서일 뿐만 아니라 대인관계에 가장 강력한 영향을 미치는 부정 정서이기도 하다. 대부분의 대인관계 갈등은 분노에 의해서 유발되고 악화된다. 특히 분노가 조절되지 않은 채 공격적인 과격한 행동으로 표출되었을 때 대인관계에 파괴적인 영향을 미치게 된다. 이러한 공격행동은 갈등과 싸움으로 비화되어 보복의 악순환 과정을 통해 대인관계를 악화시킨다.

특히 분노는 가족갈등을 심화시키는 주된 원인이다. 가족 이외의 대인관계에서는 분노로 인한 갈등이 심화되면 관계가 소원해지거나 단절된다. 그러나 같은 공간에서 거주하는 가족 간의 분노와 갈등은 구성원 모두에게 지속적인 영향을 미친다는 점에서 심각한 문제가 된다. 특가 분노가 공격행동으로 표출되는 가정폭력은 매우 심각한 영향을 미친다. 가정에서 분노가 극단적인 형태로 표출되는 것은 가족 구성원의 정신장애, 특히 정신분열증을 유발하는 원인이 된다는 연구 결과도 보고되고 있다(Hooley, 1985). 특히 부부간의 분노와 해결되지 못한 갈등은 가정의 파탄과 이혼을 초래하게 된다.

분노를 자주 느끼고 공격행동으로 표출하는 사람은 자신이 불행해질 뿐만 아니라 주변사람들을 불행하게 만든다. 타인의 행동에 대한 불만과 분노를 자주 경험하는 사람들은 주변사람과 잦은 갈등을 경험하게 되면서 분노를 자주 강하게 경험함으로써 스스로 불행감을 느끼게 된다. 또한 역기능적 분노를 표현하는 사람은 다른 사람들이 회피하기 때문에 점진적으로 고립된다. 분노는 행복의 가장 중요한 원천인 대인 관계를 훼손함으로써 갈등과 고립의 불행에 빠져들게 하는 주된 원인 이다.

3) 분노와 정신장애

역기능적 분노는 정신장애와 밀접하게 관련되어 있다. 분노, 특히 깊은 심리적 상처와 해소되지 못한 울분은 여러 정신장애를 유발하는 원인이 되기도 하고, 때로는 정신장애의 증상으로 분노와 공격행동이 나타나기도 한다.

대표적인 정신장애 분류체계인 DSM-5(American Psychiatric Association, 2013)에 따르면, 다양한 정신장애가 분노와 관련된다. 아동이나 청소년의 경우에는 분노와 공격행동을 주된 증상으로 하는 파괴적 기분조절곤란 장애, 주의력 결핍/과잉행동 장애, 적대적 반항장애,

품행장애가 있다. 성인기의 정신장애로는 간헐적 폭발성 장애, 반사회성 성격장애를 위시한 다양한 성격장애, 정신분열증, 양극성 장애 등이 있다(권석만, 2013).

(1) 아동기와 청소년기의 정신장애

파괴적 기분조절곤란 장애(disruptive mood dysregulation disorder)는 아동기나 청소년기에 나타나는 장애로서 자신의 불쾌한 기분을 조절하지 못하고 분노행동으로 표출하는 것이 주된 특징이다. 이 장애를 지닌 아동들은 만성적인 짜증을 나타낼 뿐만 아니라 간헐적으로 심한 분노를 폭발하는 행동을 나타낸다.

주의력 결핍/과잉행동 장애(attention-deficit/hyperactivity disorder)는 현저하게 주의가 산만하고 부산한 행동을 나타내며 충동적인 행동을 나타내는 장애다. 이 장애를 지닌 아동은 충동성으로 인해서 분노나 좌절을 공격적이고 반항적인 행동으로 표출하여 가정과 학교에서 많은 문제를 유발한다.

적대적 반항장애(oppositional defiant disorder)는 어른에게 거부적이고 적대적이며 반항적인 행동을 지속적으로 나타내는 경우를 뜻한다. 이 장애는 세 가지의 핵심증상, 즉 분노하며 짜증내는 기분, 논쟁적이고 반항적인 행동, 복수심으로 이루어져 있다. 적대적 반항장애를 지닌 아동들은 화를 잘 내고 어른의 요구나 규칙을 무시하며 어른에게 논쟁을 통해 도전하고 고의적으로 타인의 기분을 상하게 하거나 귀찮게 한다. 자신의 실수나 잘못에 대해서 다른 사람을 비난하고 심술을 잘 부리며 복수심이 강하여 타인을 괴롭히는 경향이 있다.

청소년기에 흔히 나타나는 품행장애(conduct disorder)는 폭력, 방화, 도둑질, 거짓말, 가출 등과 같이 난폭하거나 무책임한 행동을 통해 타인을 고통스럽게 하는 행위를 주된 특징으로 한다. 품행장애를 지닌 청소년들은 공격적인 반사회적 행동으로 약자를 괴롭히고 폭력을 남발하거나 잔인한 행동을 나타낸다. 또한 어른에게 반항적이고 적대적이며 다른 사람의 소유물이나 공공기물을 파괴하는 행동을 나타내기도 한다.

(2) 성인기의 정신장애

간헐적 폭발성 장애(intermittent explosive disorder)는 공격충동을 조절하지 못하고 심각한 파괴적 행동을 간헐적으로 나타내는 경우를 말한다. 이 장애를 지닌 사람은 언어적 공격행동과 더불어 재산파괴와 신체적 공격을 포함하는 폭발적 행동을 반복적으로 나타낸다. 간헐적 폭발성 장애를 지닌 사람은 마치 발작을 하듯이 폭발적인 행동을 나타내는데, 공격행동을 하고 나서 후회하며 곤혹해 한다. 이러한 행동으로 인하여 직업 상실, 학교적응의 곤란, 이혼, 대인관계의 문제, 사고, 입원, 투옥 등의 문제가 초래되기도 한다.

반사회성 성격장애(antisocial personality disorder)는 사회의 규범이나 법을 지키지 않으며 무책임하고 폭력적인 행동을 반복적으로 나타내어 사회적 부적응을 초래하는 경우를 말한다. 이 성격장애를 지닌 사람들은 자신의 쾌락과 이익을 위해서 수단과 방법을 가리지 않기 때문에 폭력, 절도, 사기와 같은 범죄행동을 반복하여 법적인 구속을 당하는 일이 흔하다. 충동적이고 호전적이어서 육체적인 싸움을 자주

하고 폭력을 휘두르며 배우자나 자녀를 구타하기도 한다.

경계선 성격장애(borderline personality disorder)는 강렬한 애정과 분노가 교차하는 불안정한 대인관계와 충동성을 특징적으로 나타내는 성격장애를 말한다. 이러한 성격장애를 지닌 사람은 사랑하는 사람이 자신을 버리고 떠나가는 것을 두려워하기 때문에 늘 함께 있거나 애정을 지속적으로 표현해줄 것을 요구한다. 이러한 요구가 좌절되면 상대방에게 강렬한 분노를 표출하거나 자해나 자살과 같은 극단적인 행동을 나타낸다.

편집성 성격장애(paranoid personality disorder)는 타인에 대한 강한 불신과 의심을 지니고 적대적인 태도를 나타내어 사회적 부적응을 나타내는 성격특성을 말한다. 이러한 성격장애를 지닌 사람은 타인의 동기를 악의적인 것으로 해석하고 반복적인 불평, 격렬한 논쟁, 공격적인 행동을 나타내기 때문에 주변 사람들과 지속적인 갈등과 불화를 나타낸다.

자기애성 성격장애(narcissistic personality disorder)는 자신에 대한 과장된 평가로 인한 특권의식을 지니고 자기중심적인 행동을 나타내어 사회적인 부적응을 초래하는 경우를 뜻한다. 이러한 성격장애를 지닌 사람들은 다른 사람으로부터 자신에 대한 칭찬과 특별대접을 기대하기 때문에 그렇지 못할 경우에 분노를 자주 느끼며 상대방을 무시하거나 공격하는 행동을 나타낼 수 있다.

이 밖에도 다양한 정신장애가 역기능적 분노와 연관되어 있다. 환각과 망상을 비롯하여 현실왜곡 증상을 나타내는 심각한 정신장애를 지닌 사람들은 부적절한 분노와 공격행동을 나타낼 수 있다. 조현병調鉉

病이라고 불리는 정신분열증(schizophrenia)을 지닌 사람들은 타인이 자신을 비난하는 내용의 환청을 듣거나 누군가가 자신을 해치려 한다는 망상으로 인해서 타인에게 부적절한 분노와 공격행동을 나타낼 수 있다. 또한 조울증으로 불리는 양극성 장애(bipolar disorder)는 조증과 우울증이 번갈아 나타나는 장애로서, 특히 조증 상태에서 충동성으로 인해서 부적절한 공격행동을 나타낼 수 있다.

4) 분노와 범죄 및 사회적 갈등

분노는 폭력과 살인을 비롯한 범죄뿐만 아니라 다양한 사회적 갈등을 유발하는 주된 원인이기도 하다. 분노를 조절하지 못하고 과격하게 표출한 공격행동이 폭행과 살인에 이르는 범죄행위로 이어지게 된다. 구성원이 분노를 많이 느끼는 사회는 위험하다. 누적된 분노가 다양한 공격행동과 범죄행위로 표출될 수 있기 때문이다.

분노는 개인 간의 불화뿐만 아니라 집단 간의 갈등을 심화시킬 수 있다. 현재 한국사회에서도 다양한 이해집단 간의 갈등이 첨예하게 나타나고 있다. 보수와 진보의 이념갈등, 정치권의 여야갈등, 기업에서의 노사갈등, 양극화의 심화로 인한 계층갈등이 우리 사회를 불안정하게 만드는 주요한 원인이 되고 있다. 집단 간의 입장 차이를 건강한 대화와 합리적인 협상을 통해 해결하지 못한 채 상대방에 대한 불신과 적대감, 그리고 극렬한 대립과 투쟁으로 인해서 우리 사회에 분노가 확산되고 있다.

세계적으로는 국가, 종교, 종족 간의 갈등이 악화되고 있다. 기독교와 이슬람교 간의 종교적 갈등은 극렬한 분노와 공격행동을 유발하여

세계무역센터 테러, 이라크 전쟁, IS의 출현과 테러행위로 이어지고
있다. 이 밖에도 미국과 중국 간의 패권경쟁, 여러 지역에서의 영토분
쟁, 무역불균형으로 인한 경제적 갈등, 흑백 인종갈등과 종족분쟁은
국가, 종교, 인종 간의 분노와 적개심을 증가시켜 세계적인 불안요인이
되고 있다. 많은 사람의 생명을 앗아가는 전쟁은 분노가 초래한 가장
비극적인 결과라고 할 수 있다.

5. 분노, 어떻게 다스릴 것인가

분노, 특히 역기능적 분노는 자신과 타인을 파괴하는 독毒이다. 건강한
삶을 위해서는 불필요한 분노를 경험하지 않을 뿐만 아니라 분노를
조절된 형태로 잘 표현하는 것이 중요하다. 심리학자들은 역기능적
분노를 치료하기 위한 다양한 방법을 개발하고 그 효과를 과학적으로
검증하는 노력을 기울이고 있다.

1) 분노에 대한 심리치료

대부분의 심리적 부적응과 정신장애는 역기능적 분노와 연결되어 있
다. 따라서 역기능적 분노를 완화하여 극복하도록 돕는 것은 심리치료
자의 중요한 과제 중 하나다. Beck와 Fernandez(1998)는 지난 20년간
이루어진 분노에 대한 치료성과와 연구결과를 종합적으로 평가하는
메타분석을 실시했다. 그 결과, 다른 치료에 비해서 분노를 치료하는
데에는 인지행동치료가 가장 효과적인 것으로 나타났다. 분노를 치료
하는 인지행동치료는 인지적 재구성, 이완훈련, 대인기술 훈련의 세

가지 요소로 구성되어 있다(서수균, 권석만, 2005c).

(1) 인지적 재구성

인지적 재구성(cognitive restructuring)은 역기능적 분노를 경험하는 사람들의 비합리적 신념과 인지적 왜곡을 교정하는 것이다. 이를 위해서 개인의 분노경험에 관여하는 비합리적인 신념과 인지적 오류를 구체적으로 찾아내고 이러한 신념과 사고의 타당성을 검토하게 한다. 효과적인 논의와 토론을 통해 좀 더 합리적인 신념과 현실적인 사고로 전환하도록 돕는다. 이러한 인지적 재구성을 통해서 개인은 현실적인 신념과 기대를 지니고 일상생활에 임할 뿐만 아니라 사건의 의미를 과장하거나 왜곡하지 않기 때문에 불필요한 분노를 경험하지 않게 된다. 인지적 재구성에 초점을 두는 대표적인 심리치료는 Beck의 인지치료와 Ellis의 합리적 정서행동치료다.

(2) 이완훈련

이완훈련(relaxation training)은 신체적 긴장과 정서적 흥분의 이완을 통해서 격앙된 분노감정을 완화시키고 극단적인 분노표출은 조절하도록 돕는 방법이다. 분노상태에서 수반되는 신체적 긴장과 생리적 각성은 분노감정을 더욱 증폭시킬 뿐만 아니라 분노유발 상황에 대한 합리적이고 적응적인 대처를 방해한다. 긴장과 흥분을 이완시키기 위해서는 점진적인 이완훈련(progressive relaxation training)과 자율훈련(auto-genic training)을 비롯하여 심상이완법, 호흡법, 체계적 둔감법과 같은 다양한 방법이 사용된다.

(3) 대인기술 훈련

대인기술 훈련(interpersonal skill training)은 분노를 유발하는 대인관계 상황에 적절히 대처하고 분노를 조절된 형태로 표현하는 사회적 기술을 습득시키는 방법이다. 대인기술의 부족은 분노를 포함하여 다양한 심리적 문제를 유발하는 원인 중 하나다. 대인기술 훈련의 목적은 개인이 원하는 목표를 효과적으로 성취할 수 있도록 새로운 행동을 학습시키는 것이다. 그 대표적인 예로는 자기주장 훈련, 정서표현 훈련, 의사소통 훈련, 사회적 기술훈련 등이 있다. 대인기술 훈련에서는 대인관계 상황에서 자신의 생각, 감정, 바람을 적절하게 표현하거나 주장하는 기술뿐만 아니라 상대방에게 수용될 수 있는 언어적, 행동적 기술을 교육하고 훈련시키는 데 초점을 두고 있다(Masters, Burish, Hollon, & Rimm, 1987).

2) 분노를 다스리는 10가지 방법

인간의 삶에서 분노는 피할 수 없는 위험한 감정이다. 분노를 잘 다스리는 것은 우리의 삶을 건강하고 행복하게 영위하기 위한 필수적 조건이다. 불필요한 분노경험을 최소화함으로써 괴로움에서 벗어나는 동시에 역기능적인 분노표현을 조절함으로써 타인과 원만한 관계를 유지하는 것이 중요하다. 분노를 다스리는 다양한 방법을 10가지로 요약하여 제시하면 다음과 같다.

(1) 분노의 감정을 자각한다

분노를 다스리는 첫걸음은 분노하는 자신의 마음을 바라보는 것이다.

자신이 분노하고 있음을 자각하는 것이다. 평상심을 잃고 격앙된 분노 감정을 느낄 때 이 순간을 자각하며 자신의 마음을 바라보는 것이다. 그러나 분노로 격앙된 상태에서는 자신이 입은 피해와 상대방에 대한 보복에 온 마음이 집중되기 때문에 자신의 마음을 바라볼 여유를 갖기 어렵다. "호랑이에게 물려가도 정신만 차리면 살 수 있다"는 말이 있다. 분노감정에 휩싸여 공격충동을 느낄 때가 바로 호랑이에게 물려가는 순간이다. 이 순간에 정신을 차리면 분노의 악순환에 빠지지 않고 살아날 수 있다. 분노감정에 함몰되지 않는 것이 중요하다. 이런 점에서 마음챙김은 분노조절의 관건이라고 할 수 있다. 분노하는 마음을 그저 바라보는 것만으로도 분노감정은 현저하게 완화될 수 있다.

(2) 흥분을 이완한다

분노를 경험하게 되면 신체적으로 흥분할 뿐만 아니라 정서적으로 격앙된다. 분노를 조절하기 위해서는 몸의 흥분과 마음의 격앙을 완화 시키는 것이 중요하다. 몸과 마음의 관계가 밀접하듯이, 마음이 흥분하 면 몸도 흥분하고 몸이 이완되면 마음도 이완된다. 근육의 긴장을 이완시키거나 심호흡을 통해 호흡을 안정시키면 심리적 흥분이 완화된 다. 몸과 마음의 흥분상태를 자각하면서 긴장이완이나 심호흡과 같은 방법을 통해서 분노를 완화시키는 것이 중요하다.

(3) 분노의 정당성을 살펴본다

자신이 느끼는 분노가 정당한 것인지 살펴본다. 자신을 분노하게 한 사건의 의미를 부정적으로 과장하거나 왜곡한 것은 아닌지 자신의

사고과정을 점검하는 것이다. 앞에서 설명한 바 있는 의미추론과정과
의미평가과정을 점검하는 것이다. 이것은 인지적 재구성의 가장 핵심
적인 작업으로서 다음과 같은 질문을 스스로에게 던지는 것이다.

- 내가 과연 사건의 의미를 객관적으로 받아들이고 있나?
- 사건의 의미를 과장하거나 왜곡하고 있지는 않은가?
- 상대방의 의도를 부정적인 것으로 매도하고 있는 것은 아닐까?
- 다른 사람(예: 존경하는 사람)은 이 상황을 어떻게 받아들일까?
- 이 상황을 달리 해석할 수는 없을까?

이러한 물음을 자신에게 던지고 대답하는 과정에서 분노를 촉발하는
사고가 약화된다. 그러나 심한 분노를 느끼는 사람들은 여전히 자신의
분노가 정당하다고 느낄 수 있다. 예컨대 아무리 생각해보아도 상대방
이 의도적으로 자신을 무시했다는 것이 명백하다고 생각할 수 있다.
이러한 경우에는 다음과 같은 2단계의 질문을 던질 수 있다.

- 그가 나를 무시했다고 하자. 그 사실에 나는 왜 흥분하고 분노하는가?
- 그가 나를 무시했다고 해서 나의 인간적 가치가 추락하는가?
- 나는 어느 누구에게도 무시당하지 않을 만큼 완벽한 존재인가?
- 무시당했다는 사실이 나의 어떤 신념이나 기대와 충돌하는가?
- 타인에 대한 나의 신념과 기대는 과연 현실적이고 합리적인 것인가?

대부분의 경우 분노는 자신의 비현실적인 기대와 과장된 해석에

의해서 생겨난 것이다. 우리 자신의 마음을 자세히 들여다보면 우리는 참으로 터무니없는 기대를 지니고 살아간다. 이러한 기대를 알아차리고 좀 더 유연한 현실적인 생각으로 변화시키면 불필요한 분노를 피할 수 있다.

(4) 분노를 효과적으로 표현한다

분노가 항상 비현실적인 기대와 인지적 왜곡에 의해서 유발되는 것은 아니다. 정당한 분노를 느낄 수 있다. 그러나 정당한 분노라 하더라도 부적절하게 표현하면 역기능적 분노가 될 수 있다. 중요한 것은 분노를 효과적으로 표현하여 자신이 원하는 바를 성취하는 것이다. 부당한 상황을 바로잡기 위해서 분노를 어떻게 표현하는 것이 최선인지를 심사숙고하는 것이다. 이 과정이 바로 분노의 대처결정과정으로서 자신의 대처자원을 찾아보고 최선의 대처방법을 선택하는 것이 중요하다. 분노의 효과적 표현을 위해서 다음과 같은 질문을 스스로에게 던질 수 있다.

- 이 상황에서 어떻게 대처하는 것이 지혜로운 방법일까?
- 상대방을 공격하며 보복한다면 어떤 결과가 초래될까?
- 어떻게 행동하는 것이 내가 추구하는 목표를 성취하는 데 도움이 될까?
- 상대방과의 관계를 손상시키지 않으면서 내가 원하는 것을 얻는 방법은 무엇일까?

복수의 유혹은 매우 강렬하며, 복수의 열매는 매우 달콤하다. 그러나 복수는 또 다른 복수를 유발함으로써 분노의 화살이 자신에게 향해지는 결과를 낳는다. 분노를 공격행동으로 표출하는 것은 대부분의 경우 더 불행한 결과를 초래한다. 달라이 라마는 부당하게 자신의 조국을 침공하여 국민을 억압하고 있는 중국정부에 대해서 어떤 감정을 느끼고 있을까? 이러한 상황에서 달라이 라마는 어떻게 행동해야 할까? 자신과 티베트 국민이 원하는 궁극적인 목표를 성취하기 위해서 과연 어떤 대처방법이 가장 지혜로운 것일까? 달라이 라마가 총을 들고 테러를 자행하지 않는 이유가 있을 것이다.

(5) 갈등을 유발한 문제해결을 위해 노력한다

분노를 유발한 문제를 명확히 밝혀내어 이를 현실적으로 해결하는 것이 중요하다. 문제를 해결하지 않은 채로 남겨두는 것은 반복적으로 갈등과 분노를 유발할 수 있기 때문이다. 문제를 해결하고자 할 때는 해결책을 발견하는 것뿐만 아니라 문제해결을 위해 상대방과 논의해나가는 과정이 매우 중요하다. 문제해결을 위한 논의과정에서 또 다른 분노와 갈등이 유발될 수 있기 때문이다. 문제에 대한 서로의 입장 차이를 확인하고 각자가 원하는 바를 명확히 한 후에 최선의 절충방안을 찾는다. 그러나 당사자 모두가 합의할 수 있는 해결방안을 단기간에 찾지 못할 수도 있다. 문제가 즉시 해결되지 않는다고 해서 자책하거나 상대방을 비난하지 않으며, 인내심을 유지하고 문제해결을 위해 꾸준히 노력하는 것이 중요하다.

(6) 상대방과 효과적으로 의사소통한다

분노상태에서는 쉽게 결론을 지으며 사고가 비약하는 경향이 있다. 이런 상태에서 내린 결론은 대부분의 경우 부적절하거나 극단적이다. 만약 분노상태에서 열띤 논쟁을 하고 있다면, 함부로 단정하거나 결론을 내리지 말고 생각의 속도를 늦추는 것이 바람직하다. 특히 마음에 떠오르는 첫 번째의 생각을 말하지 않는 것이 중요하다. 분노상태에서 효과적인 의사소통이 이루어지지 않는 이유는 성급한 결론을 통해 상대방을 비난하기 때문이다. 누구나 비난을 받게 되면 방어적 자세를 취하고 반격하게 된다.

그 대신 마음을 느긋하게 하며 상대방의 말을 주의 깊게 경청하려고 노력해야 한다. 상대방의 주장하는 것의 기저에 깔린 의도를 이해하는 것이 중요하다. 대부분의 경우 자신이 존중받지 못하고 사랑받지 못해 화가 난다는 메시지를 전하고 있다. 인내심 있게 심호흡을 하면서 질문을 통해 상대방의 마음을 이해하려고 노력한다. 그러나 결코 대화가 싸움으로 확산되도록 허용해서는 안 된다. 상황이 파국으로 흘러가는 것을 막기 위해서는 냉정을 유지하는 것이 중요하다.

(7) 유머를 활용한다

유머는 분노를 완화하는 데 도움이 된다. 유머는 모든 것을 너무 심각하게 느끼지 않도록 만드는 효과를 지닌다. 분노는 심각한 감정이다. 그러나 분노는 역설적이게도 비합리적인 생각, 즉 '당신을 웃게 만드는 생각'에 의해서 유발되는 것이다. Deffenbacher와 McKay(2000)에 따르면, 분노하는 사람들의 속마음은 "모든 것이 내 뜻대로 되어야 한다"는 것이다. 마치 이 세상 모든 것을 다스리는 신이나 최고 권력자가 된 듯이 "나의 의도를 방해하는 것은 있을 수 없는 일이며, 나를 방해하는 자는 징벌해야 한다"고 생각하는 것이다. 이러한 생각이 얼마나 터무니없는 것인가? 이러한 비이성적인 생각으로 인해 자신이 화를 내고 있는 것은 어처구니없이 웃기는 일이다.

(8) 환경을 변화시킨다

대부분의 분노는 심리적인 변화를 통해서 완화될 수 있다. 그러나 특정한 환경이나 상황이 반복적으로 분노를 촉발한다면, 그러한 환경을 변화시키는 것도 한 방법이다. 예컨대 특정한 시간(예: 피곤을 느끼는 저녁시간)에 부부가 중요한 문제를 상의하다가 싸우는 경향이 있다면, 그러한 문제를 상의하는 시간을 변화시킨다. 상의가 논쟁으로 번지지 않도록 대화의 시기와 타이밍을 변화시키는 것이다. 분노를 촉발하는 상황을 일시적으로 회피하는 것도 고려해볼 필요가 있다. 규칙적인 일상생활(예: 출퇴근 시간의 교통체증)에서 분노를 반복적으로 경험한다면, 다른 대안(예: 다른 코스로의 출퇴근, 버스나 전철 이용)을 시도하는 것이 바람직하다.

(9) 분노를 내려놓고 용서한다

타인으로부터 공격을 당하거나 피해를 입을 경우 분노를 느끼며 보복하고자 하는 것은 인지상정人之常情이다. "이에는 이, 눈에는 눈"이라는 탈리오 법칙이 있듯이, 자신이 당한 대로 상대방에게 되돌려주고자 하는 것은 지극히 당연하고 자연스러운 인간의 마음이다. 그러나 인간에게는 용서라는 놀라운 행위가 존재한다. 피해를 당하고서도 가해자에게 보복하지 않을 뿐만 아니라 분노를 품지 않는 용서라는 위대한 행위가 존재한다. 용서는 가해자에 대한 분노를 자발적으로 억제하거나 해소하는 행위로서 피해자와 가해자 모두에게 긍정적인 영향을 미친다. 또한 복수의 악순환을 차단함으로써 사회적 안녕과 평화에도 기여한다. 그러나 용서는 결코 쉬운 일이 아니다. 가해자로부터 당한 상처는 쉽게 아물지 않으며, 가해자에 대한 분노는 쉽게 수그러들지 않기 때문이다.

용서는 상대방에 대한 분노감정과 보복욕구를 자발적으로 내려놓는 심리적 노력을 의미한다. 자신이 당한 피해를 반복적으로 되새기고 가해자에 대한 적개심과 원한을 지니는 것은 고통스러울 뿐만 아니라 개인의 적응에도 도움이 되지 않는다. 보복행동을 통해 원한의 감정을 충족시킨 사람들은 오히려 공허감을 느낀다. 이미 지나간 일은 조금도 돌이킬 수 없기 때문이다. 자신에게 아무런 소득이 없을 뿐만 아니라 상대방으로부터 되돌아올 보복을 예상해야 한다. 그러나 가해자에 대한 분노감정을 해소하고 그에게 새로운 기회를 주는 용서는 커다란 만족감을 주게 된다. 용서는 가해자뿐만 아니라 고통받는 모든 사람들에 대한 연민과 관대함을 의미하는 자비慈悲의 특수한 유형이라고 할 수 있다.

(10) 심리전문가의 도움을 받는다

개인적인 노력으로 역기능적 분노를 극복하기 어렵다면 심리전문가의 도움을 받는 것이 필요하다. 특히 역기능적 분노로 인해 인간관계나 중요한 삶의 영역에 심각한 문제가 발생하고 있다면 더욱 그러하다. 심리상담가 또는 정신건강전문가들은 개인의 분노를 균형적인 관점에서 공감해줄 뿐만 아니라 분노를 유발하는 심리적 과정과 대처방법을 탐색하여 좀 더 효과적인 대처방안을 발견하도록 돕는다. 타인과의 반복적인 갈등을 유발하는 개인의 분노는 흔히 어린 시절에 겪은 심리적 상처와 해소되지 못한 내면적 울분에 의한 것일 수 있다. 이러한 심리적 상처는 무의식적으로 작동하기 때문에 쉽게 자각되지 않을 수 있다. 심리전문가의 도움을 통해서 분노의 심리적 원인을 자각하여 해소할 뿐만 아니라 비합리적인 사고와 행동을 변화시킬 수 있다.

6. 승화되어야 할 분노

분노는 불화살과 같다. 사람과 사람 사이를 날아다니며 우리의 마음을 불길에 휩싸이게 만드는 불화살과 같다. 분노는 우리의 생존과 자존감을 지킬 뿐만 아니라 우리 사회를 정의로운 곳으로 변화시키기 위한 뜨거운 불길이자 강력한 원동력이 될 수 있다. 그러나 분노는 자신을 고통스럽게 만들 뿐만 아니라 타인과의 갈등과 투쟁을 증폭시켜 우리 사회를 아수라장으로 만드는 혼란과 파괴의 불길이 될 수도 있다.

분노를 잘 이해하고 다스리는 것은 개인의 행복과 사회의 안녕을 위해 매우 중요한 과제다. 분노의 순기능을 잘 활용하되 분노의 역기능을 최소화하는 것이 중요하다. 분노의 불길은 마음 밖에서 날아오기도 하지만 마음 안에서 스스로 만들어내는 것이다. 자신과 타인, 그리고 세상에 대한 허황한 믿음과 기대를 마음 가운데에 세워두고 그것에 어긋나는 현실과 마찰하면서 스스로 불길을 만들어내는 것이다.

분노를 다스리기 위해서는 회광반조迴光返照의 자세가 필요하다. 밖으로 향하는 마음의 빛을 안으로 되돌려 분노의 불길을 자세히 살펴보는 것이다. 분노의 상태에서 회광반조하는 것은 매우 어렵다. 자신의 분노가 정당하다는 믿음으로 인해서 자신의 마음을 돌아보기보다 타인의 잘못을 질책하고 공격하는 데 집착하기 때문이다.

심리학자들은 분노의 불길이 생성되는 심리적 과정을 체계적으로 밝히기 위한 노력을 기울여왔다. 알아야 보이고, 보여야 다스릴 수 있다. 분노가 어떤 심리적 과정을 통해서 자신과 타인을 고통의 불길에 휩싸이게 만드는지를 잘 이해할 필요가 있다. 나아가서 분노의 불길을 지혜롭게 다스려 창조적인 에너지로 승화시키는 것이 중요하다. 분노가 많은 이 시대에 지혜로운 마음으로 분노를 바라보며 다스리는 일은 행복한 삶과 성숙한 사회를 위해 필수적인 일이다.

뇌과학적 견지에서 보는 분노

김광기(동국대학교 일산병원 신경과 교수)

1. 뇌과학과 분노

일상생활에서 우리는 자주 분노를 느낀다. 운전을 하다가 옆 차선에 차가 앞으로 끼어들기만 해도 바로 욕이 나온다. 무척이나 길게 무더웠던 올 여름에는 특히나 더 자주 화를 내고 분노를 느끼는 일이 더 많았을 것이다. 개인적으로 본인이 위해를 당하거나, 가족이나 친한 친구가 부당한 대우를 당하고 해를 당했을 때 쉽게 분노한다. 세월호 사고가 났을 당시 죽어가는 아이들의 얼굴을 생각하며 아무것도 할 수 없는 상황 및 자신에 대한 분노가 치밀었던 기억이 필자의 머리에 생생하다. 전쟁이나 커다란 자연재해 및 사고 이후에 발생하는 외상 후 스트레스 장애 환자들에게도 분노의 감정을 쉽게 느낄 수 있다.

분노가 생기면 심장이 두근거리기 시작하는 것을 느낀다. 주먹을 불끈 쥐기도 하고, 얼굴이 상기되어 붉게 변한다. 그렇다면 우리는 어떻게 분노를 느끼게 되는 걸까? 분노를 느끼는 중심기관은 철학자 데카르트가 말했듯이 감정의 중추기관인 심장일까? 아니면 우리 뇌일까? 현대과학의 발달로 말미암아 우리는 모든 감각 및 감정의 인지와 이성적 판단이 모두 뇌에서 이루어진다는 정도의 상식은 가지고 있다. 하지만 뇌 단독으로 감정을 느끼고 반응을 하는 것이 아니라 신체에 외부 자극에 대한 뇌의 신호를 전달하고, 또 한편으로 신체의 반응을 받아들여 이를 통합 인지하는 과정을 거치게 된다.

본고에서는 분노라는 감정의 특이성과 함께 뇌과학적으로 분노감정과 관련되는 뇌영역과 신경전달물질 등에 대한 기본 지식을 바탕으로 그 발생기전을 살펴보고자 한다. 또한 분노반응이 신체에 미치는 영향 및 이로 인한 질병의 발생기전에 대해 논해보겠다. 또 한편으로 쉽게 분노하는 청소년기 뇌의 특성에 대한 이해를 돕고자 뇌과학적인 설명을 해보겠다. 그리고 최근 많은 사고나 자연재해 등으로 인해 정신적 외상을 받고 심각한 분노조절 장애 등을 보이는 외상 후 스트레스 장애에 대해 알아보겠다. 마지막으로 이러한 분노를 일상생활에서 조절하는 방법을 설명하고자 한다.

2. 분노를 조절하는 중추인 뇌와 신경 전달물질 및 그 발생기전

1) 분노를 포함하는 모든 감정을 느끼는 중추는 뇌에 있다[1]

우리 뇌는 우주의 별들과 같이 수많은 세포와 그 세포들 간의 연결망으로 이루어져 있다. 밤하늘의 별을 바라보면 우주가 신비롭다고 느낄 수 있듯이 우리 뇌의 구조를 살펴보면 참으로 오묘하다. 인간의 뇌는 대뇌와 소뇌로 구분되어 있다. 우리 뇌의 신경세포는 일반적으로 천억 개 정도라고 알려져 있으며 이를 연결하는 신경연결 접합부인 시냅스는 신경세포 당 10,000개 정도이다. 이를 수치적으로 계산해보면 현재 개발되어 있는 슈퍼컴퓨터를 능가하는 정보처리 능력을 가지고 있다고 할 수 있다. 바둑기사 이세돌과 알파고의 대결을 보면서 많은 사람들이 거대한 슈퍼컴퓨터를 상대하는 작은 인간 두뇌의 위대함을 느낄 수 있었으리라. 실제로 알파고는 1,200개의 CPU를 사용하였고, 시간당 56,000와트의 전력을 사용하였다고 한다. 이에 비해 바둑기사 이세돌은 하나의 뇌로 시간당 20와트의 전력에 해당하는 에너지를 사용하였다. 실로 인간 뇌의 신비로움과 위대함을 다시 느낄 수 있다.

　뇌에는 시시각각으로 많은 정보들이 들어와서 처리되고 있다. 안眼, 이耳,설舌,비鼻,신身의 신체 감각기관을 통한 시각, 청각, 미각, 후각, 신체감각에 해당하는 정보들이 말초의 수용체와 신경세포를 통해서 중추신경인 뇌로 전달된다. 이러한 것들 중에 일부는 의식적인 영역에서 새로운 기억을 형성하기도 하고, 인지된 정보를 바탕으로 이성적인 판단을 요구하거나 결정을 해야 하기도 한다. 외부에서의 자극과 별개로 내부에서 발생하는 자유의지를 통한 사유 및 행동을 하기도 한다. 이러한 의식적이고, 이성적인 정보처리 과정에는 좋다 혹은 싫다와 같은 본능적인 감정을 느끼고 이를 처리하는 과정이 기본이 된다.

2) 희로애락 중의 하나인 분노는 왜 일어날까

우리가 느끼는 대표적인 4가지 감정 중에 하나가 분노인데, 일상생활에서도 아주 흔히 느끼는 감정이다. 예를 들어 운전을 하고 있는데, 갑자기 옆 차선의 차가 끼어들면서 사고가 날 뻔한 상황에 부딪혔다고 가정해보자. 순간적으로 욕이 나오면서 분노가 순식간에 발생하고, 심한 경우 다툼으로까지 번지는 경우를 주위에서도 종종 볼 수 있다. 이 밖에 사소한 일로도 참지 못하고 화를 내는 경우도 많다.

분노가 생기는 원인을 열거하면 좌절감, 지속적이고 과도한 스트레스, 신체적이고 감정적인 상처, 술이나 기타 약물 중독, 과도한 호르몬의 분비, 신체 내 신경전달물질의 문제, 유전적으로 화를 잘 내는 성격, 화나 공격성을 유발하는 가족이나 문화, 뇌기능의 문제 등이다.[2]

먼저 좌절감부터 살펴보자. 자동차 사고가 크게 나서 심한 경제적 손실을 입거나 중요한 시험을 보지 못하는 경우도 있다. 또한 이번 여름처럼 무더운 날씨에 에어컨이 고장 나서 수리센터에 전화를 했는데, 수리 접수건이 밀려서 일주일을 기다려야 수리를 받을 수 있다는 답을 들었을 수도 있다. 이렇게 매일매일 우리가 해결할 수 없는 많은 일들이 벌어지고 있고, 이 때문에 매일매일 좌절감을 맛보기도 한다. 이런 상황들이 해결되지 않고 지속이 되면 우리는 점점 부정적인 느낌을 갖고, 우리 뇌는 이러한 좌절감을 주는 상황을 분노반응과 연관 짓게 된다.

두 번째로 지속적이고 과도한 스트레스도 비슷한 결과를 가져올 수 있다. 소송과 같은 법률적인 문제나 이혼과 같은 가정 문제 혹은 실업 상태 혹은 재정적인 문제 등이 지속되는 경우 우리의 면역 체계가 약화되면서 심혈관 질환이나 암과 같은 질환에 더 잘 걸리게 된다. 이렇게 과도한 스트레스가 지속되면서 코티졸과 아드레날린의 분비가 증가되어 사소한 일에도 쉽게 분노하고 집중력이 떨어진다. 한편으로 괴롭힘이나 폭력을 경험하거나 가족이나 가까운 친구를 잃는 등의 신체적, 정신적 외상이 분노를 야기하는 또 하나의 원인이 된다. 이러한 외상과 관련되는 경험이 편도와 더불어 해마에 영향을 주어 사물을 정상적으로 파악하는 데 어려움을 주게 된다. 이러한 폭력이나 사고의 피해자들은 지속적인 관계 유지를 힘들어하고 사회적으로 위축되어 관계 형성이나 유지를 피하게 되며, 본인에 대한 관리가 부실하게 된다. 이러한 과정을 거치면서 쉽게 분노하거나 폭력적인 성향을 나타내게 된다. 이 밖에도 테스토스테론 등의 호르몬이 분노반응과 관련되기도 하고, 세로토닌이나 GABA와 같은 신경전달물질이 부족하면 쉽게 분노반응이 나타나기도 한다. 한편으로 유전적으로 쉽게 분노하는 성격으로 태어나는 경우도 있다. 선척적인 경우와 다르게 후천적으로 가족이나 사회의 풍습이나 문화가 쉽게 분노를 하고 싸우는 것을 권장하는 경우도 있다. 또한 특정 뇌 부위의 기능이 떨어지거나 사고 등으로 뇌 손상을 받아서 쉽게 화를 내고 분노하는 경우도 있다. 예를 들어 교통사고로 전두엽에 손상을 받은 환자의 경우 일반적인 지능은 정상이나 쉽게 화를 내어 사회적 관계 유지가 힘든 경우가 있다. 또한 ADHD 환자의 경우에도 전두엽 기능이 저하되어 충동조절이 안 되면서 쉽게 분노하기도 한다. 만성적인 분노반응의 형태는 크게 능동형과 수동형으로 나눌 수 있다. 능동형은 겉으로 분노가 드러나서 쉽게 화를 내고 과격한 행동을 하는 것이다. 수동형은 만성적인 분노가

억제되어 있는 형태로 모든 것을 거부하고 침체되어 있어 그것이 우울증
의 형태로 나타난다.

3) 뇌 구조 중에 감정을 담당하는 부분은 어디일까?

앞서 얘기했듯이 우리 뇌는 크게 대뇌와 소뇌, 그리고 뇌줄기로 구성되
어 있다. 대뇌는 다시 크게 대뇌의 피질영역과 함께 기저핵, 시상,
시상하부, 뇌하수체, 송과선 및 변연계 등으로 구성되어 있다.

이 중 변연계는 대상이랑과 시상하부와 함께 해마와 편도가 대표적인
구조물이고, 이를 연결하는 신경회로를 포함하고 있다. 특히 해마와
편도는 아래 그림과 같이 그 위치가 양측 측두엽의 내측에 깊숙이
자리하고 있으면서 가까운 위치에 있어서 많은 양의 정보가 서로에게
빠르게 전달되면서 상호작용을 하고 있다.

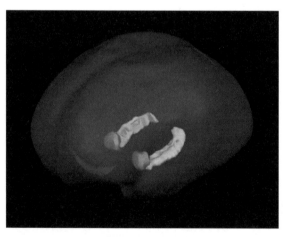

〈그림 1〉

해마의 대표적인 기능은 일반적으로 알려져 있는 바와 같이 새로운 기억을 형성하고 이것을 장기기억으로 저장시키는 역할이다. 우리가 일상생활에서 부딪히는 모든 정보들은 일단 전두엽과 두정엽, 그리고 해마 등을 포함하는 작업기억 회로에 담겨지게 된다. 이러한 정보들 중에 일부분만 장기기억 회로로 저장되어 언제든 끄집어낼 수 있는 정보가 된다. 이렇게 우리가 정리하는 정보들은 우리를 기쁘게 하는 것도 있고, 슬프게 하는 것도 있고, 분노를 야기하는 것도 있고, 즐거움을 주는 것도 있다. 이러한 감정반응을 느끼는 것은 바로 편도가 중추적인 역할을 하며, 해마를 포함하는 기억회로가 정보를 저장할 때 감정적인 정보를 담도록 한다. 감정반응이 강한 정보일수록 강렬하게 기억이 오래 저장됨은 경험을 통해서 알 수 있다.

4) 감정을 전달하는 신경전달물질

뇌의 각 부위에 있는 신경세포들이 정보를 전달하는 방식은 크게 전기적인 방식과 화학적인 방식으로 나뉘어져 있다. 각 신경세포의 신경섬유를 따라 전기적인 신호가 전달되며, 세포 사이의 접합부위인 시냅스에서는 화학적인 방식으로 신호가 전달된다. 화학적인 방식이라 함은 시냅스전 뉴런에서 특정한 신경전달물질을 방출하고 시냅스 후 신경세포에 있는 수용체가 이를 인지하여 신호가 전달된다. 따라서 각 뇌영역 및 신경세포의 종류에 따라 분비하고 감지하는 신경전달물질의 종류가 다르다.

아세틸콜린, 에피네프린/노르에피네프린, 세로토닌, 도파민, GABA, 히스타민 등이 감정반응을 중개하는 신경전달물질로 알려져 있다.

세로토닌이 부족한 경우 우울증에 빠지기 쉽고, 불안증에 빠지며, 쉽게 화를 내는 경향도 생긴다. GABA의 부족도 불안증을 유발하고, 쉽게 분노하게 한다. 도파민과 노르에피네프린도 우울증이나 분노작용과 연관된다고 알려져 있다. 이 밖에 테스토스테론이나 에스트로젠의 혈중 농도 등과 연관되어 분노가 쉽게 치밀어 오르기도 한다.

3. 감정에 따른 우리 몸의 변화 및 기억기능과의 관련성

1) 감정에 따라 우리 몸은 어떻게 변화할까

뇌뿐만 아니라 우리 몸도 감정을 느낀다. 감정에 따라 우리 몸에 반응이 나타나는 것은 내장운동신경을 통한다. 심박동수가 변하고, 피부 혈류량이 늘어나서 얼굴이 붉어지고, 머리카락이 쭈뼛 서기도 하며, 식은땀이 나기도 하고, 위장운동에 영향을 주어 체하기도 한다. 이런 반응은 교감신경과 부교감신경으로 이루어진 자율신경계의 작용에 의해 일어난다.

특정 외부 자극이나 결정 등에 의한 결과를 통해 감정반응이 발생하면서 심박동의 변화나 얼굴의 홍조, 땀이 나는 등의 변화가 발생하게 된다. 이러한 신체적 변화상태가 무의식적으로 저장되어 있다가 같은 신체반응을 보이게 되면 우리 뇌도 이전에 발생했던 상황으로 인식하고 이를 기반으로 반사적이고 무의식적인 의사결정을 하게 된다(somatic marker 가설).[3] 이러한 신체의 항상성을 유지하고 그 변화를 감지하는 중요 중추는 대뇌의 섬엽과 안와전두피질이다. 다시 정리하면, 우리 뇌에서 느끼는 감정 등이 하향식으로 신체에 영향을 줄 뿐만 아니라

실제로는 신체적인 상태의 변화가 뇌섬엽이나 안와전두피질에 위험신
호를 주어 의사결정에 영향을 준다는 것이다. 우리 뇌와 신체가 일방향
의 하향식 신호전달이 아닌 상호 소통하는 쌍방향 정보전달 체계를
가지고 있는 것이다.

아래 〈그림 2〉는 컴퓨터 기반의 장치를 이용하여 각각의 감정을
느끼는 경우 반응이 오는 신체부위를 표시하게 하여 그 빈도를 그림으로
표시한 것이다.[4]

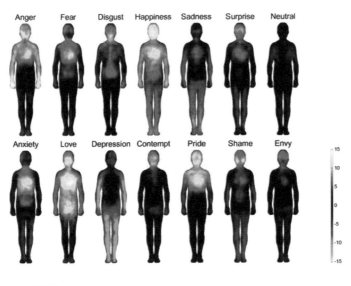

〈그림 2〉

위 그림을 보면 다양한 감정에 따라 실체 신체에서 느끼는 위치가
다름을 한눈으로 볼 수 있다. 흥미로운 점은 사랑과 행복의 감정을
느낄 때 더 넓은 부위의 신체가 더 강하게 느끼는 것을 볼 수 있다.
분노반응인 경우에는 머리 부분을 포함하는 상지와 몸통의 상체 부분에

만 많은 사람들이 강한 느낌을 가진다는 것을 알 수 있다. 분노할 때 하부 몸통과 하지는 오히려 전혀 그 느낌이 없고, 다른 감정반응에 비해서도 많이 떨어진다는 사실을 알 수 있다.

2) 분노는 우리 뇌에 어떤 영향을 끼치나?

우리 뇌는 외부 자극이 우리에게 어떤 영향을 주는지를 평가해서 위험한 경우 경보를 울리는 장치이기도 하다. 분노상태가 되면 우리 뇌는 강한 스트레스 반응을 일으켜서 아드레날린을 분비하여 각성도를 올리고 반응 속도를 빠르게 한다. 다시 말해 포도당 혈중 농도를 높여서 빠른 반응과 판단을 하도록 유도한다. 정상적으로 스트레스에 대처하는 시상하부의 신경세포들은 다양한 종류의 신경전달물질을 통해 신호를 주고받아서 활동을 조절하는데, 스트레스와 분노는 이러한 활동을 방해해서 정상적인 뇌의 기능은 느려지게 된다.

다른 감정과 마찬가지로 분노반응의 중추는 아몬드 모양으로 생긴 편도이다. 편도는 해마 옆에 위치하고 있으면서 다른 대뇌의 주요 피질 영역과도 연결되어 있다. 이 편도에서 분노반응을 시작하면 정상적으로는 적절한 충동 조절 및 이성적 판단을 하는 전전두엽이 제 기능을 발휘하지 못하고 비이성적으로 과격하거나 충동적인 행동을 하기도 한다. 이는 흔히 '중2병'으로 불리는 청소년에게서 흔히 볼 수 있는 현상이다. 이 또래의 청소년들은 사소한 일에도 쉽게 흥분하거나 화를 내고 과격한 행동을 하는 것을 볼 수 있는데, 이는 전전두엽이 성숙하기 전이거나 그 기능이 충분하지 않아 나타나는 현상으로 볼 수도 있다.

3) 분노가 일으키는 신체반응과 질환[5]

분노를 느끼면 우리의 호흡이 거칠고 가빠지면서 얼굴과 목 주변 근육을 중심으로 그 긴장도가 증가하고 땀이 난다. 몸을 부들부들 떨게 되고 얼굴이 창백해지거나 붉어지고 정맥이 확장되어 파란 혈관이 뚜렷하게 보인다. 온몸에 닭살이 돋고 아드레날린이 순식간에 분비되면서 잠깐 동안이지만 슈퍼맨과 같은 힘을 보이기도 한다.

그렇다면 분노반응이 지속되면 우리 몸에 어떤 문제가 생길까? 분노반응은 결국 커다란 스트레스의 지속 상태로 우리 몸 곳곳에 문제를 일으키게 된다. 심장은 계속 빨리 뛰고 두근거리며, 온몸의 근육은 긴장한 상태로 유지된다. 머리가 지끈거리고, 소화도 잘 안 되며, 속도 쓰리고, 잠도 잘 못 잔다. 항상 피곤하고 전신에 무력감이 생긴다. 이러한 상태가 지속되면 여러 가지 질환을 유발할 수 있다. 대표적인 예가 뇌심혈 관계 질환이다. 뇌가 많은 산소를 소비하게 되므로 호흡은 빨라지게 되고, 산소 공급이 부족하게 되면 혈액 순환계에 문제가 생기고, 뇌혈관의 문제를 유발해서 뇌졸중이 생기기도 한다. 심장혈관 질환도 마찬가지로 증가하게 되는데, 환자들이 가지고 있는 분노와 공격성의 성향이 심장혈관 질환의 위험도를 높이는 것으로 알려져 있다. 이것은 장기적인 스트레스로 인한 혈액응고 기전의 이상과 관련되기도 한다. 또한 분노반응이 지속되면 우리 몸의 신진대사 속도가 떨어지게 되고, 폭식을 하게 되어 체중이 늘기도 한다. 또한 위산 분비가 과다하게 되어 위염이나 위궤양을 악화시키거나 초래하기도 한다. 또한 암 환자들을 대상으로 분노 지표를 설문을 통해 조사해봤더니, 정상인에 비해 유의하게 낮은 것으로 나타났다. 이는 분노가 만성적

으로 억제된 상태로 해석이 되며, 결국 이것이 암을 유발하는 하나의
요인이 됨을 알 수 있다.

4) 분노를 유발한 사건에 대한 기억[6]

강렬한 감정반응과 관련되는 사건 등에 대한 기억은 강렬하고도 오래
남는다. 이것은 개인적인 경험을 통해서도 객관적인 연구를 통해서도
밝혀져 있다. 앞서도 언급했듯이 감정반응의 중추회로인 편도는 해마
옆에 가까이 위치하면서 새로운 기억의 형성에 많은 영향을 끼치고
있다. 우리가 일반적으로 기억을 형성하는 과정의 첫 번째 단계는
기억의 입력(encoding) 단계이다. 편도는 이 과정에서 강한 감정반응을
느끼는 자극에 대한 주의집중을 강화하여 기억의 입력 과정에 관여한
다. 입력되는 외부 자극에 대한 감정반응은 자극을 인식하는 신피질의
회로와는 별개로 의식수준에서의 물체 인식보다 더 빠르게 감정반응이
나타난다. 다음의 기억 단계는 입력된 내용이 장기기억으로 고착화
(consolidation)하는 과정이다. 이 과정은 비교적 천천히 이루어진다.
이때 분노를 포함하는 강렬한 감정반응이 발생하는 경우 스트레스
호르몬인 아드레날린의 분비로 인해 강한 기억의 고착화가 일어나고,
우리가 일상생활에서 느끼듯이 잘 잊히지 않는 기억으로 남게 된다.
이것은 동물 실험을 통해서도 입증되었다. 또한 흥미롭게도 우리가
아드레날린 기능을 억제하는 프로프라놀롤이라는 약물을 복용하면
나쁜 강렬한 기억이 약화되거나 잊힐 수 있다.

그런데 강렬한 감정 중에서 행복하거나 즐거운 긍정적인 감정과
분노 혹은 공포와 같은 부정적인 기억에 있어 차이가 있다. 긍정적인

감정이 강렬했던 사건에 대한 기억은 중심적인 사건의 내용뿐만 아니라 부수적으로 있었던 주변 환경이나 사건 등에 대한 기억도 풍부하게 남게 된다. 하지만 부정적인 감정, 특히 분노가 강하게 느껴졌던 사건에 대해서는 그 사건의 중요한 핵심사항 외에 부수적인 사건이나 환경 등에 대한 기억은 남아 있지 않다.[7]

5) 분노상태의 기억력

그렇다면 분노하는 상태의 우리 뇌는 정확한 기억을 유지할 수 있을까? 앞서 언급한 대로 강렬한 감정반응과 연관되는 기억이 오래 각인되는 경우도 있을 수는 있지만, 그 정도가 심해지면 우리 뇌에는 아드레날린과 코티솔 등 스트레스 반응물질의 쓰나미가 일어나게 된다. 임상의사로서 가끔 하루 동안 혹은 수 시간 이내의 기억을 전혀 하지 못하고 오는 환자들을 가끔 보게 되는데, 이런 경우 격한 감정반응으로 인한 스트레스가 원인이 되는 경우가 많다.

앞서 언급했던 만성적인 분노의 2가지 형태 중에 분노의 쓰나미가 지속되는 경우 외에도 만성적인 분노로 수동적이 되면서 우울증의 형태로 표현되는 분노의 경우에도 우리의 뇌 기능은 모두 저하되고, 기억력도 떨어지게 된다. 예를 들어 만성적인 분노 등으로 인한 스트레스 호르몬인 코티솔의 분비가 지속되면 해마 부위를 포함하는 측두엽의 기능이 떨어지게 된다. 이는 뇌혈류 양을 측정하는 뇌 영상 연구를 통해서 밝혀졌다. 이러한 상태가 장기간 지속되면 뇌 부위의 기능뿐만 아니라 그 부피의 감소가 생기기도 한다.[8]

4. 뇌신경과학의 발전과 뇌의 감정처리 과정의 연구

앞서 감정과 관련되는 뇌 영역들을 언급한 것을 보면서 언뜻언뜻 뇌신경
과학의 방법론적 발달이 눈부시다는 것을 눈치 챌 수 있을 것이다.
신경과학적 방법론은 미시적인 분자생물학적인 연구분야부터 전기생
리학적 연구기법 및 뇌 영상기법을 포함해서 거의 모든 분야의 발전이
실로 눈부시다. 각종 신경전달물질 및 그 수용체를 포함하는 분자생물
학적인 신호전달체계에 대한 연구뿐만 아니라 전기생리학적인 기법
및 뇌 영상 기법의 발전이 눈부시다. 이 중에 대표적인 연구기법 몇
가지를 소개해보겠다.

1) 뇌파(Electroencephalography) 및 사건유발전위(Event-related potential)
앞서 언급했듯이 신경세포의 주요한 정보전달 방식 중의 하나가 전기적
인 신호전달이다. 신경세포가 흥분한다는 표현을 많이 듣게 되는데,
이것은 우리 뇌에 천억 개가 있는 신경세포 중 일부가 전기신호를
생성해내었다는 것이다. 이것은 실제로 두피에 전극을 부착해서 그
신호를 증폭해서 검출해낼 수 있다. 이와 같은 전기신호, 즉 뇌파는
1929년 독일의 의사인 한스 버거가 최초로 개발한 이후로 뇌 영상
도구가 개발되기 전에 각광을 받았으며, 뇌 영상 기법이 개발되어
널리 쓰이고 있는 현재에도 여전히 두루 쓰이고 있다. 임상의학에서는
자극이 없는 상태에서의 각성 혹은 수면 상태에서의 뇌파를 이용하여
뇌의 질병을 진단하는 데 도움을 받는다. 간혹 임상의학에서도 과호흡
을 유발하거나 광자극 등을 주어 이후에 나오는 뇌파 변화를 이용하기도

한다. 뇌신경세포에서 발생하는 전기신호는 뇌를 감싸고 있는 막과 뇌척수액을 통과한 후에 전기적으로 절연체인 두개골을 통과하면서 그 진폭이 크게 감소하게 된다. 뇌파 검사기는 이 신호를 증폭하고 주변의 노이즈를 제거하는 기술이 필요하게 된다.

이러한 뇌파의 모양을 특정한 자극을 준 이후에 발생하는 뇌파를 수백 개 혹은 그 이상의 반응을 모아서 특정 유형을 찾아내는 기법이 사건유발전위이다. 사건유발전위의 초기 형태가 시각 혹은 청각유발전위이다. 시각유발전위는 반짝이는 빛 자극 또는 체크무늬 자극이 번갈아 보이면서 시각피질에서 유발되는 전기신호를 검출하는 것이다. 청각유발전위는 특정 주파수의 소리를 귀에 들려주면서 뇌간을 포함하는 중추신경계에서 발생하는 전기신호를 수백 번 겹치고 증폭하여 검출하는 것이다. 이러한 원리를 이용하여 특정 시각 혹은 청각 자극을 이용하여 발생하는 뇌파의 변화를 반복적으로 측정하여 뇌파의 변화를 측정하고 이를 통계적으로 분석하는 것을 사건유발전위라고 할 수 있다. 감정반응을 유발하기 위해서 일반적으로 시각적인 자극을 많이 제시하고, 특히 감정을 유발하게 하는 그림이나 사진을 제시하기도 하지만 감정을 표현하는 사람의 얼굴을 보여주기도 한다.

2) 양전자단층촬영 및 기능자기공명영상

2가지 모두 현재 신경과학 및 임상 신경학에서 가장 널리 쓰이는 대표적인 뇌 영상 장치를 이용한 기법이다. 일반적인 뇌의 양전자단층촬영은 우리 뇌세포가 에너지를 얻는 데 이용하는 포도당에 특정 방사성물질을 표지자를 부착하여 각 부위의 뇌의 활동도를 알아본다. 이와는 별개로 양전자단층촬영을 이용하여 특정 자극 등에 반응하는 뇌의 부위를 찾는 데는 물 분자에 방사성 동위원소를 부착하여 특정 부위로 가는 뇌의 혈류량이 증가되는 것을 통해 밝혀낼 수 있다.(그림 3) 기능자기공명영상도 비슷한 원리로 생각할 수 있는데, 자기공명영상 장치를 이용한다는 근본적인 차이가 있다. ASL(arterial spin labeling) 기법이 도입되고 있긴 하나, 현재에도 가장 대중적인 방법은 BOLD(blood oxygen-level dependent) 기법이다. 이것은 혈액 성분 중의 헤모글로빈이 산소와 결합하는 상태와 뇌세포에 산소를 제공하고 산소가 없는 상태일 때의 자기화의 차이를 이용한다. 특정 자극이나 작업에 의해 활성화되는 뇌 영역은 산소 소비량이 그 부위 미세혈관에 있는 헤모글로빈의 산소 동반 여부에 의한 신호 차이가 나는 것을 이용하는 것이다. 양전자단층촬영에 비해 기능자기공명영상은 공간적인, 그리고 시간적인 해상도가 높다는 장점이 있다. 하지만 강력한 자석이 있는 기계장치인 현실적인 한계가 있다. 기능자기공명영상을 통해 감정에 해당하는 뇌 영역을 확인하고, 감정에 따른 차이를 구분하려는 노력이 있다. 또한 MVPA(multivoxel pattetn analysis) 분석을 통해 작은 편도에서도 각성, 불편한 느낌, 공포감 등과 연관되는 부위가 구분되며, 행복/슬픔/분노/혐오/공포에 반응하는 뇌신경 회로를 각각 구분해본 연구가 있다. 분노 신경회로는 편도와 전대상이랑을 포함하며, 이는 타 범주 감정과 구분되는 회로임을 확인할 수 있다(그림 4).[9]

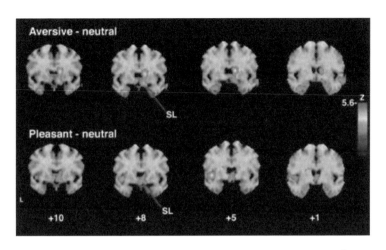

〈그림 3〉 양전자단층촬영 결과 - 특정 감정과 관련되는 뇌 영역[10]

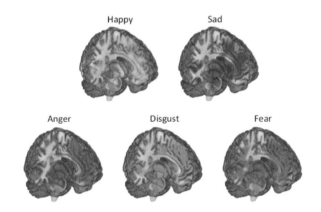

〈그림 4〉 뇌자기공명영상 결과 - 분노반응과 관련되는 뇌 영역

5. 분노가 우리 삶에 미치는 영향 - 뇌과학적 견지에서

1) 일상생활에서 감정반응을 어떻게 보이고 어떻게 이용할까?

길거리를 걷다가 지나가는 사람들의 얼굴을 한 번씩 본 적이 있을
것이다. 모두의 표정이 가지각색이라고 생각되지만 많은 사람들이
특별한 감정표현 없이 무덤덤하게 가고 있을 것이다. 그 중에 가끔
행복한 얼굴로 가는 사람도 있고 화난 얼굴로 가는 사람들도 있으며
두려운 얼굴로 가는 사람도 있을 수 있다. 이런 얼굴을 보면 우리도
그 감정을 같이 느끼기도 한다. 다른 사람의 얼굴표정은 시각 자극으로
망막에 있는 신경세포를 자극하고, 신경섬유를 통하여 후두엽의 일차
시각영역에 도달한다. 이 정보는 주위의 연합 영역을 통하여 얼굴로서
인식을 하게 된다. 뇌 영상 연구를 통하여 방추이랑(fusifom gyrus)이
얼굴 인식을 하는 중요 뇌 영역임이 밝혀졌다. 이는 양측 측두엽의
뒤 아래 부분에 위치하면서 후두엽과 맞붙어 있는 영역이다. 방추이랑
은 얼굴의 차이를 인지할 뿐만 아니라 친밀한 얼굴과 그렇지 않은
얼굴도 구분하는 기능을 한다. 또한 상측두고랑(superior temporal sul-
cus)이 얼굴표정을 통하여 감정을 읽어내는 역할을 한다고 알려져
있다. 재미있는 실험적 사실은 무표정한 얼굴보다 감정이 표현된 얼굴
을 우리 뇌가 더 빨리 인지한다는 것이다. 어떻게 이런 일이 가능할까?
　아래 그림에서 많은 표정을 볼 수 있다. 과연 어떤 표정의 얼굴이
눈에 잘 띄는가?

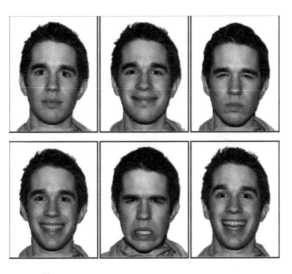

그림 5.[11]

얼굴표정에 따른 시각적 인지 속도의 차이는 우리 뇌의 시각적 주의집 중과 관련되어 있다. 우리 뇌가 주위 사물을 시각적으로 인지하고 우리가 원하는 목표물을 찾을 때 물체의 모양에 따라 '효율적인 검색'이 가능하기도 하고 '비효율적인 검색'을 하게 되는 경우도 있다. 이것은 우리가 찾는 목표물과 아닌 것의 형태적 특성과 이것을 통한 'saliency'와 관련된다. 다시 말해 무표정한 얼굴 사이에서 행복한 표정이나 화난 표정은 더 빨리 찾을 수 있다. 어떻게 보면 실제 생활에서 화난 얼굴을 빨리 인지해서 재빠르게 대응하는 것이 생존차원에서 중요한 일이 아닐까?

2) 뇌과학적 견지에서 본 청소년기의 'angry brain'

우리나라에는 소위 '중2병'이 유명하다. 필자도 개인적으로 부모로서

경험을 해가고 있는 중이다. 아래 그림은 뇌의 단계별 발달 과정을
나타낸 도표이다.

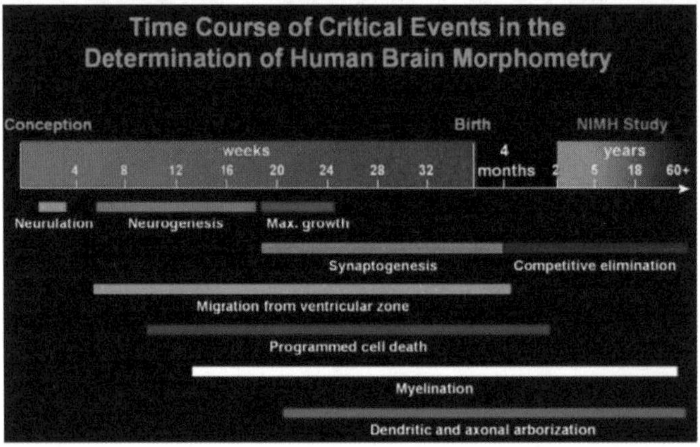

〈그림 6〉

청소년기의 뇌는 출생 이후로부터 위의 도표처럼 점차 성숙해가는
과정을 거친다.[12] 임신된 이후부터 각 장기의 분화가 이루어지면서
뇌를 포함하는 신경계가 발달을 한다. 어머니의 뱃속을 나온 이후에도
지속적인 발달 및 분화 과정을 거친다. 아래의 그림을 보면 알 수
있지만, 전체 뇌의 부피는 출생 이후부터 10세 경이 되면 성인 수준으로
성장한다. 이후에는 신경세포의 증가나 뇌 부피의 증가보다는 뇌세포
사이의 연결망의 세분화, 정밀화 과정을 거치게 된다. 필요 없는 연결은
가지치기(prunng) 당하고, 필요한 연결은 강화(strengthening)되는 과
정을 거친다.

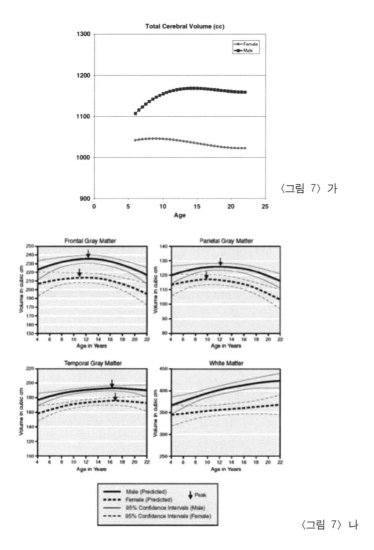

〈그림 7〉 가

〈그림 7〉 나

　위의 그림 B에서와 같이 뇌의 부위별 부피의 증가 형태를 보면, 대뇌피질의 경우 10세에서 12세 이후에는 부피의 증가가 거의 없으면서 전두엽과 두정엽의 경우에는 오히려 감소하는 형태를 보인다. 피질과는 다르게 백색질의 부피는 오히려 증가되는 경향을 보인다. 이것은 뇌의 성장발달 과정에 중요한 연결망의 증가와 연관될 것이다.

청소년기의 뇌는 이렇게 성숙해가는 과정 중에 있다. 뇌과학적 관점에서 보면 청소년기에는 충동을 억제할 수 있는 성숙한 신경억제 회로가 부족하다. 또한 전두엽의 성숙과 관련되는 도덕적 사고능력, 논리적 추리능력, 계획을 세우는 능력, 본인의 언행이 어떠한 결과를 초래할 것인가에 대한 생각도 부족하다. 성숙한 성인이 전전두엽을 통해 사유하고 감정을 조절한다면, 청소년기에는 이와 대비되게 편도가 우선이 되는 반응을 많이 보이게 된다. 즉 '친구 아니면 적'이 되는 반응을 보이고 이에 대해 쉽게 흥분하고 화를 내어 분노상태에 잘 이르게 된다. 한 연구에서 청소년들은 놀람, 슬픔, 공포를 느끼는 표정을 보고 분노라는 감정으로 오인하는 경우가 많았다고 한다. 이는 다시 말해 다른 사람의 감정반응을 인식하는 데 오류가 생겨서 다른 사람과의 의사소통에 문제를 일으킬 수 있다는 것이다. 청소년기는 성숙한 성인이 되기 위한 선행 단계이며 준비 과정으로서, 청소년기의 특성에 맞는 적절한 교육 과정 및 내용이 필요하다.

3) 분노조절 장애를 흔하게 일으키는 질환의 예

분노조절 장애를 일으키는 질환은 굉장히 다양하게 있을 수 있다. 특히 전두엽의 기능이 떨어져서 자기조절기능에 문제가 되는 질환은 모두 가능하다. 대표적으로 요즘 언론에 자주 오르내리는 조현병이 있을 수 있다. 이 외에도 많은 정신과적 질환 및 뇌의 기질적 질환에 의해 분노조절 장애가 생기며, 점차 사회문제화 되어가고 있다. 그 중에서 조현병을 제외한 그 빈도가 높은 대표적인 질환의 몇 가지 예를 들어보도록 하겠다.

(1) 간헐적 폭발성 장애(Intermittent explosive disorder)

병적 도박, 도벽(kleptomania), 머리카락 잡아당기기(trichotillomania), 방화광(pyromania) 등과 함께 충동조절 장애의 일종으로 간헐적으로 공격성이나 분노를 갑자기 충동적으로 표현하는 것이다. 주로 공격적인 행동이나 말을 하며, 상황에 맞지 않는 반응을 보인다. 과도하게 흥분하기도 하고 사람을 치거나 밀치는 행동을 하기도 한다. 물건을 집어 던지거나 부수기도 하고, 사람이나 동물들을 공격하거나 위협을 가하기도 한다. 간헐적 폭발성 장애를 보이는 환자들은 이러한 공격적인 행동을 보이기 전에 먼저 격노, 과민성, 에너지 과도현상, 폭주하는 생각(racing thoughts), 손발 저림, 몸이 떨리는 증상, 두근거림, 가슴이 답답한 증상 등을 호소하기도 한다. 환자들은 이 증상들로 인해 많은 불편감과 함께 사회적 관계에서 많은 장애를 일으킨다. 또한 이러한 증상은 뇌의 기질적 손상 등 다른 질환이 없는 경우에 해당한다.

(2) 외상 후 스트레스 장애(Posttraumatic stress disorder)

일반적으로 커다란 정신적인 충격을 받은 후에 생기고 신체적, 인지적, 정서적으로, 그리고 행동에 이상을 초래하게 된다. 또한 이 장애는 성적인 공격을 받았거나 인간관계에서 겪은 충격적 경험들, 납치나 전쟁의 경험 등을 겪으면서 발생한다. 기타 자연재해나 사고 등을 통해 생명에 위해가 되는 사건 등을 겪은 후에 생기기도 한다. 비교적 최근의 사건으로는 '세월호' 사건과 같은 커다란 사고가 대표적인 예가 될 수 있다. 심근경색과 같은 생명에 위협이 되는 질환을 앓는 경우에도 생기는 것으로 되어 있다. 정확한 발병기전은 알려져 있지 않지만, 이 병을 앓는 사람의 뇌 안에 해마와 편도 및 대상이랑의 부피가 감소되는 것으로 알려져 있고, 노르에피네프린 농도는 높고, 그 수용체는 낮은 수준으로 유지된다고 한다. 만성적으로는 글루코코르티코이드 농도는 떨어지고 그 수용체는 증가한다. 좌반구 기능의 이상도 있는 것으로 생각된다.

일반적인 증상은 외부적인 자극에 과거 충격을 받았던 사건이 생생하게 바로 연상되면서 극심한 불안과 함께 도망을 치거나 바로 전투적으로 변하는 것이다. 사소한 자극에도 조절되지 않는 강한 분노감정을 느낄 수 있는 것이다. 이러한 증상을 보상하기 위해서 일반적으로는 감정적으로 무뎌지고, 일상생활에 대한 흥미가 줄어든 상태로 지내게 된다.

(3) 치매

갈수록 사회적으로 관심을 많이 받고 있는 질환이다. 기억력을 포함하는 인지기능의 장애를 보이면서 일상생활을 혼자 하기 힘든 경우에 치매라고 할 수 있다. 물론 급성질환으로 인해 단기간 증상이 있는 경우가 아닌 3개월 이상의 장기간 증상이 있는 경우를 말한다. 치매에 해당하는 질환은 여러 가지가 있는데, 일반적으로 가장 흔한 것이 알츠하이머병으로 알고 있을 것이다. 알츠하이머병은 대표적인 퇴행성 원인에 의한 치매이다. 퇴행성 치매로 그 밖에 대표적인 것은 전측두엽 치매와 레비소체 치매가 있다. 일반적으로 알츠하이머병은 전형적으로 측두엽의 이상 소견이 선행하면서 기억력 장애가 초기에 나타난다. 레비소체 치매도 일반적으로 알츠하이머병과 같지만, 환각이나 환시 증상이나 파킨슨 증상이 알츠하이머병보다 초기에 흔하게 나타나는 특징이 있다. 특히 전측두엽 치매는 다른 질환과 달리 전두엽의 이상 증상이 초기부터 나타난다. 따라서 성격 변화나 감정조절 이상이 나타나게 된다. 다시 말해 분노조절의 장애 등이 쉽게 나타난다. 물론 알츠하이머병 등의 다른 치매 환자들도 병세가 진행하여 중기를 지나 말기가 되면 성격 변화나 감정조절 이상이 나타날 수 있다. 이때 환자와 같이 사는 배우자 및 자녀 등의 가족들은 환자가 이전과 다른 새로운 인격을 가진 다른 사람으로 보이고 낯설게 느껴진다고 호소한다. 한편으로 우리는 보통 친하거나 잘 아는 사람들에게 화를 내기 쉬운 경우가 많다. 재미있는 일화를 소개해보겠다. 필자의 외래진료실에는 가끔 부부가 같이 진료를 받으러 오는 경우가 많다. 이분들은 모두 70대 중반으로 50년 정도 부부로 같이 살아오신 분들이다. 그런데 이분들이 치매 증상이 심해지면서 하루에도 수차례 다투기도 했다가는 너무 친하고 잘 지내는 순간도 관찰되었다. 보호자인 딸이 같이 지내면서 관찰해보니, 아침에 일어나서 서로를 남편과 아내로 알아보는 순간에는 주로 서로 화를 내고 다투는 일이 많았다. 하지만 서로가 누구인지 모르는 순간이 되면 정중하게 인사를 하고, 서로 친절하고 사이좋게 지내는 모습이 관찰되었다. 이는 편하고 만만하다고 생각되는 친구나 지인들에게는 쉽게 화를 내고 분노하는 우리네 보통 사람과 같은 모습의 일면을 보는 것일지도 모른다.

4) 일상생활에서 분노를 조절하는 법

마음의 수련이 충분하지 않은 필자와 같은 사람들은 의도하지 않은 상황에서 화를 참지 못해서 다른 사람들에게 상처를 주거나 본인이 손해를 입게 되는 경우가 왕왕 있다. 아마 이 글을 읽는 독자 중에도 화를 어떻게 하면 조절할 수 있을까에 관심 있는 분들도 있고, 자기만의 비법이 있는 분도 있을 것이다. 명상을 하거나 참선을 해서 수련을 하면 되지 않을까 하는 생각을 하기도 한다. 일상생활에서 화를 참도록 쉽게 실천할 수 있는 방법들은 없을까?

우선 말하기 전에 한 번 더 생각해보는 습관을 들이자. 화를 낸다고 하면 보통 격앙된 톤의 큰소리로 타인에게 상처가 되는 말을 하는 경우가 많다. 말을 내뱉기 전에 한 번 더 생각한다면 이것이 줄어들 것이다. 일단 마음이 진정이 되면 화를 가슴에 품고 있지 말고, 왜 화가 났는지를 잘 생각해보고 말로 표현해보는 것이 참고만 있는 것보다는 낫다. 글로 적어보는 것도 도움이 될 수 있다. 또한 정기적인 운동을 해서 기본적인 정서나 감정을 끌어올리고 안정되게 하는 것도 도움이 된다. 만약 하루 일과가 너무 바쁘거나 힘들다면 잠깐이라도 휴식을 갖고 마음을 안정시키는 것이 도움이 된다. 부교감신경을 활성화시켜 안정을 하도록 천천히 깊은 숨을 쉬어 보는 것도 좋다. 스트레스가 많은 상황이라면 기분을 좋게 하기 위해 단맛이 있는 음식을 섭취하는 것도 도움이 될 수 있다.

6. 분노의 올바른 사용을 위하여

우리 뇌는 삶을 영위해가기 위한 모든 생각이나 행동 과정에 관여하고 조절하는 기능을 가지고 있다. 이성적인 고민만을 하는 것이 아니라 원초적인 감정을 느끼고, 이것을 바탕으로 이성적인 판단이나 개개 행위가 이루어진다. 이 중에 분노반응은 그 위상이 특징적이며, 신체반응 및 뇌 활성 상태가 과격하게 혹은 반대로 우울하고 은둔적인 반응으로 나타날 수 있다. 장기적인 분노반응은 뇌세포의 기능 및 전신세포의 기능을 심각하게 떨어뜨릴 뿐만 아니라 생명을 위협할 수도 있는 질병으로 나타나기도 한다. 적절한 자기조절 및 치료가 필요한 이유이다. 특별히 청소년기에는 뇌가 미성숙한 상태로 미숙한 감정반응을 보이고 부적절하게 화를 내거나 분노반응을 일으키기도 한다. 이에 대한 이해가 필요하며, 올바른 성장을 위한 교육 과정이 필요하다. 한편으로 많은 정신과적 질환이나 신경계 질환을 앓는 환자들이 전두엽의 자기조절 및 충동조절 능력이 떨어져서 부적절한 상황에서 과도한 화나 분노를 표현할 수 있다. 한편 복잡다단한 현대를 살고 있는 우리 보통 사람들도 쉽게 흥분하고 분노한다. 우리는 분노를 올바르게 표현하고 잘 조절하며, 긍정적인 방향으로 그 에너지를 이용하는 방법을 익혀야 할 것이다.

감정과 기에서 본 분노

- 분노와 화병 -

구병수(동국대학교 일산한방병원 한방신경정신과 교수)

1. 분노 해결 방안으로서의 한의학과 불교

우리가 사는 세간에서는 분노로 인해 발생하는 피해가 점점 더 늘어나고 있다. 운전하는 도중에 발생한 순간적인 화로 인한 추월운전, 술김에 화가 나서 살인을 저지르고, 자신의 화를 이기지 못해 자식이나 부인을 골프채로 때리는 극악무도한 일도 벌어지고 있다. 이렇듯 최근 들어서 분노로 인해 발생하는 우발적 범죄 등이 증가하면서 분노에 대한 관심이 더 많아지고 있다. 그렇다면 이와 같은 화로 인한 사고의 발생 원인은 무엇일까. 단지 개인적인 차원보다는 사회적인 심성의 접근이 필요하다는 생각이 든다.

지금부터 멀지 않은 시절을 돌이켜 보면, 우리가 어릴 적에는 부모와 언쟁을 하는 상황이 발생하면 언제든지 도망갈 수 있는 시골 동네의 넓고 트인 공간이 있었다. 경우에 따라서는 하룻밤 옆집에서 자고 오면 그 사이 부모의 화도 누그러져서 자녀들이 극단적인 행동을 하는 상황으로 치닫지 않았다. 더욱이 도망간 집의 주인아저씨, 아주머니, 할아버지나 할머니들이 인생 상담을 해주는 경우가 많았고, 그런 좋은 말씀을 듣고 스스로 자기를 돌아볼 시간적인 여유 또한 있었다. 그런데 오늘날 대다수의 현대인들이 살아가는 아파트라는 공간은 그 특성상 매우 폐쇄적이어서 분노가 발생할 때면 잠시 떨어져 화를 식힐 만한 다른 공간이 없다. 그래서 화가 나면 해소되지 않은 채 더욱 극단적인 행동으로 이어질 가능성이 높아진다.

과거와는 다른 지금의 시대적 상황과 환경 하에 현대인에게 발생하는 분노는 과거와는 다른 측면이 있다. 예전에 비해 오늘날에는 물질적으로 풍요롭고 시간적 여유가 있음에도 불구하고 현대인들은 더욱더 분노를 폭발시키고 가정폭력 등 돌이킬 수 없는 심각한 일들이 점점 많이 발생하는데, 그 이유가 정말 어디에 있는지 스스로 의아할 때가 많다. 최근 우리는 서로 간에 대화와 소통이 부재하고 인간미가 점점 사라지고 있는 것을 피부로 절감하고 있다. 오히려 문명의 발달 덕분에 핸드폰의 메시지나 SNS를 통해 서로 간의 연락은 쉽게 이루어지지만 그것이 '소통' 본연의 의미보다는 관계에 대한 불안을 덜기 위한 것으로 변질된 느낌이 든다. 또한 여러 형태의 모임은 사회 내부의 적개심이 충만해 있는 속에서 불안해진 심리적 고립을 피하기 위한 하나의 도피처인 경우가 많다.[1]

최근 신문에 한국인들이 '어려울 때 기댈 사람이 없다'는 주제의 기사가 나왔다. 기사에서는 2015년 OECD 사회적 통합지표를 분석한 결과, 그 항목들 중 사회적 관계 부분에서 한국인들의 27.6%가 '도움을 받을 가족, 친구, 동료가 없다'고 대답을 하였다고 한다. 이는 OECD에서 꼴찌 수준이다. 긍정적으로 대답한 비율은 2009~2014년 사이 7% 가량 하락했다고 한다.[2] 예로부터 우리 민족은 사람 사이에 정이 많다 했는데, 고령화와 치열한 경쟁 속에 살아가는 앞날을 내다볼 때 심각한 문제라고 할 수 있다.

위에서 언급한 사례와 같이 분노를 해결하기 위한 방안으로 감정의 세밀한 분석을 통해 한의학과 불교적 관점에서 상관성을 살펴보고자 한다. 먼저 한의학적으로는 노怒에 대해 한의학의 문헌 고찰을 통해 화의 개념과 감정과 기의 상관성 및 감정의 활용법을 살펴보고, 불교적으로는 번뇌를 중심으로 서로 간의 연관성을 살펴보고자 한다.

정서에 대해서 한의학적 관점만 보는 것보다 불교와 연관 지어 고려하는 이유는 불교에는 정서에 대한 세밀한 분석이 발달하였고 마음에 대한 고도의 해결방안을 가지고 있기 때문이다. 더욱이 불교가 우리 민족의 심성과도 깊은 연관이 있기 때문에 함께 연구할 가치가 충분하다고 하겠다. 이는 또한 정서적인 세밀한 관찰과 이해를 통하여 임상 및 수행에서 심층적 연구의 기반을 형성하기 위함이기도 하다.

2. 감정의 힘

1) 한의학에서 본 감정 - 기의 관점

한의학에서 본 인간은 하늘과 땅의 기운이 합쳐진 존재로 소우주라 표현한다. 그래서 한의학은 에너지 의학이라고도 한다. 감정을 표현할 때 기氣라는 방향성을 갖고 기술되어 있고, 이를 근거로 침이나 한약 치료를 한다. 그러나 감정 부분이 심리치료에 활용되었다는 표현이 문헌에 상세히 기록되지 않은 이유는 감정이나 기氣의 부분이 약이나 침 분야로 많은 부분이 스며들었기 때문이다.[3] 한의학의 독특한 점은 장기에 감정을 배속하였다는 것이다. 간장(怒), 심장(喜), 비장(思), 폐장(悲), 신장(恐)에 배속하여 서로 간에 상승 상극, 도움과 억제를 통하여 몸과 감정이 원활하게 유지된다. 감정의 편차가 오장육부에 영향을 주고, 장부의 기기氣機 변화는 인체의 기 순환에 장애가 발생하여 병이 된다.

2) 감정과 기

감정이 이 시대에 특히 관심을 많이 받는 이유는 타인의 감정을 잘 아는 것이 중요해졌기 때문이다. 특히 정치나 마케팅 분야에서 빅데이터를 이용하여 사람들의 생각을 읽어내고, 이를 음식과 감정[4]에도 활용하고 있다. 나아가 다양한 사회적인 문제 해결 역시 감정 및 감성을 활용하는 것이 점점 더 중요해지고 있다.

　감정은 임상에서 환자를 치료하는 데 아주 중요한 역할을 한다. 감정을 임상적으로 잘 활용한 이동식은 "인간의 불행이라는 것은 감정처리를 잘못하는 데서 오고, 감정처리를 잘하는 데서 행복이 온다는 것을 깨달았습니다"[5]라고 말했다. 핵심감정이 우리의 일거수일투족을 다 조정하고, 우리의 본의와는 상관없이 그 감정에 의해 꼭두각시 역할을 하고 있는 것이다.

한의학에서 '감정처리'라는 것은 장부(오장육부)를 근거로 한 기의 상태가 잘 조절되는 것을 말한다. 기가 원활하게 조절되기 위해서는 장부 간의 원활한 관계와 순환이 필요한데, 이를 위해서는 순기順氣, 조기調氣, 정기正氣의 관점에서 접근하여 침, 뜸, 한약, 이정변기론移精變氣論[6]을 통해서 조절이 가능하다.

한의학에서는 감정을 오지五志, 구기九氣, 칠정七情 등으로 기술하는데, 칠정은 송대 진무택(陣無擇, 1131~1185년)은『삼인극일병증방논三因極一病證方論』[7]에서 의희, 노怒, 사思, 비悲, 우憂, 공恐, 경驚의 일곱 가지 정서로 기록했다. 선진시대의 사상가들이 주장한 정서에는 희노喜怒 감정이 반드시 들어갔고, 희노는 정서의 양극성, 즉 긍정과 부정을 다 포함하는 말로 정서를 대표하는 용어로 의서에 기록되고 있다.[8]

감정의 조절과 기후 환경에 잘 순응하는 것은 양생과 장수에 아주 중요하고 필수적이다.[9] 반면에 감정의 조절에 실패하여 노怒가 극도로 성하면 가장 위험한 감정으로 변해 치료할 수 없다[10]고 극단적으로 기술되어 있는데, 이는 다른 감정에 비하여 노怒가 인체에 미치는 악영향이 아주 크기 때문이다.

감정 변화에 따른 장부의 기의 변화를 살펴보자.『소문·음양응상대론』에서 주의 깊게 보아야 하는 것은 '희가 지나쳐도(暴喜)' 병이 온다는 것이다.[11] 요즘 우리가 억지로 웃음을 유발하는 '웃음치료'[12]와는 좀 다른 내용이어서 더 숙고할 필요가 있다. 동양에서는 아무리 좋은 것도 지나치면 병이 된다고 여긴다.

감정이 기의 변화에 영향을 주는 것은, 『소문·거통론』에 의하면 "화를 내면 기가 역상되고(氣上), 즐거우면 기가 부드럽게 되며(氣緩), 슬프면 기가 깎이고(氣消), 두려우면 기가 아래로 내려가고(氣下), 차가우면 기가 수렴되고(氣收), 뜨거우면 기가 발설하게 되고(氣泄), 놀라면 기가 문란하게 되고(氣亂), 과로하면 기가 소모되고(氣耗), 생각을 하면 기가 울결(氣結)된다"[13]라고 기술하여 병리적인 경과를 자세히 설명하고 있다.

노怒로 인하여 기가 거꾸로 위로 올라가고 심한 경우는 피를 토하고 설사를 하며, 노와 울한 감정이 겹치면 『영추·우에무언』에서는 말을 하지 못하는 증상이 나타난다고 하였다.[14] 노는 간의 정서인데, 노에 의한 신체적인 증상으로 '손을 쥐는 표현(握)'이 간에 배속되어 있는 것은 흥미로운 부분이다.[15]

3) 분노와 화火

노怒라는 감정을 알기 전에 먼저 화火에 대해서 살펴보면, 화는 불과 같이 위로 올라가는 상행의 의미를 가지며, 태움이나 생명의 근원으로 본다. 이는 열熱과 화火로 나누어 설명할 수 있다. 열은 급성적인 의미, 화는 실實과 허虛 두 가지 의미가 있지만 허에 더 치우쳐 있다고 볼 수 있다. 화라는 것은 오행의 하나로, 만물을 구성하는 물질의 하나로 간주되었다. 이는 보이지 않지만 인체의 생리 및 병리현상을 설명하는 데 중요한 역할을 한다.

『소문·지진요대론』 가운데 화·열에 귀속되는 부분이 전체 중에 47%에 속하는데,[16] 이를 보아도 병을 유발하는 기전에 화와 열로 기인된 병이 아주 많다는 것을 알 수 있다.

사람의 화火는 생리적인 화와 병리적인 화 2가지가 있는데, 대표적으로는 군화君火와 상화相火가 있다. 사람은 화가 없으면 살 수 없지만, 화는 사람을 해害할 수도 있다. "내인으로 인한 병은 화가 제일 극열하다"라든가 "세상 병의 원인은 화가 십중팔구이다"라는 말을 보면 잘 알 수 있다.

한의학에서 말하는 화는 지금 우리가 알고 있는 발열 의미인 염증과는 다르다. 이런 차별적인 화에 대한 이론이나 치료법은 한의학만이 가지는 강점이다. 서양의학에서 말하는 항염증 개념으로 접근하는 것은 한계가 있다. 한의학에서는 화를 생리 및 병리적인 의미는 물론 정신적인 의미까지도 포함하는 개념으로 바라보기 때문이다. 군화는 심장에 배속된 것으로 임금을 의미하고, 상화는 신장에 배속된 것으로 신하를 의미한다. 장화壯火는 기를 흩어지게 하여 쇠퇴하게 하는 병리적인 화이며, 소화少火는 기를 기르는 생리적인 화이다.[17] 명문命門에서 나오는 불꽃같은 것이 상화인데, 이 이론은 명나라 때까지 많은 논쟁이 있었다. 특히 명문상화에 대한 논쟁은 주돈이周敦頤의 『태극도설太極圖說』을 언급하면서 손일규孫一奎, 조헌가趙獻可, 장개빈張介賓, 이시진李時珍, 설이薛已 등이 다방면의 논쟁을 하여 명·청대의 온보학파溫補學派를 형성하였다.[18] 이는 한의학 발전에 크게 기여하게 된다. 금원사대가金元四大家 위주로 살펴보면, 금·원 시기는 한의학이 기존의 이론을 토대로 가장 융성하게 발전한 시기이다. 그리고 이천李梴이 지은 『의학

입문醫學入門』의 분류에 의하면 명의明醫로 분류된 장자화를 제외한 나머지(유하간, 이동원, 주단계)는 유의儒醫에 속하는 상당히 높은 지식을 가진 엘리트층이 의학에 참여한 시기이다. 『내경』에서 군화는 명明, 상화는 위位로 본 것을 근거로 유하간(劉河間, 1120~1200)은 육기六氣가 화로 변할 뿐만 아니라 내상으로 인한 화의 병에 대하여 더욱 깊게 연구하여 다섯 가지 감정이 극도로 지나치면 열이 심해진다는 인식을 바탕으로 '강심화降心火, 익신수益腎水'를 치법으로 하는 '기제旣濟·미제未濟' 이론을 제창하였다.[19]

장자화(張子和, 1156~1228)은 내화內火와 외화外火로 구분하여 "상화는 용화龍火와 같고", "군화는 인화人火와 같다"라고 하였고, "오지五志가 생기는 것은 모두 마음이 만들어내는데, 온갖 생각이 일어나는 것은 다 마음에서 생기는 것이다. 마음이 바로 화이고, 마음이 토를 만들기 때문이다"라고 하였다. 이에 대한 치법으로는 마음의 화를 내리고, 신장의 수기를 기르고, 조용히 앉아서 편안하게 심장의 화를 잘 다스려야 한다고 주장하였다.[20] 이동원(李東垣, 1180~1251)은 『비위론脾胃論』에서 감정(노怒, 분忿, 비悲, 사思, 공恐, 구懼)이 원기를 손상시키는 것과 심화心火가 음화陰火라는 독창적인 이론을 내세웠다. 또한 칠정으로 화火가 발생한다고 보았다.[21] 또 음화는 "원기元氣의 적賊"이라 표현하여 병리적인 화로 단정하고, 화와 원기가 같이 공존할 수 없다고 하였다.[22] 주자의 법통을 이어받은 유의儒醫인 주단계(朱丹溪, 1281~1358)는 기존 의가들의 이론에다 송대 유가의 태극도설 이론인 '양은 동動하고, 음은 정靜하다'라는 근거로 양을 화火로 인식하고 상화를 생리적으로 중요한 화로 보아서, 동動하는 것이 절도에 맞으면 생리적

인 기능이 아주 원활하게 유지되지만, 망동妄動하면 진음이 마르고
졸이게 되어 음허陰虛라는 병을 얻게 되어 결국에는 죽게 된다고 하였
다. 또한 유가의 이론을 중심으로 섭생과 약을 치료 설정의 근거로
두고 있다.[23]

　주단계는『격치여론格致餘論』에서 "인간의 정욕이 끝이 없어 음기를
이루기는 어렵고 소모하기는 쉽다"라고 하여, 마음이 외부 사물에
접하게 되면 상화가 발생하여 욕정이 생기는 것을 설명하고 "양상유여陽
常有餘 음상부족陰常不足"의 이론을 내세웠다.[24] 주단계를 주목하는 이
유는 양생에 있어 색욕을 절제하여 음분을 보양할 것을 주장한 자음강화
滋陰降火를 주장하였기 때문이다. 현대적으로 성욕과 음식에 대한 피해
를 미리 언급한 해안이 있고, 상화로 인한 병에 대한 논술 중에서
이미 생물－심리－사회라는 하나의 모델을 포괄하고 있어, 상화의
본질을 구체화한 것이 많다고 하겠다.[25]

4) 한의학에서 말하는 분노는 무엇인가?

분노라는 것은 사실 한의학에서 잘 사용되지 않는 단어이며,『영추·수
요강유壽夭剛柔』에서 '우공분노상기憂恐忿怒傷氣'라는 용어가 처음 사
용된 것으로 보이나,[26] 분노라는 말에는 서양의학적인 의미가 다분히
포함되어 있다. 분노에는 즉흥적이며 파괴적이고 일방적인 에너지의
폭발, 살생적인 의미가 내포되어 있다. 음양적인 관찰에서 보면 인체의
기가 외적으로 온전히 발산이 되어 내부가 공허한 상태, 극도로 허한
상태로 볼 수 있다.

　노怒는 분노의 기분으로 나타나고 적개심, 적대감을 품은 상태에서

발생하는 감정으로 일차적, 이차적 감정이 고루 분포되어 있다. 또한 충동적 흥분과 폭발의 상태로 표현되므로 신체적 증상에 영향을 미치는 정도가 다른 감정들에 비해 통계적으로 유의하게 높다.[27]

노라는 감정에 대해서 살펴보면, 사람은 하늘의 풍한서습조화(風寒暑濕燥火: 바람의 기운, 찬 기운, 더운 기운, 습한 기운, 건조한 기운, 불의 기운)와 땅의 기운으로 구성된 것으로 보고 있다. 기후의 변화로 노怒의 감정이 생기는 것을 『소문·풍론』에서는 오장풍(五臟風: 오장과 관련된 풍증風證)의 증상 중 심풍心風에는 화를 잘 내고 사람을 꾸짖으며, 간풍肝風도 화를 잘 낸다고 했다.[28] 오장에 다 화가 있으나 특히 심풍과 간풍에만 화와 관련된 기록이 있어, 장기 중 간肝과 심心이 연관성이 많다고 보고 있다.

앞에서 언급한 바와 같이 한의학에서 희喜, 노怒, 우憂, 사思, 비悲, 공恐, 경驚의 7가지 정서 활동인 칠정은 정상적인 상황에서는 병을 유발하지 않지만, 지속적이거나 돌발적으로 강력한 자극을 받는 경우에는 칠정이 장부기혈에 문제를 일으켜 병을 유발하는 것이다. 노의 병리기전을 간략하게 살펴보면, 노는 기氣를 위로 올리며 간肝에 배속되어 있다. 간은 그 성질이 장군에 비유되어 소설疎泄 작용을 하고 억울되는 것을 싫어한다. 노가 지나치면 간장뿐만 아니라 비장까지 상하게 하고 간기횡역肝氣橫逆, 즉 기가 위로 올려서 얼굴이 붉어지고 어지러운 증상, 옆구리 통증, 가슴이 답답한 증상, 식욕이 떨어지는 증상이 나타난다. 더욱 심한 경우는 기가 위로 올라가서 졸도하여 쓰러지기도 한다.

　노와 짝이 되는 감정을 살펴보면 희노喜怒, 회노悔怒, 에진恚嗔, 우노憂怒, 온노慍怒, 분노忿怒, 우에憂恚, 노혁怒嚇, 우공희노憂恐喜怒, 비애희노悲哀喜怒, 우공분노憂恐忿怒, 희노비우공喜怒悲憂恐, 우공비희노憂恐悲喜怒, 희노사우공喜怒思憂恐과 같이 복합적인 감정으로『내경』에 기록되어 있다.[29] 노와 연관된 감정으로는 희흠와 노의 다른 표현인 온慍, 분忿, 에恚, 진嗔, 혁嚇과 우憂, 공恐, 비悲, 애哀, 사思를 열거할 수 있다. 따라서 노는 복합 감정으로 구성되어 표출될 수 있음을 알 수 있다. 노의 감정은 칠정 중 경驚을 제외한 모든 감정이 다 개입된 복잡한 감정이다. 특히 공恐과 우憂가 노怒와 가장 많이 연결되어 감정 유발이 되는 것을 볼 수 있다. 우리는 흔히 노 감정의 표출이 강력하고 순간적으로 발생하여 단순한 감정으로 느낄 수도 있으나, 사실은 보이지 않게 잠복된 의미가 많은 감정의 형태로 나타날 수 있다는 것이다.

　감정이 유발되는 강도를 살펴보면, 강약과 지속되는 시간이 중요하고 폭발적으로 오는 경우는 감정 자체의 속성에 의해서 가지고 있는 경우가 있으며, 특히 노공怒恐의 경우는 감정 자체가 순간적으로 발생되는 것이다.[30] 강도는 성盛, 실實, 광狂, 폭暴, 불휴不休, 다多, 과過, 유여有餘/쇠衰, 허虛, 극極 등으로 감정의 강도를 지속 시간, 허와 실, 양적으로 구분할 수 있지만, 정량화가 어렵다는 것이 감정 연구에 힘든 면이다. 그러나 정량화 연구가 되면 장부기혈의 진단에도 사용이 가능할 것으로 보인다.[31] 그러나 기의 측정 한계로 극복할 수 있는 여지는 감정 부분이지만 이 역시 진단을 객관화하는 데 어려운 점이 있다.

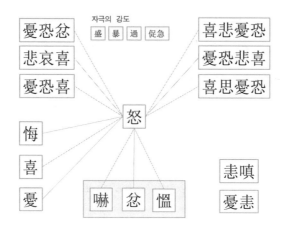

　　노怒를 중심으로 연관된 감정을 정리해보면, 비悲와 애哀·우憂는 비슷한 감정으로 본다. 공恐과 사思의 문제는, 기존 동양고전 이론에 의하면, 사思는 우憂, 수愁의 범주에 포함을 시켜서 사思 역시 비애우悲哀憂와 같이 배속을 시키면 희와 비 두 가지 감정으로 요약된다. 노 감정과 섞일 수 있는 감정은 희와 비인데, 분노의 감정에 슬픔의 감정이 내재되어 있는 것을 알 수 있다. 다만 희喜와 노怒의 해석에는 향후 재론의 여지가 있다.

　　노怒에 대한 병적인 증상을 살펴보면, 노의 감정 본연은 소설疏泄하고 승발升發하는 성질로서 인체 기능을 유지하는 데 아주 중요하다. 『영추·본신』에 "간기의 기능이 실하면 노하게 되고"[32]라고 하고, 『소문·장기법시론』에서는 "간병이 되면 양쪽 옆구리 아래가 통증이 있고 아랫배가 당기고 화를 잘 내며"[33]라고 하며, 『소문·조경론』에서는 "혈이 유여하면 노하다"[34]라는 표현이 있는데, 노하는 것이 피를 저장하는 기능과 기혈의 성쇠와 연관이 깊은 것을 알 수 있다.

노 감정의 위험성에 대해서 『소문·생기통천론』에서는 "크게 노하면 형체와 기가 끊어져서 피가 머리에서 울결되어 박궐薄厥이 되고"[35]라고 하고 있는데, 요즘 말로 하면 뇌출혈로 인한 중풍으로 볼 수 있다. 『소문·거통론』에서는 "기가 위로 거꾸로 올라가고 심하면 피를 토하고 설사를 하고",[36] 『영추·본신』편에서는 "신장腎臟은 노여움이 지나쳐 그치지 않으면 지志가 손상이 되고, 지가 손상이 되면 조금 전에 한 말을 기억하지 못하는데"[37]라고 하고 있다. 이는 화를 내면 노후에 치매 증상으로 고생을 한다는 뜻이다.

5) 감정에 왜 오장이 중요한가?

인체의 생명 현상이 발현하기 위해서는 천지음양의 순환에 잘 순응하여야 한다. 하늘의 청양한 기운과 땅의 탁음한 기운이 음양의 편차에 의하여 끊임없이 순환이 되고,[38] 구체적으로는 반드시 승강출입의 과정이 있어야 우리가 흔히 이야기하는 기의 흐름이 원활하게 유지가 되어 건강한 몸을 유지할 수 있다. 승강출입을 언급하는 이유는 감정이 인체 운행, 즉 기 운행에 많은 영향을 미치기 때문이다.

청양의 기운은 호흡의 기운, 소리, 냄새, 보는 것, 듣는 것으로 주리(腠理: 피부)로 운행하여 상규上竅로 나가고, 탁음의 물질은 오장육부로 가서 대소변으로 내보내지는 것이다.[39]

『독의수필』에서는 "사람이 안, 이, 비, 설, 신, 식을 사용할 수 있는 것은 승강출입의 통하는 바가 순조롭기 때문이며, 기전에 이상이 생기면 눈은 보지 못하고 귀는 듣지 못하고 코는 향기를 맡을 수 없으며 혀는 맛을 느끼지 못하고, 근육위축, 골비骨痺, 조퇴爪退, 치아가 썩고,

모발이 탈락하고, 피부의 느낌이 이상하고 장과 위 기능에 이상이 생긴다. 이는 모두 열기가 울체되어 땀구멍이 막히고 진액, 혈맥, 영위의 청탁 기운의 승강출입의 문제로, 울체되는 정도에 따라 병의 대소가 정해진다"라고 하였다.[40] 오장육부의 승강작용을 통하여 기혈이 운행되고, 장부 기혈의 변화는 정지에 영향을 미치게 된다. 이의 근거를 찾아보면, 『영추·본신』에 "간기가 허하면 두려워하고, 실實하면 노가 생기고, 심기가 허하면 슬프고, 실하면 웃음이 그치지 않는다"[41]라고 하였다.

상화相火가 승강운동의 근본이 되고, 중기가 승강운동의 추뉴(樞紐: 중요한 관건), 간과 폐가 승강운동이 통하는 도로, 심신心腎이 승강운동의 징조, 소양이 폐와 신장의 기운을 조절한다고 하였다.[42] 간심폐신의 사장이 주축이 되어 승강운동의 흐름에 영향을 미치는 것은 감정이고, 근간이 되는 것은 오장이다. 장기를 중심으로 인체의 기가 순환이 되고, 이 순환에 영향을 미치는 것은 감정의 편차이기 때문이다. 오장에 배속된 감정이 중요한 역할을 하며, 거기에 배속된 기의 작용을 보고 진단에도 사용된다.

감정 유발에 있어서 외부 자극에 대한 인식과정이 중요한 이유는 왜곡된 과정으로 오해하고 착각하거나 거짓된 정보를 인식함으로 인하여 인간사의 불행이나 병이 발생하는 시발점이 되고, 기 운행의 승강에 영향을 미치기 때문이다. 불교에서 이야기하는 정견正見, 즉 바로 있는 사실을 그대로 받아들이는 것은 쉽지 않다. 왜곡되지 않게 감정을 받아들이기 위해서는 인지과정 역시 중요시된다.

한의학적으로 감정의 정확한 이해를 위해서는 외부 자극에 대한 인지과정이 중요하다. 사물을 인지하는 과정에 대해 먼저『영추·본신』을 보면 덕德. 기氣. 생生. 정精. 신神. 혼魂. 백魄. 심心. 의意. 지志. 사思. 지智. 려慮에 대한 질문과 대화 내용이 나온다. 하늘이 내게 있는 것이 덕이고, 땅이 내게 있는 것이 기氣인데, 천과 덕이 흐르고 지기가 모여서 생生이 된다. 정精은 생의 내적 근원이라 하고, 신神은 양정兩精이 상박하는 것, 혼魂은 신을 따라 왕래하는 것, 백魄은 정精을 따라 출입하는 것을 말한다.[43] 덕德, 기氣, 생生, 정精 부분은 인간 한 개체에 대한 설명이고, 신神부터 려慮까지는 인식과정이나 인식활동을 나타내는 것이다. 이 부분을 구체적으로 살펴보면, 신神은 양중지양陽中之陽으로 정신의식 활동을 감수하는 것이고, 혼魂은 양중지음陽中之陰으로 아직 감지하지 못하는 부분인 꿈속에 나타나거나 잠재의식을 의미하는 것으로 심의 단계보다는 초급단계이다, 백魄은 동작이나 통증이나 가려운 느낌으로 신에 비해 독립적인 부분은 아니다.

　『유경類經』에서『영추·본신』을 주해한 것을 보면 "신神은 덕德이 있으니 공명정대, 명랑, 지혜, 빠른 깨달음 등이 있다. 혼魂은 몽상, 황홀恍惚, 변환變幻, 유행遊行 등의 경지이다. 백魄은 용用이 되니 움직이면서 만드는 것으로 인해 통증이나 가려운 감각을 느끼는 것이다. 혼백의 참된 영역을 분명히 알 수 있는 경우는 꿈을 꾸는 순간이다"[44]라고 하였다.

　심心은 만물을 맡기는 것을 감지하는 단계, 의意는 심에 생각이 있는 것을 영상으로 기억하는 단계, 지志는 의意가 존재하는 것을 경험으로 축적하는 단계, 사思는 지志로 인해 변화가 존재하는 것을 저장된 재료로 생각하는 추상적 개념, 려慮는 사思로 인해 멀리 그리워하는 것을 추리적으로 창조적인 사유 단계, 지智는 려慮로 인해 사물을 대처하는 것으로 주도면밀하게 반복적으로 사고하는 것을 말한다.[45] 의意는 일념이 생겨서 마음에 어떤 울림이 있지만 아직 정해지지 않은 상태이다. 사思는 지志로 정해졌지만 다시 이리저리 재어보고 따지는 것을 말하고. 려慮는 깊고 멀리까지 생각하면 반드시 걱정이 생기는 것, 지智는 근심걱정이 생기더라도 최선으로 대처함을 말한다.[46]

위를 요약하면, 신 → 혼 → 백 → 의 → 지 → 사 → 려 → 지의 단계를 거치는데, 신은 외부의 신호를 감지하고 반응하는 기능을 총괄하는 의미가 있고, 혼과 백은 신호를 얻는 과정이고, 의와 지는 들어오는 신호를 저장하고, 사와 려는 정보를 가공 처리하는 과정, 지는 최종 단계로 가장 최선의 선한 방향, 합리적인 방향으로 결정하는 것을 말하는 것이다. 신과 혼의 구별은, 양陽에서 다시 음陰과 양陽으로 구분하면 양에 속하는 것이 신이고 음에 속하는 것이 혼이다. 신은 의식 활동을 감지하는 것이고, 혼은 확실히 감지하지 못하는 부분으로 꿈과 같은 것으로 해석된다. 백은 외부 자극인 기미氣味나 음성, 감각, 통증이나 가려움을 느끼는 것으로 태어날 때부터 가지는 본능적인 의미가 많다. 의는 기억 및 의지나 의향이 있어 단기기억과 상관이 있고, 지는 장기적인 기억과 연관이 있는데 이 단계는 상당히 고급적인 단계로 볼 수가 있다. 사는 감정의 한 부분으로 들어오기에는 논란의 여지가 있지만, 의와 지의 과정을 넘어서 생각을 반복적으로 계획하는 것이 사이고, 더 깊이 골똘히 생각하는 것이 걱정과 의심이 생기기도

하는 과정이 려 단계이다. 사가 감정의 단계에 편입이 된 것은 사의
기 표현인 "생각을 골똘히 하면 기가 뭉친다는 의미(思則氣結)"를 중시
한 것으로 보인다. 지 단계는 인식과정의 최고 단계로 최종 결정이
선善의 입장에서 결정을 하는 지혜롭게 하는 것을 말한다.

특히 의意, 사思, 려慮, 지智는 오장 중에 비장과 연관이 많고, 이는
인식과정에서 비장의 역할이 심과 신의 역할보다 더 우위에 있음을
나타낸다. 따라서 임상을 하는 데 심비心脾의 중요성을 알 수 있다.[47]

사는 정서로 취급을 하지 않고, 사고 과정으로 보는 경우가 있으며,
사는 애哀, 우憂, 수愁와 같이 소극적으로 상통하는 경우가 있어, 사
자체에 애수의 뜻이 포함되어 있다.[48]

6) 한의학에서는 감정을 어떻게 다루는가?

한의학이 융성한 때인 금원金元 시기(1115~1368)는 이민족의 정권기
로 옛 한족이 정치에 개입할 수 없게 되자, 한의학 역사상 가장 고급인력
인 유의儒醫들이 한의학에 전념한 시대였다. 감정으로 국한하여 살펴보
면, 유하간은 오지五志가 과극하면 열이 심하게 된다고 말하였고,
장종정張從正은 『내경』 이후의 감정의 활용도를 한 차원 높게 발전시킨
공로가 있는데, 병적인 감정을 치료할 때 어떠한 감정을 가져야 하는지
를 상세히 언급함으로써 한의학적 정신치료에 기틀을 마련하였다.[49]
또한 특이한 것은 노怒의 감정을 이용하여 치료를 한 경우인데, 환자를
화나게 하여 땀을 내어 인체의 기혈이 막혀있던 것을 순환하게 하는
치료방법이다.[50] 이 경우는 노怒라는 감정이 병을 유발하기도 하지만
경우에 따라 잘 활용해 치료에 응용한 경우이다. 노 감정으로 임상

의안에 응용된 비와 노, 노와 사의 예를 살펴보자.

이미 옛날부터 감정을 다루어 질환을 치료한 경험에 대해 많은 의서에 의안으로 기록되어 있다. 강관江瓘과 그의 아들인 강응숙江應宿이 지은 『명의유안名醫類案』에 수록된 의안 내용을 분석한 것을 보면, 칠정과 관련된 것이 196종이고 그 중에 노와 관련된 것이 99종으로 50.5%가 되어, 노로 인한 질환이 제일 많은 것을 알 수 있다.[51]

먼저 그 감정을 치료에 이용하는 데 있어 위험성을 이미 지적하고 있고, 잘못 다루어서 목숨을 잃은 경우도 있었으며, 감정이라는 것이 양면성을 가지고 있어서 치료할 때는 항시 주의해야 한다고 말한다. 노 감정을 이용하여 치료한 경우를 살펴보면, 치료의 근거는 『소문, 음양음상대론』에 나오는 오지상승五志相勝, 즉 감정으로 감정을 이기는 방법이 있는데, "슬픔이 노여움을 이기고, 두려움이 즐거움을 이기고, 노여움이 생각하는 것을 이기고, 기쁨은 근심을 이기고, 생각은 두려움을 이긴다"라고 하였다.[52] 『유문사친』에서는 슬픔이라는 감정으로 분노를 조절하는 것은, 기의 관점에서 보아도 노로 인한 기의 상승에 대해 슬픔으로 인한 기의 하강을 통해 임상에 활용한 것으로 보인다. 즉 노 감정으로 생각을 깊게 하여 생긴 병을 치료하는 것으로, 이런 경우는 곧 응체된 기를 노의 감정으로 풀어헤친다는 의미로, 노의 감정을 상황에 따라 치료의 방법으로 사용한 것이 특이하다. 또 다른 의안은 노 감정을 가지고 사思로 인하여 기가 응결된 병(상사병 같은 병)을 치료로 활용하고, 슬픔 감정으로 노를 치료한 경우가 있다.

장자화가 지은 『유문사친·구기감갱상위치연九氣感更相爲治衍』에서는 『황제내경』에서 감정을 이용하여 감정을 치료하는 것에서 한 걸음

더 나아가 치료하는 감정을 어떻게 할 것인지를 구체적으로 기술하고 있다. 노怒 감정으로 예를 들면 슬픔이 노怒를 치료하는 것을 "슬픔은 측은하고 괴로운 말로 감동을 시킨다"[53]는 말로 표현하고 있다. 또 하나는 노怒 감정으로 사(思, 생각)를 치료하는 것인데, 이때의 노怒에 대해 "모욕적이고 속임을 당하는 말로 속을 건드린다"는 의미로 기술하고 있다. 또한 치료자가 감정을 유발할 때의 느낌에 대해, 비悲 감정으로 노를 치료하는 경우에 비悲 감정은 감동을 주게(感之) 하라고 하였고, 그 외의 감정도 희喜는 장난하듯이(娛之), 공恐은 공포스럽게(怖之), 사思는 마음을 빼앗게 하듯이(奪之), 노怒의 경우는 속을 건드린다(觸之)는 말로 표현되어 있다.[54]

노怒 감정을 활용한 의안을 살펴보면, 노怒를 유발하여 불면을 치료한 사례가 있다. "한 부호한 집안의 부인이 사려 과다로 2년 동안 잠을 잘 이루지 못하였는데 약으로 치료되지 않았다. 그 남편이 대인에게 치료를 구하였다. 대인이 말하기를 '양손의 맥이 모두 완하니 이것은 비脾가 병을 받은 것으로, 비脾는 사思를 주主하기 때문이다'라고 하였다. 이에 그 남편과 더불어 노怒하고 과격하게 하기 위해 재물을 가지고 며칠 동안 술을 마시니, 병을 제거하는 데 한 가지 방법만이 있는 것이 아니다. 그 부인이 크게 노怒하며 땀을 내니 밤에 곤히 잠을 자더라. 8, 9일 잠을 이루지 못하더니 스스로 음식을 먹어 맥이 평平해짐을 얻게 되었다"[55]라고 하였다.

또 다른 경우는 슬픔을 이용하여 노한 감정을 치료한 경우이다. "하루는 두 첩이 서로 싸웠는데 연희라는 첩이 화난 것이 분忿이 안 풀려 마치 죽은 것처럼 기궐氣厥하였는데, 저녁부터 다음날 아침까지 깨어나지 않았다. 입실하여 보니 피부색은 검고 얼굴은 푸르고 목현目眩이 있고 손은 펴고 있었다. 진찰할 때 맥을 짚어보니 복맥伏脈이 뛰면서 허탈虛脫하여 마치 굉장히 위험한 것처럼 보였다. 재진 시에 얼굴에 싫어하는 빛이 나타났고, 손을 갑자기 잡아 당겨보니 약간의 소리를 냈고 손에 힘이 있어 더 의심하게 되었다. 어떻게 죽을 사람이 이렇게 힘이 있는가 생각하게 되었고, 원래 체질상 비후하여 맥상이 선천적으로 약한 것으로 보았다. 또한 겨드랑이를 딱 붙이고 있었고 얼굴색이 청색으로 나타난 것은 노기怒氣로 인해 당연히 나타난 것이었다. 치료를 할 때 구법灸法을 사용해야 한다고 하여 환자에게 공恐으로써 치유케 했는데 이것으로 약을 한 첩 먹이니 바로 소생하였다. 장경악張景岳이 말하길 '나의 비방이라는 것은 말에 있는 것이니 약을 대신해서 말로써 치료한 것이다.'『내경』에 말하길 '바로 이것이 비가승노(悲可勝怒: 슬픔이 분노를 이긴다는 것)를 이르는 것이다'라고 하였다.[56] 이 사례에서는 환자를 두렵게 하여 노를 치료하였는데, 공恐을 비悲의 범주에 넣은 것이다. 그러나 그 시대에는 이러한 요법을 사용하여 죽음에 이르게 한 경우가 있기 때문에,[57] 이러한 치료법이 지금 시대에 활용될 수 있는가는 재고할 필요가 있다.

임상적으로 많은 환자가 내원하는 화병에 대해서 알아보자. 이런 질병은 흔히 신경과민이라고 본인도 중요하게 생각하지 않다가, 가정 내에서 고부간의 갈등, 부자 사이의 불화, 부부싸움 등의 인간사로 고통이 유발되어 화火가 생긴 것이다. 여기에는 반드시 울鬱이 생긴 이후에 화병火病이 생기는 것이다. 그냥 화라면 풀면 되지만, 울이라는 단계를 거치기 때문에 푸는 것이 쉽지 않다. 울이라는 것은 닫혀 있는

것으로 기의 통로가 없는 것을 말한다. 울은 신경을 쓰거나 일이 안
되어 자꾸 억지로 참게 되면 기氣의 통로를 막는다. 울로 인해서 열기가
생기기 시작하면 답답함, 심장통증, 입이 마름, 불면증 등을 호소하게
된다. 울화가 되면 그냥 화로만 생기는 화상과는 달리, 울이 생겨서
화가 생기는 것이니 단순히 차게 하는 약을 사용하기보다는 소통을
해주는 한약제, 즉 순기順氣시키는 약제를 사용한다. 물론 의사와
상담도 중요하지만 본인 스스로 산으로 들로 가서 소리를 지르거나
마음의 문을 개방하고 울체되거나 응체된 것을 스스로 풀도록 노력하여
야 한다.

특히 대인관계의 통로는 대화인데, 대화가 안 되어서 임상적으로
나타나는 화병의 주원인이 되기도 한다. 대화라는 것은 자기와의 대화,
상대와의 대화, 더 나아가서는 자연과의 대화까지 포함하는 폭넓은
의미가 있다. 대부분의 경우는 할 말이 없다고 표현을 하는데, 이러한
표현의 이면에는 할 말이 너무 많아 어디서부터 대화를 할지 모르겠다는
것을 의미한다. 대화는 기의 소통이다. 밖과 내부의 통로가 막히니
울이 생기고 더 심하면 결結이 되는데, 아주 오래되면 증상이 악화된다.
이 단계는 원한의 단계(怨結)가 되는데, 더 심하면 식사를 하지 못하고
헛구역을 하고 결국 사망하는 경우를 본 적이 있다. 그런데 다른 큰
병원에서 정밀검사를 해보면 영양실조로 진단이 난 것이다.

기와 울의 관계를 살펴보면, 먼저 기 자체가 병변을 유발하여 병을
만드는데, 우울하다는 것은 울하여 기가 막히는 것이다. 울을 치료하는
법은 기를 소통하게 하는 것인데, 문제는 실제 치료가 이론대로 수월히
이루어지지 않는다는 것이다.

흥분하거나 침체하는 생각은 본인의 의지와는 달리 자꾸 스스로 만들어내는 것이다. 심기(心氣: 마음)를 어떻게 가지는가에 따라 기의 변화가 달라지는 것이다. 심기 자체는 제 마음대로 안 된다. 비록 노력은 하지만 자기 혼자만 사는 것이 아니다. 타인에 의해서 화火가 만들어지고, 타인이 나의 기氣를 엉망으로 만들기 때문이다. 따라서 자기를 지키기 위해서 평소에 명상이나 수양법이 필요하다. 저항을 하거나 대항하다 보면 자기 스스로 병을 더 악화시킨다.

화병의 치료 주요 포인트는 바로 수양하는 것인데, 종교생활을 비롯해서 다양한 방법이 있기 때문에 스스로 찾을 수 있다. 병이 나지 않도록 자기의 심기를 자기 스스로 조절해야 한다. 한의학적으로는 병리적인 산물인 기혈담氣血痰을 허실로 나누어서 볼 수 있는 혜안을 얻는 것이 중요하다.

7) 사상의학 감정 - 노를 중심으로

똑같이 웃고 있는 사람도 그 밑바탕에 어떤 감정이 있는지에 따라 웃음이 각기 다르다. 예를 들어 같은 웃음이어도 비애나 희락을 바탕에 둔 웃음은 각기 다르다는 것이다. 사상의학에서 감정세계를 관찰하는 방법은 사단四端, 즉 인의예지仁義禮智를 중심으로 이해하는 것이다. 천기天機와 인사人事에 대한 용어를 정의하면 다음과 같다. 우리 주위에 존재하는 모든 기미와 작용을 천기天機라 하는데, 인체에 수용되는 것들은 이목구비耳目鼻口를 통해서 들어오고, 들어온 정보에 의해 행동 유형이 다르게 나타난다고 본다.[58] 그리고 인사人事는 인간사에 관계된 모든 일로서 인체에서는 폐비간신肺脾肝腎으로 결부시킨다. 성性은 몸 전면의 함억제복頷臆臍腹에 배속시키고, 후면에 폐비간신에 배치하여, 앞은 심(心: 마음)을, 뒤는 몸(身)이라 보고 사물事物과 심신心身(我)으로 세상을 관찰하는 것이다. 천기는 나를 둘러싼 외부의 환경으로 이목구비로 외부 환경을 객관적으로 인식하는 것이다. 인사는 나와 타인의 관계에서 자신의 주관적 관점으로 보는 것이며, 변하지 않는 본성으로 볼 수 있다.

사상의학에서는 애노희락을 통해서 사람을 알고자(知人) 하였다. 성정이란 타고나는 것이고, 칠정은 지금 가지고 있는 감정의 복합체이다. 사람의 욕심을 인의예지의 기준점에 따라 나누었는데, 비인鄙人은 예를 버리고 방종하는 사람, 나인儒人은 의를 버리고 안일한 사람, 박인薄人은 지를 버리고 사사로운 일을 꾸미는 사람, 탐인貪人은 인을 버리고 욕심을 좇는 사람으로 구별하였다.[59]

노怒 감정과 관련이 많은 체질인 양인(陽人: 태양인, 소양인) 위주로 살펴보면, 태양인은 애성哀性이 널리 흩어지고 노정怒情이 촉급促急하고, 소양인은 노성怒性이 넓고 크며 애정이 촉급함으로 인하여 각 장기의 대소가 결정이 된다.[60] 한의학에서 사용하는 성性과 정情이란 개념은 기존에 사용되는 성性은 좋은 것이고 정情은 나쁘다는 성리학적 개념과는 다르다.

노怒와 애哀의 감정은 항시 짝을 이루며 각각의 감정은 다시 성性과 정情으로 구분한다. "애기哀氣는 곧게 올라가고(直升), 노기怒氣는 옆으로 올라가며(橫升), 애기哀氣와 노기怒氣는 상승하고 양陽에 속한다"[61]라고 하였는데, 감정을 기로 표현한 것으로 기존의 한의서에 나타나는 것과 달리 병리적인 상항이 되면 둘 다 인체에 악영향을 미친다. 성정性

情의 기 형태를 살펴보면, "애성哀性이 극極에 달하면 노정怒情이 일어나고, 노성怒性이 극에 달하면 애정哀情이 일어난다."[62] 즉 각 체질마다 고유의 성性을 가지는데. 성性이 정상 범위를 넘어서면 성性이 정情으로 변하여 인체에 병리적인 현상이 나타나는 것이다. "태양인의 슬픔이 극에 달하여 그치지 않으면 분노가 밖으로 격동하고, 소양인의 성냄이 극에 달하여 이기지 못하면 비애의 마음이 일어난다"[63]라고 하였고, 체질 중에서도 "태양인은 몹시 성내고 깊이 슬퍼함을, 소양인은 몹시 슬퍼하고 깊이 성냄을 경계하여야 한다"[64]라고 하였다. 여기서 심노深怒라는 것이 있는데, 깊은 분노의 의미는 응축되고 울체된 의미와 유사한 것으로 볼 수 있다. "태양인의 노怒(情)는 사람들이 본인을 업신여길 때 발생하고, 소양인의 노怒(性)는 사람들이 서로 업신여기는 것을 노여워한다"[65]라고 하였다. 그러나 이 역시 성과 정으로 달리 배속을 하여 노 감정을 체질별로 차이를 두고 있다. 또한 "다만 지나치게 슬퍼하고 즐거워하는 것을 경계하고, 억지로 좋아하거나 즐거워하여 허동虛動이 불급해서는 안 된다. 만약 억지로 희락을 도모하여 자주 번거롭게 하면 희락이 진정에서 나오지 못하여 애노가 더욱 치성하게 될 것이다"[66]라고 하였다. 감정을 유발하는 데 진정으로 우러나오는 마음으로 해야지, 강제적인 마음으로 감정을 유발하면 감정이 더욱 치우쳐진다고 본 것이다. 앞에서 말한 웃음치료와는 대치되는 것이다. 이는 사상의학의 감정에 대한 독특한 개념으로, 인위적인 유발보다는 자연발생적인 감정으로 치료하는 것이 의미가 있다.

다시 말해 희노애락을 매개체로 하여 기 표현인 감정의 과불급으로 장부의 승강출입을 통하여 기 순환이 이루어지는 것으로 보았으니,

즉 체질별 기 흐름이 다르다는 것이다. 이를 좀 더 살펴보면, 사상에서의 표리를 통한 인체의 기 흐름은 사상 체질별로 양인의 경우는 청양의 기운이 복부를 타고 올라가고, 청음의 기운으로 배부로 내려온다. 음인의 경우는 온양의 기운이 배부를 타고 올라가고 온음의 기운이 복부로 내려와서 인체의 기 순환이 진행된다. 사상의학에서는 이러한 기 순환에 애노희락의 기운이 절대적으로 영향을 미친다고 주장한다. 또한 이 기운은 태어날 때부터 이미 정해져 있다고 보며, 스스로 자기의 성정을 잘 파악하여 부족한 부분을 잘 채워나가야 건강한 정신과 몸을 유지할 수 있다고 했다.

몸을 통한 경험으로는 사람들의 관계성, 즉 세상과의 관계를 통한 심성의 유발이 일정한 양식(pattern)이 있다는 것을 알고, 지인을 하는 것이다. 지인을 하기 위해서는 본인 자신이 먼저 수양하고 성인의 마음을 갖기 위해 노력해야 한다.

3. 감정을 통한 한의학과 불교의 만남

불교는 인도에서 발생하여 중국을 거쳐 다시 격의불교라는 형태로 유교, 도교 등 중국의 고유 토착사상과 융합하여 발전하였다. 불교를 의학적으로 접근하는 데는 무언가 기둥이 하나 빠진 것 같은 답답함을 느낀다. 유교가 쇠퇴할 시기에 자체적인 노력의 결과로 불교의 장점을 흡수하여 다시 본래의 위치를 찾은 것은 오늘날 지향하고 있는 융합의 뜻에 맞춰 발전한 것으로 시사하는 바가 크다. 그 중심 키워드는 기氣라는 생각이 든다. 그런 반면에 불교에서는 기의 발전이 이루어지지 않은 이유가 무엇인가?

하지만 불교에 기라는 개념이 없다고 볼 수는 없을 것이다. 필자는 기와 유사한 부분이 불교 범주에 잠재되어 있다고 보는데, 바로 불교의 십이연기와 호흡, 감정에 대해 자세히 기술한 유식학이 그것이라 생각한다. 먼저 유가儒家의 이론을 의학과 접목해서 성공한 사상의학의 예를 들어 보고자 한다. 사상의학에서는 인의예지인 사단을 근간으로 두고, 인간의 대표적인 감정인 애노희락의 불급으로 인체의 장기에 대소가 결정된다고 말한다. 인간이 태어날 때 장기의 대소가 이미 결정되어 있지만, 그 이후로는 성정을 어떻게 사용하는가에 따라 강한 장기가 약해지거나, 강한 장기가 더욱더 강해지거나, 약한 장기가 더욱더 약해지는 경우가 있다는 것이다. 물론 이는 기존 유학의 이론을 그대로 답습한 것이 아니라 이전에는 전혀 없던 창의적인 사고로 새로운 의학 모델을 제시한 것이다.

한의학과 불교에서의 몸을 통한 지향점을 보면 한의학은 건강을, 불교는 성불하는 것에 두고 있다. 각각 추구하는 바는 다르나 둘 다 몸을 통하였다는 것은 일치한다. 먼저 몸에 대해서 알아보자. 여러 의서 중에 불교에서 바라본 몸에 대해 수록된 책 중에『동의보감』내경 권1의「집례」를 보면 "사람은 내內로는 오장육부가 있고, 외부에는 근筋·골骨·기육肌肉·혈맥血脈·피부로 그 형체가 구성되어 있는데, 정精·기氣·신神이 장부와 백체百體의 주인이 된다. 따라서 도가의 삼요三要와 석씨의 사대四大는 모두 이를 말하는 것이다"[67]라고 하였고,「신형장부도身形藏府圖」에서는 '사대오상가합四大五常假合'이라는 문구만 나오다가,「사대성형四大成形」에 지수화풍地水火風에 대하여 구체적으로 나온다. 불교에서는 사대로, 도교에서는 정기신으로, 불교와 도교를 동시에 나란히 기술하고 있다. 가합假合이라는 것은 가식 혹은 임시로 꾸민다는 의미인데, 인체가 임시로 구성이 되었다가 죽으면 다 흩어지는 것이 마치 각종 부품을 해산하는 것과 같다는 말이다. 『동의보감』의 육욕六慾에 대한 설명으로는 「내경편」의 정기신혈 부분 중 기 부분의 「기위호흡지근氣爲呼吸之根」에서 "안이비설의眼耳鼻舌意〔是謂六慾〕"라 했는데,[68] 신身이 탈자가 된 것으로 보이며, 육욕을 바로 기氣로 인한 것이라고 정의를 내리고 있다. 기존의 의서에서 감정을 바로 기로 표현한 곳은 많지만 안이비설신의 감각기관인 오근과 정신을 나타내는 의意인 의식을 바로 기로 정의한 곳은 없는 것으로 보인다. 육욕과 삼독三毒에 대한 언급은 「신형身形, 섭양요결攝養要訣」에 인용되어 있다.[69]

한의학 서적에 간간히 불교에 관한 언급은 나오지만, 마백영에 의하면 "불교의 사대四大에 대한 평가를 보면, 진정한 사대학설은 한의학에 완전히 융합되지 못했고 의학에 인용된 불의인 '사대개공四大皆空'의 뜻은 전혀 없다"[70]라고 단정 지어 말했다. 이를 통해 볼 때 한의학과 불교의 만남은 역사 속에서 적극적으로 이루어지지 않았음을 알 수 있다.

1) 한의학과 불교의 화

불교에서 유식학은 '불교심리학'이라고도 하는데, 철저한 수행을 통해서 마음의 기전을 상세히 기술한 것으로, 모든 사물은 마음이 만들어낸 영상에 지나지 않는다고 보고 있다. 유식唯識이라는 의미는 오직 식만

있다는 의미로, 식의 기능은 지知의 기능 말고도 감성적, 의지적 기능도
포함된다. 또한 유식학은 현실적인 마음의 활동 배후에 있는 잠재적
마음의 활동, 즉 잠재의식을 묻고 그것에 문제를 해결하고자 하였다.[71]
이는 일체(sarva)를 유唯(mātra)로 통일하고자 하는 요가 수행자들의
목표가 요가 체험과 결합함으로써 성립된 것이다.[72]

불교심리학에서는 마음은 오직 앎의 순간, 인식의 순간, 경험의
순간에 출현하는 인식과정과 인지과정 속에 있다고 한다.[73] 마음의
작용을 보면 인식작용의 출발로서 촉觸은 근根·경境·식識 3가지가
화합을 해서 분별을 하고, 의지작용인 작의作意는 마음을 일으켜 대상
에 작용하고, 수受는 애착을 일으켜 감각지각의 감수작용을, 상想은
이름과 개념을 만드는 표상작용을, 사思는 선한 마음으로 향하게 하는
지향성을 가지고 있다.

이하에서는 분노라는 감정을 중심으로 유식학에 나타난 번뇌와 한의
학의 감정을 연결하여 감정에 대한 충분한 이해를 시도해봄으로써
임상이나 수행에 도움이 되고자 한다.

먼저 노에 대해 불교적으로 살펴보면, 『불의경』에서는 10가지의
병의 인연에 대해서 언급하고 있는데, 감정과 연관이 된 것은 3번째
우울(憂愁)과 6번째에 분노(瞋恚)[74]로 병의 원인 중 분노가 들어가
있고, 『대지도론』 권14에서 "분노는 병처가 가장 깊고, 삼독 중에
제일 무겁고 심병 중에 제일 치료가 어렵다"라고 기술되어 있다.[75]

『쌍윳따니까야』에 "분노를 끊어 편안히 잠자고, 분노를 끊어 슬프지
않다. 참으로 하늘사람들이여, 뿌리엔 독이 있지만 꼭지에 꿀이 있는
분노를 죽이면 고귀한 님들은 가상히 여기니, 그것을 끊으면 슬픔을

여의기 때문이다"[76]라고 했다. 분노에 대한 정의로 아주 간결하고 함축적인 비유의 표현이다. 분노의 처음은 꿀과 같이 달아도 나중에는 독이 된다는 의미로, 분노 속에 슬픔이 있다는 것을 알 수 있다.

불교의 대표적인 감정은 탐, 진, 치 삼독이다. 특히 진瞋은 분노의 심소로 삼계 중에 욕계에만 있으며, 사성제 중 집제에 들어가고, 12연기에서는 2지분(行), 4지분(色), 9지분(取)으로 오온五蘊에서는 행온行蘊에, 12처에서는 법처에 들어간다.[77]

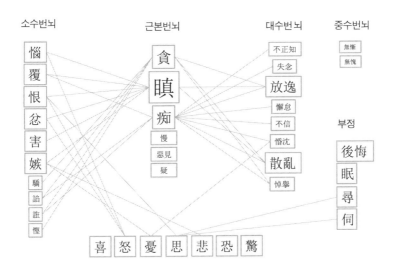

마음의 작용인 심소를 분류하면 근본번뇌 6가지(貪·瞋·癡·慢·見·疑)와 수번뇌 20가지로, 염심이나 불선심에도 두루하지 않아서 각자 별도로 행동하는 소수번뇌는 분忿·한恨·복覆·뇌惱·질嫉·간慳·광誑·첨諂·교驕·해害이고, 불선심에만 두루 상응해서 일어나는 중수번뇌는 무참無慚·무괴無愧이며, 일체의 오염에 두루 상응하는 대수번뇌는 혼

침혼沈·도거掉擧·불신不信·해태懈怠·방일放逸·실념失念·산란散亂·
부정지不正知로 나누어진다.

여기서는 진을 중심으로 심소의 관계를 살펴보겠다.

진에 속하는 심소는 교驕·분忿·한恨·복覆·뇌惱·질嫉·방일放逸·산
란散亂와 관련성이 많고, 더 상세히 살펴보면 교驕는 자신이 번영을
자랑하는 것 혹은 그다지 타인을 의식하지 않고 내적으로 뽐내는 마음,
분忿은 마음에 들지 않는다고 화를 내거나 때리는 행동으로 폭발적인
분노, 복覆은 시치미를 떼는 것, 뇌惱는 분忿이나 한恨의 결과로 생기는
폭언하는 마음, 질嫉은 우울함(憂戚), 방일放逸은 게으름, 산란散亂은
대상이 정해지지 않고 마음이 안정되지 않아 느슨하고 집중이 안 되는
것이다.[78]

이처럼 분노의 마음은 억울한 마음, 남을 억압하는 마음, 시치미
떼는 마음, 질투, 산란한 마음, 방일한 마음이 복합된 감정임을 알
수 있다. 대수번뇌 중에 산란한 마음과 방종하고 자기 마음대로 하는
방일한 마음은 탐진치 모두에 다 연관성이 있고, 소수번뇌에서는 해害
는 탐과 진이, 복覆은 진과 치한 마음과 관련성이 있다. 소수번뇌는
탐과 진에 귀속되는 것이 많고, 대수번뇌는 치痴와 대부분 연관성이
많았다. 또 대수번뇌에서는 탐진치에 다 연관성이 있는 방일한 마음과
산란한 마음을 잘 다스리는 것이 중요할 것으로 보인다.

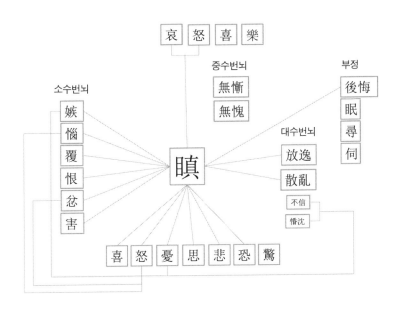

한의학에서 분류한 칠정과 불교의 탐진치를 비교할 때 희·우·비·공·경이 잘 나타나지 않는 것으로 보이는 이유는, 불교의 추구하는 목적은 수행에 초점이 맞추어져 있어, 불교의 희와 비를 한의학에서는 전혀 다른 관점에서 보기 때문이다. 불교의 희喜는 동락同樂의 의미로, 다른 이의 성공을 기뻐하고 질투하지 않는 작용과 싫어함을 제거함으로 나타난다. 비悲는 연민으로 다른 유정들이 겪는 고통을 완화시키려는 형태로 일어나고, 다른 이의 고통을 견디지 못하는 작용과 잔인함이 없음으로 나타난다.[79] 한의학에서 비悲 감정과 진瞋 감정의 연관성을 언급한 곳으로는 『소문현기원병식』의 육욕六欲에 대한 설명에서 나온다.[80] 이는 불교학설이 한의학에 접목된 부분으로 보이며, 비悲 조문에 화에 대해 언급했을까라는 의문이 드는데, 의외로 비悲에 대한 설명이 아주 상세히 나타나 있다. 즉 "슬픔이라는 감정은 금기金氣인 폐의 감정으로 근육을 마르게 하는 것을 화火라고 하고, 육욕을 과도하게 사용하면 장에 손상을 받게 되는데, 오지五志에 의해서 병이 되는 것은 다 열이라고 하였으며, 또 육욕칠정이 도의 우환이 되는 것은 화에 속하기 때문이다"라고 했다. 슬픔인 비와 화의 상관성이 잘 설명된 부분인데, 여타의 한의학 서적에는 설명된 부분이 없다. 슬픔과 분노의 연관성은 다음의 자료에서 연관성을 찾을 수 있을 것 같다.

고려대학교의 웹기반 코퍼스 분석 도구를 활용하여 분노에 대해 분석해보니 다음과 같은 결과를 얻을 수 있었다.[81] 2011년을 기점으로 분노가 급격히 상승하는 면이 보이고, 특이한 단어로 국민, 슬픔, 폭발, 표출, 실망, 좌절, 증오, 고통 등이 나온다. 이 중에서 감정적인 단어를 살펴보면 슬픔, 증오, 좌절, 고통이 있는데 분노의 밑바탕에는 이러한 정서가 국민들 마음에 깔려 있는 것을 알 수 있다.

진瞋의 마음을 일으키면 불안하고 속으로 걱정을 하고 악으로 향하도록 발동하는 근거가 되고 악업을 일으키는 중요한 원인이 되는데, 오계인 살생, 도둑질, 사음(음행), 망어(거짓말), 음주로 인한 사고가

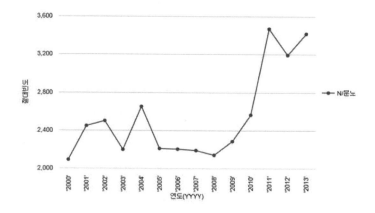

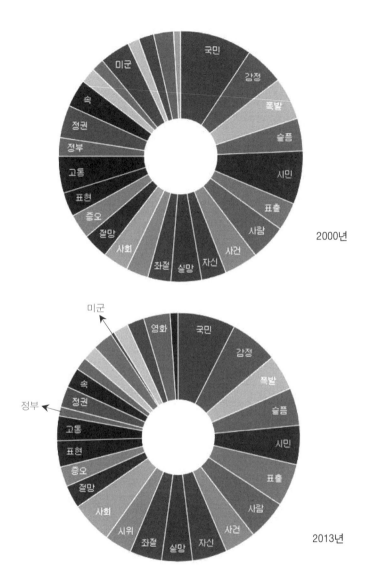

2000년

2013년

발생하게 하여 악업을 범하는 원인이 된다. 불교에서 진에 대한 언급을
많이 하고 강조한 이유는 다른 심소보다도 타인에게 직접적인 피해를
끼쳐 정신적·육체적 생명까지 위협할 수 있기 때문이다.

Henry Gleitman의 감정 분류와 비교하면,[82] 노(anger)는 irritation(짜증, 까칠, 예민), exasperation(반복적인 자극이나 성가심에서 오는 것), rage(강렬한 화, 격분), disgust(역겨움), envy(질투), torment(고통)로 구성된다. 서로 간의 연관성을 보면, irritation과 exasperation은 상관성이 있고, rage(분노)와 disgust(역겨움) 역시 연관성을 가지고, envy는 독립적으로 분노와 연관이 있고, 고통은 분노와 가장 직접적인 연관성을 있음을 알 수 있다. 질투(envy)는 유식에서 진에 소속된 질嫉과 관련된 것으로 보는 것은 동일하다. L. Nummenmaa이 분류한 감정의 연관성을 살펴보면, anger와 fear가 연관성이 많은 것으로 나왔는데,[83] 이 역시 한의학에 노와 공이 배합된 경우가 빈번한 것과 유사하다. 한의학에서 노와 연관된 감정을 문헌적으로 살펴보았을

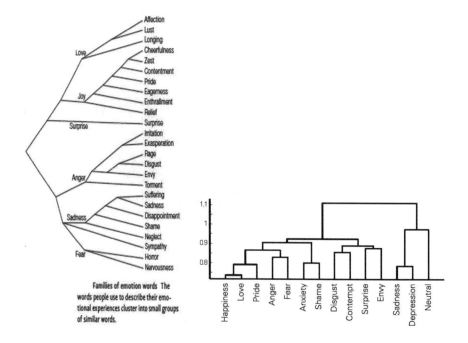

Families of emotion words The words people use to describe their emotional experiences cluster into small groups of similar words.

때 공恐이 우憂과 같이 노의 감정에 많이 배속이 되는 것은 또 다른
의미가 있을 것으로 생각된다.

2) 한의학과 불교의 만남을 통한 분노의 치료

분노의 치료는 먼저 예방적인 면과 치료적인 접근이 필요하며, 불교와
한의학에 공통적인 면을 위주로 살펴보면 호흡, 감정의 다스림, 한약으
로 요약이 된다.

호흡법을 통한 조기법과 유가행법으로 추정되는 안마법을 살펴
보자.

손사막의 『비급천금방요방·조기법調氣法』 제5에서는 기의 조절 방
법과 호흡에 대한 기록이 있다. 조기調氣하는 방법은 "조기를 할 때는
두텁고 푹신한 이불 위에 누워서 베개를 높이 하되 몸의 선線과 나란히
하고, 손은 힘주지 말고 자연스럽게 뻗치고 다리를 벌린다. 양손은
엄지손가락을 안으로 넣고 쥐며 몸에서 4, 5치 떨어지게 하여 뻗치고
다리를 벌린다. 양손은 엄지손가락을 안으로 넣고 뉘며, 몸에서 4,
5치 떨어지게 하여 뻗치고, 다리도 역시 4, 5치 떨어지도록 하여 벌린다.
이빨을 몇 차례 부딪치게 하고 침을 삼킨다. 코로 숨을 쉬어 뱃속으로
넣고, 발까지 이르게 되면 그친다. 힘을 들여 다시 쉬고 오랫동안
머물게 하여 기가 차게 되면 입으로 서서히 내뱉고, 다음에는 코로부터
천천히 빨아들인다. 이 같은 동작을 연속하여 거듭한다. 입을 다물고
있을 때는 마음속으로 수를 헤이고, 그 수가 귀에 들리지 않고 또
수를 잘못 헤아려서는 안 되기 때문에 마음속으로 헤아리되 천千까지
헤아릴 수가 있으면 선경仙境에 가까워졌다고 말할 수 있다. 날씨가

나쁘고 안개, 강풍, 극한極寒일 때는 조기하는 것을 피하고 오직 닫아두
는 것이 좋다"라고 하였다.[84] 바로 이어서 호흡과 동작으로 기를 조절하
는 법과 열병과 냉병, 각 오장병에 대한 호흡법이 기록되어 있다.
호흡에 보면, 냉병冷病인 자에게는 대호大呼 30회, 세호細呼 10회로
호흡법은 콧속으로 기를 빨아들여서 입속으로 기를 토해낸다. 내뱉는
소리가 나도록 입을 콧속으로 기를 빨아들여서 입속으로부터 기를
토해낸다. 내뱉는 소리가 나도록 입을 둥글게 하여 기를 내뿜는다.
열병熱病은 대취大吹 50회를 하는데, 취吹는 부는 소리가 나도록 훅하고
불어내고, 폐병肺病은 대허大噓 30회, 간병肝病은 대가大呵 30회, 비병脾
病은 대희大唏 30회, 신병腎病은 대희大呬 50회를 하고, 세허細噓, 세가細
呵, 세희細唏, 세희細呬는 각각 10회씩 하고 신병의 경우만 세희細呬
30회를 한다고 설명하고 있다.[85] 간병의 대가 호흡법은 분노의 경우에
호흡이 거친 경우에 응용될 수 있는 호흡법으로 생각된다.
  좌선의 방법에 대한 것을 살펴보면 다음과 같다.

"선관禪觀의 법(좌선의 모습)으로 눈을 감고 생각하며 마음속에 음양
陰陽이 서로 합하는 태화太和의 기氣를 기른다. 이때의 기란 자운紫雲
과 같이 오색五色이 빛나는 것과 같은 것을 상상하는 것이다. 또
발제髮際로부터 머릿속으로 들어가 비가 개인 뒤의 구름이 산속으로
들어가듯이 피부로부터 살 속으로, 또 뼈로부터 뇌 속으로 들어가,
차차로 내려와서 뱃속으로 들어가서 사지오장四肢五臟은 모두 그
은덕을 받아 물이 대지大地 속으로 스며들어가듯이 사고를 계속해가
는 것이다. 만약에 이것에 철저하면 뱃속에서 물이 흐르는 소리가

들리고, 다른 일에 마음이 팔리지 않고 전념할 수가 있게 된다. 이렇게 해서 태화의 기가 기해氣海에 이르고 자연히 용천涌泉에 이르면 온몸이 흔들리고 두 다리도 오그라져 굽게 되고, 자리에 앉으면 마디마디가 우두둑하고 소리가 나게 된다'라고 하였다. 이렇게 하면 얼굴이 광택이 나고, 귀와 눈이 총명하고, 모발이 윤택하며, 기력이 증가되고, 모든 병이 사라진다고 하였다.[86]

『비급천금방요방·천축국안마법』에서 인도의 유가기공과 관련된 부분의 기록이 보이는데, 이 안마법을 천축국 안마 또는 바라문법婆羅門法이라고 하였다.[87] 노인이 매일 3번씩 하여 한 달 정도 하면 백 가지 병이 없어지고, 보행이 말과 같이 달리고, 몸을 보익補益하여 오래 살고, 식사를 잘하고, 눈이 맑아지고, 몸이 가벼워지며, 피로해지지 않는다고 하였다.

1) 양손을 꼭 맞잡고 손을 씻는 것처럼 힘을 넣어 계속 주무르듯이 잡아 튼다.
2) 양손을 힘을 주지 말고 깍지 끼고 번갈아 가슴 쪽으로 향한다.
3) 양손을 꼭 맞잡고 좌우의 다리를 번갈아가며 누른다.
4) 양손을 겹쳐서 위부를 누르고 몸을 천천히 좌우로 튼다.
5) 손을 활의 시위를 당기듯 힘을 주어 좌우로 당긴다.
6) 주먹을 쥐고 좌우를 번갈아가며 앞으로 내민다.
7) 좌우의 손을 번갈아가며 손바닥으로 바위를 밀듯 앞으로 내민다.
8) 주먹으로 가슴을 번갈아가며 두드린다. 이것은 가슴을 연다고도

한다.

9) 다리를 뻗고 앉아 몸을 엇비슷하게 하여 큰 산을 밀어젖히듯 좌우로 흔든다.

10) 양손으로 머리를 감싸고 팔꿈치를 위胃 쪽으로 밀어젖힌다. 이것은 옆구리 운동이 된다.

11) 양손이 땅에 닿게 허리를 굽혔다가 위로 뻗치는 것을 세 번 한다.

12) 손으로 등의 좌우를 번갈아 두드린다.

13) 앉아서 양다리를 뻗고 한쪽 다리를 번갈아가며 앞으로 올렸다가 구부린다.

14) 양손을 땅에 대고 머리를 좌우로 돌려 뒤를 본다. 이것은 호시법이다.

15) 서서 몸을 뒤로 세 번 젖힌다.

16) 양손을 빨리 깍지 끼고 발로 좌우를 번갈아가며 손의 복판을 밟는다.

17) 일어서서 발로 전후를 밟는다.

18) 앉아서 양쪽 다리를 뻗고, 양손으로 다리를 오그려 손으로 무릎을 누르기를 좌우 번갈아가며 거듭한다.

위의 내용을 그림으로 도식화하면 아래와 같다.[88]

　감정에 대한 예방으로서 손사막의 『비급천금요방』에서는 사대에 대한 기술이 보이며, 같은 책의 「도림양성道林養性」 제2에 "계륵신심戒 勒身心 상수선사常修善事"라는 말은 불교의 연기론과 보응론 사상을 바탕으로 서술한 것이며, 또한 지나친 감정(愛憎: 걱정, 크게 화를 내는 것, 크게 웃는 것, 원망)은 수명을 줄이므로 자제하며, 사물에 대해서 평등하고, 선을 행하고 다른 이에게 말하지 말며, 육류를 먹지 말라고 하였다. 인과응보론 또한 404가지 병은 자기 스스로 만든 것이지 하늘이 원인이 아니라고 하였는데, 이 역시 불교 사상을 많이 흡수한 것으로

보인다.[89]

위 그림은 예방이나 수행의 의미가 있고,『비급천금방요방·조기법調
氣法』은 오장병이 나타난 경우에 활용할 수 있는데, 특히 간병의 대가
호흡법은 분노에 응용할 수 있다. 즉 현대인의 경우에 항상 신경을
많이 사용하여 기가 역상逆上되어 눈이 충혈되거나 어깨 통증, 두통,
고혈압 등의 상부上部에 기氣가 역상되어 나타나는 병이나 분노의
상황에서 활용할 수 있다.

소원방의『제병원후론·상기후』에서는 "『양생방·도인법』에 이르기
를, 선 자세에서 양손을 뒤로 하여 손을 맞잡고 허리에 댄다. 이때
허리는 뒤로 젖혀 위로 향하게 일정 시간 동안 자세를 취했다가 바로
했다 하고, 팔꿈치는 새가 날개를 퍼덕이듯 움직이기를 7차례 한다.
그런 후 손의 위치는 옮기지 말고 아래위로만 움직이기를 14차례 하면
척脊, 심心, 폐기肺氣가 옹체壅滯한 것이 소산消散된다. 정좌正坐하여
무릎과 다리를 가지런히 하여 앉아야 한다. 처음에 앉을 때는 먼저
양 발가락을 서로 마주보게 하고 양 발꿈치는 바깥쪽으로 벌려서 앉으면
약간 편안하다. 그러다가 조금 나아지면 양발 뒤꿈치를 서로 마주보게
하고 발가락은 바깥으로 벌려서 앉는다. 통증이 있으면 점점 상체를
들어 올려 마치 변을 보는 자세처럼 하여 발 위에 앉는다. 두 자세
모두 아프지 않게 되면 양발 뒤꿈치를 위로 향하게 하고 앉아서 발가락
은 바깥으로 향하게 한다. 매번 앉을 때마다 항상 익힌다. 그러면
방광냉膀胱冷, 슬냉膝冷, 양족냉통兩足冷痛, 상기上氣, 요통腰痛이 모두
제거된다. 이르기를, 누운 자세에서 양발가락을 서로 마주보게 하고
조식調息을 행하면 흉부胸部에 있는 심폐心肺의 기운을 끌어 아래로

발가락을 따라 내보내 해역咳逆과 상기上氣가 제거된다. 힘써 양발가락
이 서로 마주보게 하고 거기에 의념意念을 가해 폐肺 가운데의 기운을
끌어낸다. 아픈 사람이 폐기가 내외로 행하게 되면 움직이는데 적절하
여 위역違逆됨이 없게 된다"[90]라고 하였다.

『제병원후론·역기후逆氣候』[91]에서는 둘째로 누운 자세에서 왼쪽발
꿈치로 오른쪽 엄지발가락을 잡고 조식調息을 7차례 행하면 옆구리에
생기는 덩어리(벽기癖氣)와 기가 거꾸로 올라가는 것을 제거한다고
하였다.[92]

다음으로 한약제에 대해 살펴보자. 우리 민족이 고대로 흔히 경기에
많이 사용하는 소합향원蘇合香元은 『외대비요방外臺秘要方』에 나타난
흘력가환방吃力伽丸方에서 유래된 것이다. 그 처방 구성과 내용을 보면,
흘력가(吃力伽: 지금의 백출), 광명사光明砂, 사향, 가리륵피訶梨勒皮,
향부자, 정자향丁子香, 침향, 필발, 단향, 청목향, 안식향, 서각(설屑)
각 1량. 훈릉향, 소합향, 용뇌 각 반량으로 흰 꿀로 환을 만들어서
오자대(梧子大: 벽오동 씨) 4환을 복용하라고 하였는데 지금의 소합향
원 처방과 똑같다.[93] 『천금방』에 기재된 기파만병환耆婆萬病丸은 우황
이 주가 되는 처방으로 일명 우황환牛黃丸 혹은 유명한 불교 의사인
기파의 이름을 따서 기파환耆婆丸이라 한다.[94] 우리나라에서 가장 애용
되는 우황청심환은 기파만병환에서 기원된 것으로 추측되며, 처방
내용은 우황, 사향, 서각, 주사, 웅황, 원화芫花, 황련, 인삼, 우려량,
대극, 완화, 복령, 건강, 계심, 쌍백피, 당귀, 궁궁(천궁), 작약, 감수,
황금, 천초, 세신, 파두, 전호, 길경, 자완, 포황, 정력자, 방풍, 오공,

석석척(石蜥蜴: 도마뱀)로 구성이 되어 지금의 우황청심환하고는 다른 면이 많은 것이 사실이다.[95]

아래의 의안은 현재 우리들이 흔히 경험하는 울화병과 비슷한 경우를 다루고 있다. 즉 임금의 부름을 기다리다 처음에는 기다림에서 분노로 바뀌고, 다시 우울한 감정을 가진 사람이 노스님의 불법을 듣고 한 달 만에 완쾌된 의안이다. 아마 이 의안이 채록된 시기는 명대로 추정되는데, 명대(1552)의 『명의유안』에 기록된 것이다.

광자원鄭子元이 한림翰林의 보외補外 자리에 있은 지 10여 년이 지났는데도 황제로부터 다시 부름을 받지 못하여 전부터 크게 낙심하고 있다가 심병이 생겼다. 매번 병이 발작할 때는 갑자기 꿈꾸는 듯 정신이 혼미해지면서 혹 헛소리를 하기도 하다가 발작하지 않을 때는 평상시와 다름이 없었다. 어떤 사람이 말하기를 "진공사眞空寺에 어느 노승이 있었는데 약을 쓰지 않고도 능히 심병을 치료한다"라고 하여 찾아가 보니, 노승이 말하기를 "그대의 병은 고민과 괴로움으로 생겼으며, 망령된 생각에서 생긴 것이다. 무릇 망령된 생각이 오는 것에는 3가지가 있다. 수십 년 전의 영광을 누리거나 욕을 본 것, 은혜를 입거나 원수를 진 것을 미루어 생각하다가 슬픔과 기쁨이 서로 떨어졌다 합쳐졌다 하며, 여러 가지 감정을 일으키니 이것이 과거의 망령된 생각이다. 혹은 일이 코앞에 닥쳤는데 거기에 응하여 일의 시작이 어떨까 끝이 어떨까를 두려워하고, 3~4번 번복하여 일의 결정을 짓지 못하니 이것이 현재의 망령된 생각이다. 혹은 앞으로의 부귀영화가 모두 뜻대로 되기를 바라거나 공을 이루어 명예를 쌓고는 늙어 시골로 돌아가기를 바라거나, 아니면 자손이 번창하여 대대로 글을 하고 벼슬을 하기를 바라거나 하는 것은 반드시 이루어질 수도 없고, 반드시 얻을 수만도 없는 일을 바라는 것이니 이것이 미래의 망령된 생각이다. 이 3가지 망상은 문득 생겨났다가 문득 없어지곤 하는데 선가에서는 그것을 일컬어 환심幻心이라 한다. 능히 그 망령됨을 비추어 상념의 근원을 끊어버리는 것을 선가에서는 각심覺心이라 한다. 그래서 말하기를 '(번뇌가) 일어나는 것을 걱정하지 말고, 오직 깨달음이 더디는 것을 걱정하여야 한다'고 하였다. 마음이 태허와 같이 비워질 수 있다면 번뇌가 어디서 생겨나겠는가?"라고 하였다. 그리고는 "그대의 근심은 또한 수화의 교류가 되지 않음에 근원하니 그 까닭은 무엇인가? 무릇 예쁜 용모에 탐닉하면 욕정을 함부로 쓰게 되니 선가에서는 이것을 외감지욕(외부에서 촉발된 욕망)이라고 하며, 밤이 깊은 때 침상에서 예쁜 용모를 생각하거나, 이것이 잠들고 나서 모습을 바꾸거나 하는 것을 선가에서는 내생지욕(내부에서 생긴 욕망)이라 한다. 이 2가지 욕망이 감정에 얽히고 물들어서 원정元精을 소모하게 한다. 만약 그 욕망을 떼어낼 수 있다면 신수가 생겨나서 가히 위로 올라가 심과 교류할 수 있게 될 것이다. 문장을 연구하느라 먹고 자는 것도 잊는 정도가 된 것을 선가에서는 이장理障이라 한다. 생업에 너무 전념하느라 자신이 수고로워도 남에게 알리지 않는 경우를 사장事障이라 한다. 이 2가지 장障은 비록 사람의 욕망은 아니나 역시 성영性靈을 손상시키게 된다. 만약 이것을 능히 버릴 수 있다면 심화가 위로 타오르지 않고 아래로 신과 교류할 수 있게 될 것이다.

그래서 속세에 인연과 집착이 없다면 애당초 서로 무슨 일이 생길 일도 없을 것이며, 모두 한 가지로 흘러 6가지 욕망이 생겨나지 않을 것이라는 말이 있다. 또한 고통의 바다는 사방으로 끝이 없으나 고개만 돌리면 그곳이 바로 물가라는 말도 있다"라고 하였다. 이에 광자원이 그 말대로 방에 홀로 거처하면서 만 가지 집착을 비우고 조용히 정좌해 있기를 30여 일 하였더니 심병이 없어졌다.[96]

위 내용은 진공사에 계시는 노스님이 황제로부터 부름을 받지 못하여 크게 낙심하여 심장병(오늘날 울화병의 일종)이 걸린 광자원을 망심과 선가에서 말하는 각심을 통해 이장과 사장을 버려 심화를 없애 치료한 케이스이다. 지금도 이와 같은 유사한 화병의 케이스가 임상에서 너무나 많다. 위의 예는 환자 치료에 불교적 이론을 근거로 한 치료와 해석상에 한의학 이론인 수화기제로 설명하고 있어 불교와 한의학 이론이 잘 접목된 의안으로 보인다.

위에 제시한 바와 같이 한의학에 불교가 미친 범주는 약제와 양생 부문이다. 여기에는 요가 분야는 아주 드물게 보이고, 불교 사상이 일정 부분 도입된 것에 그치는 것으로 보인다. 그러나 불교에서 감정을 섬세하게 제시하고 있는 깊이의 정도는 한의학이나 기타 타 분야에서는 따라올 수가 없다. 불교 정서가 갖는 강점은 철저히 몸을 통한 정서를 살폈기 때문이며, 이를 개발하여 타 학문과 융합하면 새롭게 불교가 발전할 수 있는 큰 자산이라 생각된다. 이에 대한 공동 연구가 더 진행되길 바란다.

4. 새로운 불교의학을 지향하며

이상과 같이 현대인에게 증폭되어 나타나는 분노를 해결하기 위해서 감정의 세밀한 분석을 통해 불교 유식학의 번뇌와 한의학의 감정의 상관성을 살펴보았다. 유식적인 진瞋은 분忿, 해害, 질嫉, 뇌惱, 복覆, 한恨하는 감정으로 세분화되고, 한의학의 노怒는 기가 올라가는 의미를 가진다. 이러한 노는 복합적인 감정을 가지는 성향이 있으며, 우울(憂)과 희喜, 공恐 감정이 자주 동반하여 감정을 야기하고, 다양한 감정이 복합적인 감정 상태를 양산한다. 특히 화병은 불교와 한의학 이론에서 제시한 감정 상태로 바라보면 분노, 한, 맺힘, 폭언, 해치는 마음, 질투, 시치미 떼는 것 등의 다양한 감정의 깊이로 파악할 수 있으므로 임상이나 수행에 도움이 될 것이다.

그런데 감정을 유식적인 측면과 비교해보면, 한의학적인 감정인 희, 우, 비, 공, 사와 직접적으로 유사성을 보이는 감정에 대한 파악이 부족하다는 문제가 드러난다. 또한 앞서 살펴본 분노 키워드로 '물결 21' 조사 결과, 슬픔이라는 정서가 나오는 것은 한의학적 문헌에 노怒가 우憂나 희喜를 동반하는 경우는 많지만, 공恐이나 희喜가 노怒에 배속되어 있다는 연관성에 대해서 구체적인 이해가 부족하다고 파악하였다.

앞으로 이러한 과제들에 대해 문헌적 고찰을 비롯하여 현대 사회 상황과 상호 관련된 현대인의 정신건강에 효율성을 갖는다는 측면에서 심도 있는 연구가 이루어져야 한다고 생각한다.

인의예지 사단을 근거로 한 애노희락으로 사람을 아는, 지인知人을 통한 사상의학이라는 학문이 새롭게 탄생하였듯이, 앞으로 불교적 한의학도 향후 정서 연구를 통하여 활용할 수 있는 분야가 다양하기 때문에 불교 감정 이론의 의미를 재정립하고, 다시 근거를 설정하여 불교 이론에 입각한 다양한 수행 및 의학 모델이 이루어지리라 생각한다.

이를 통하여 동양 삼국 중 가장 불교적 생명력을 많이 지니고 있는 한국에서 우리가 추구하고자 하는 새로운 불교의학이 나오길 기원한다.

참고문헌

- PTS Pāli Texts의 약어는 Pāli English Dictionary(PED)의 약어(Abbreviation) 기준을 따랐다.

초기경전

Aṅguttaranikāya. 5 vols. ed. R. Morris and E. Hardy. London : Pali Text Society (PTS), 1985-1990.

Dīghanikāya. 3 vols. T.W. Rhys Davids and J.E. Carpenter. London : PTS, 1890-1911.

Dhammapada. ed. S. Sumangala Thera. London : PTS, 1914.

Itivuttaka. ed. Ernst. Windisch, London : PTS, 1889-1975.

Majjhimanikāya. 3 vols. ed. V. Trenkner and R. Chalmers. London : PTS, 1948-1951.

Manorathapūraṇī. 5. vols. ed. Max Walleser and Hermann Kopp. London : PTS. 1967.

Papañcasūdanī. 5 vols. ed. J. H. Woods and D. Kosambi. London : PTS. 1977.

Paramatthamañjūsā. 2 vols. Dhammapāla. *Nāma Visuddhimagga Mahāṭīkā* (Pali text in Burmese script) Rangoon, Burma : Buddhasāsana Samiti, 1960.

Saṃyuttanikāya. 6 vols. ed. M. Leon Feer. London : PTS, 1884-1904.

Sāratthappakāsinī. 5 vols. ed. Woodward. F. L. London : PTS. 1977.

Sumaṅgalavilāsinī. 3 vols. ed. T.W. Rhys Davids and J. Estlin Carpenter. London : PTS, 1968.

Sutta Nipāta. ed. D. Anderson and H. Smith. London : PTS, 1948-1965.

Udāna. ed. Paul. Steinthal. London : Oxford University press. 1948.

Vinaya Piṭaka. 5 vols. ed. Hermann Oldenberg. London : PTS. 1969.

Visuddhimagga. ed. C.A.F. Rhys Davids and D. Litt. London : PTS., 1975.

Bodhi, Bhikkhu. and Ñāṇamoli, Bhikkhu. trans. *The Middle Length Discourses of the Buddha. A New Translation of the Majjhima Nikāya.* Kandy : Buddhist Publication Society. 1995.

Ñāṇamoli, Bhikkhu. trans. *The Path of Purification.* (Visuddhimagga). London : Shambhala Publications. 1976.

Rhys Davids, T. W. *Dialogues of The Buddha.* Pali Text Society. 1977.

Walshe, Maurice. trans. *The Long Discourse of the Buddha. A Translation of the Dīgha Nikāya.* Kandy : Buddhist Publication Society. 1996.

Woodward, F. L. *Verses of Uplift. The Minor Anthologies of the Pali canon.* part. II. Oxford University Press. 1948.

각묵, 『디가니까야-길게 설하신 경』, 초기불전연구원, 2006.

____ , 『담마상가니』 1, 2권 초기불전연구원, 2016.

____ , 『상윳다니까야』, 초기불전연구원, 2009.

대림, 『청정도론』, 초기불전연구원, 2004.

____ , 『앙굿따라니까야』, 초기불전연구원, 2007.

전재성, 『맛지마니까야』, 한국빠알리성전협회, 2009.

_____ , 『숫타니파타』, 한국빠알리성전협회, 2004.

_____ , 『쌍윳따니까야』, 한국빠알리성전협회, 2007.

_____ , 『앙굿따라니까야』, 한국빠알리성전협회, 2007.

_____ , 『우다나-감흥어린 시구』, 한국빠알리성전협회, 2009.

_____ , 『이띠붓따까-여시어경』, 한국빠알리성전협회, 2012.

_____ ,『마하박가-율장대품』1, 한국빠알리성전협회, 2014.

참고사전

Andersen, Dines and Helmer, Smith. ed. *A Critical Pali Dictionary*. Copenhagen : The Royal Danish Academy Pub, 1924-1948.

Buddhadatta. A. P. Mahathera. *Concise Pali-English Dictionary*. Delhi, Motilal Banarsidass Pub, 1989.

_____ , *English Pali Dictionary* . London,Pali Text Society, 1979.

Caesar Chilbers, Robert. *A Dictionary of the Pali Language*. Kyoto Rinsen Book Company, 1987.

Cone, Margaret. *A Dictionary of Pāli*. Oxford : PTS, 2001.

Hare. E. M. *Pali Tipiṭakaṃ Concordance*. London : PTS, 1953.

Malalasekera. G. P. ed. *Encyclopedia of Buddhism*. Vols. Colombo, Government of Sri Lanka.

_____ , *Dictionary of Pali Proper Names*. Vols 2. London, Pali Text Society, 1974.

Monier Williams, *Sanskrit English Dictionary* Oxford. 1988.

Ñāṇamoli, Bhikkhu. *A Pali-English Glossary of Buddhist Technical Terms*. Kandy. BPS, 1994.

Nyanatiloka Thera. *Buddhist Dictionary*. The Corporate Body of the Buddha Educational Foundation, 1987.

Rhys Davids, T. W. and Stede, William. *Pali-English Dictionary*. Delhi : Motilal Banarsidass Pub, 1986.

전재성,『빠알리어사전』, 한국빠알리성전협회, 2012.

雲井昭善,『パ―リ語佛敎辭典』, 山喜房佛書林, 1997.

출판 및 연구물

Asanga Tilakaratne, *Nirvana and Ineffability*. Postgraduate Institute of Pali and Buddhist Studies University of Kelaniya, 1993.

_____ , "Personality Differences of Arahats and the Origin of Theravada." *Dhamma-Vinaya* SriLanka Association for Buddhist Studies, 2005.

Anālayo, *Satipatthana : The Direct Path to Realization*. windhorse publications 2003.

Bhikkhu Khantipalo, *Calm and Insight - A Buddhist Manual for Meditators*. Curzon Press, 1981.

Horner, I. B. *The Early Buddhist Theory of Man Perfected*. London. Routledge & Kegan Paul. 1979.

Johansson. Rune E.A, *The Psychology of Nirvana*. London : George Allen and Unwin Ltd. 1969.

_____ , *The Dynamic Psychology of Early Buddhism*. Curzon Press. 1979.

공만식, 장유진 옮김, 『열반, 그리고 표현불가능성』, 씨아이알, 2007.

박성현, 『자비의 심리학』, 학지사, 2014.

정준영, 『나, 버릴 것인가 찾을 것인가』, 운주사, 2008.

_____ , 「대념처경에서 보이는 수념처의 실천과 이해」, 『불교학연구』 7호, 2003.

_____ , 「상수멸정의 성취에 관한 일고찰」, 『불교학연구』 9호, 2004.

_____ , 「사마타와 위빠사나의 의미와 쓰임에 대한 일고찰」, 『불교학연구』 12호, 2005.

_____ , 「대념처경에서 나타나는 심념처에 대한 연구」, 『한국불교학』 53호, 2009.

_____ , 「붓다의 괴로움과 그 소멸」, 『괴로움, 어디서 오는가』 운주사. 2013.

_____ , 「사띠논쟁」, 『불교평론』 62호, 2015.

정준영·성승연, 「초기불교의 상담사례 연구」, 『불교학보』 71집, 불교문화연구원 2015.

일중, 「남방 상좌불교 전통에서의 자애관 수행법」, 『구산논집』 9, 2004.

홍사성 옮김, 『근본불교 이해』 불교시대사(增谷文雄, 「根本佛教), 1992.

선불교 │ 선종에서 분노의 대응 원리와 그 활용

鳩摩羅什, 『金剛般若波羅蜜經』(大正藏 8).

『華嚴經』 卷33(大正藏 9).

『大般涅槃經』 卷15(大正藏 12).

『大般涅槃經』 卷29(大正藏 12).

『勝鬘經』(大正藏 12).

『維摩詰所説經』 卷中(大正藏 14).

『大智度論』 卷31(大正藏 25).

天親, 『金剛般若波羅蜜經論』 卷上(大正藏 25).

『起信論疏筆削記』 卷19(大正藏 44).

『碧巖錄』 卷1(大正藏 48).

『少室六門』 「二種入」(大正藏 48)

『少室六門』 「悟性論」(大正藏 48).

『景德傳燈錄』 卷3(大正藏 51).

『緇門經訓』 卷1 「長蘆慈覺頤禪師坐禪儀」(大正藏 48).

『宗鏡錄』 卷29(大正藏 48).

『宏智禪師廣錄』 卷2(大正藏 48).

『佛祖歷代通載』 卷9(大正藏 49).

『宋高僧傳』 卷19(大正藏 50).

「大乘開心顯性頓悟眞宗論」(大正藏 85).

『金剛經宗通』 卷4(卍續藏 25).

『天聖廣燈錄』 卷8(卍續藏 78).

『高峰原妙禪師語錄』(卍續藏 70).

「勸修定慧結社文」(『普照全書』, 보조사상연구원, 1989).

용성, 「저술과 번역에 대한 연기」(『용성대종사전집』 제5권).

김광식, 「일제하의 역경」(『대각사상』 제5집).

김호귀, 『달마어록』 정우서적, 2012.

사회학 | 분노의 사회적 원천과 파장

강원택 외, 『한국형 사회 갈등 실태 진단 연구』, 국민대통합위원회, 2014.

국사편찬위원회, 『한국사』 34권, 국사편찬위원회, 1990.

김문조, 『한국사회의 양극화: '97년 외환위기와 사회 불평등』, 집문당, 2008.

김문조·박형준, 「불확실성의 시대, 불안한 한국인」, 『사회와 이론』 21(2), 2012, pp.611~643.

김문조 외, 「한국사회의 계급갈등과 통합: 분배와 인정을 넘어서」, 『담론201』 18(4), 2015, pp.5~34.

김태형, 『트라우마 한국사회』, 서해문집, 2013.

남준우, 「외환위기 이후 중산층의 규모 및 소득 변화의 추이」, 『노동정책연구』 7(4), 2007, pp.1~24.

박완서, 『그해 겨울은 따뜻했네1』, 세계사, 2012.

삼성경제연구소, 「소득 양극화의 현상과 원인」, 『CEO Information』 547호, 2006.

쑨리핑, 『斷裂』(2006)(김창경 역, 『단절』, 산지니, 2006).

서문기, 「잘 사는 국가는 행복한가?: 삶의 질에 관한 국가간 비교분석」, 『한국사회학』 49(1), 2015. pp.111~137.

신광영, 『불안사회 대한민국 복지가 해답인가』, 살림출판사, 2012.

이민아·송리라, 「소득, 물질주의와 행복의 관계」, 『한국인구학』 37(4), 2014, pp.89~114.

이왕원 외, 「한국사회의 계층귀속감과 상향이동의식 변화: 연령(Age), 기간 (Period) 및 코호트(Cohort) 효과를 중심으로」, 『한국사회학』 50(5), 2016.

이재열, 「민주주의, 사회적 신뢰, 사회적 자본」, 『사상』 37호, 1998, pp.65~93.

장수찬, 「한국사회에 나타난 악순환의 사이클」, 『한국정치학회보』 36(1), 2002, pp.87~112.

장하성, 『왜 분노해야 하는가: 분배의 실패가 만든 한국의 불평등』, 헤이북스, 2015.

정상근, 『대한민국 청춘의 생태 복원을 위한 보고서: 나는 이 세상에 없는 청춘이다』, 시대의창, 2011.

정태인 외, 『불량사회와 그 적들』, 알렙, 2011.

최필선·민인식, 「한국의 세대 간 사회계층 이동성에 관한 연구」, 제10회 한국교육고용패널 학술대회, 서울, 2015.

한병철, *Mudigkeitsgesellschaft*(2010)(김태환 역, 『피로사회』, 문학과지성사, 2012).

한준 외, 「사회적 관계의 양면성과 삶의 만족」, 『한국사회학』 48(5), 2014, pp.1~24.

KB금융지주 경영연구소, 「삶의 질로 평가한 우리나라의 위상」, 『KB 지식 비타민』 14(10), 2014.

Appiah, K. 2006. *Cosmopolitanism: Ethics in a World of Strangers*. W.W. Norton.

Bauman, Z. 2004. *Wasted Lives: Modernity and its Outcasts*. Polity Press.

Beck, U. 2006. *Cosmopolitan Vision*. Polity Press.

Berkowits, L. 1989. "Frustration-aggression Hypothesis: Examination and Reformulation." *Psychological Bulletin*. 106(1): pp.59~73.

Bourdieu, P. 1984. *Distinction: A Social Critique of the Judgement of Taste*. Routledge & Kegan Paul.

Coser, L. 1956. *The Functions of Social Conflict*. The Free Press.

Deaton, A. 2013. *The Great Escape: Health, Wealth, and the Origins of Inequality*. Princeton University Press.

Dollard, J. et al. 1939. *Frustration and Aggression*. Yale University Press.

Easterlin, R. 2001. "Income and Happiness: Towards a Unified Theory." *Economic Journal*. 111(473): pp.465~484.

Ehrenreich, B. 1990. *Fear of Falling: The Inner Life of the Middle Class*. Harper Perennial.

Fink, C. 1968. "Some Conceptual Difficulties in the Theory of Social Conflict."

Journal of Conflict Resolution. 12(4): pp.412~460.

Frank, R. and P. Cook. 2010. *The Winner-Take-All Society.* Random House (권영경·김양미 공역, 『승자독식사회』, 웅진지식하우스, 2008).

Frankl, V. 1959. *Man's Search for Meaning.* Buccaneer Books (이시형 역, 『죽음의 수용소에서』, 청아출판사, 2005).

Fraser, N. and A. Honneth. 2004. *Redistribution or Recognition?: A Political-Philosophical Exchange.* Verso (문성훈·이현재 공역, 『인정투쟁: 사회적 갈등의 도덕적 형식론』, 사월의책, 2011).

Giddens, A. 1991. *Modernity and Self-Identity.* Polity Press.

Gurr, T. 1970. *Why Men Rebel.* University of Princeton.

Hessel, S. 2011[2010]. *Time for Outrage.* Charles Glass Books (임희근 역, 『분노하라』, 돌베개, 2011).

Honneth, A. 1996. *The Struggle for Recognition: The Moral Grammar of Social Conflicts.* MIT Press.

Lamont, M. and V. Molnar. 2002. "The Study of Boundaries in the Social Sciences." *Annual Review of Sociology.* 28: pp.167~195.

Mandela, N. 1994. *Long Walk to Freedom.* Little, Brown and Company.

McCold, P. and T. Wachter. 2003. "In Pursuit of Paradigm: A Theory of Restorative Justice." Paper presented at the XII World Congress of Criminology, 10-15 August 2003, Rio de Janeiro, Brazil.

Mills, C. W. 1959. *The Sociological Imagination.* Oxford University Press.

Newman, K. 1988. *Falling From Grace: The Experience of Downward Mobility in the American Middle Class.* The Free Press.

Oberschall, A. 1978. "Theories of Social Conflict." *Annual Review of Sociology.* 4: pp.291~325.

OECD. 2016. *Better-Life Index: Country Reports*
(https://www.oecd.org/newsroom/BLI2013-Country-Notes.pdf)

Piketty, T. 2014[2013]. *CAPITAL in the Twenty-First Century.* Harvard University Press. (장경덕 외 옮김, 『21세기 자본』, 글항아리, 2014)

Putnam, R. 2000. *Bowling Alone: The Collapse and Revival of American Community.* Simon & Schuster.

Rozer, J. and G. Kraaykamp. 2013. "Income Inequality and Subjective Well-Being: A Cross-National Study on the Conditional Effects of Individual and National Characteristics." *Social Indicators Research.* 113(3): 1009-1023.

Sennett, R. 1998. *The Corrosion of Character: The Personal Consequences of Work in the New Capitalism.* W.W. Norton.

_____. 2002. *Respect in a World of Inequality.* Penguin Books.

_____. 2012. *Together: The Rituals, Pleasures and Politics of Cooperation.* Yale University Press.

Stevenson, B. and J. Wolfers. 2008. "Economic Growth and Subjective Well-Being: Reassessing the Easterlin Paradox." Brookings Papers on Economic Activity 2008(1): pp.1~87.

Taylor, C. 1991. *The Malaise of Modernity.* Anansi. (송영배 역, 『불안한 현대사회』, 이학사, 2001)

Veenhoven, R. and J. Ehrhardt. 1995. "The Cross-National Pattern of Happiness: Test of Predictions Implied in Three Theories of Happiness." *Social Indicators Research.* 34(1): 33.

Verme, P. 2011. "Life Satisfaction and Income Inequality." *Review of Income and Wealth.* 57(1): 111.

심리학 | 분노의 경험과 표현

권석만, 『인간관계의 심리학』(증보개정판), 학지사, 2003.

_____ , 『현대 이상심리학』(2판), 학지사, 2013.

_____ , 『현대 성격심리학』, 학지사, 2015

김교헌, 『분노억제와 고혈압』, 『한국심리학회지 건강』 5, 2000, pp.181~192.

서수균, 「분노와 관련된 인지적 요인과 그 치료적 함의」, 서울대학교 박사학위논문,

2004.

서수균·권석만, 「분노사고 척도 개발과 타당화 연구: 일차적 분노사고와 이차적 분노사고」, 『한국심리학회지 임상』 24(1), 2005a, pp.187~206.

서수균·권석만, 「비합리적 신념, 자동적 사고 및 분노의 관계」, 『한국심리학회지 임상』 24(2), 2005b, pp.327~340.

_____, 「분노조절 인지행동프로그램을 통한 이중인지매개모델의 검증」, 『한국심리학회지 임상』 24(3), 2005c, pp.495~510.

American Psychiatric Association. (2013). *Diagnostic and Statistical Manual of Mental Disorders-5th edition (DSM-5)*. Washington, DC: Author.

Averrill, J, R. (1983). Studies on anger and aggression: Implications for theories of emotion. *American Psychologist, 38*, 1145-1160.

Beck, A. T. (2000). *Prisoner of hate: The cognitive bases of anger, hostility, and violence*. New York: Perennial.

Beck, A. T. (1976). *Cognitive therapy and the emotional disorders*. New York: International University Press.

Beck, A. T., & Fernandez, F. (1998) Cognitive-behavioral therapy in the treatment of anger: A meta-analysis. *Cognitive Therapy and Research, 22*, 63-74.

Beck, A. T., Rush, J., Shaw, B., & Emery, G. (1979). *Cognitive therapy of depression*. New York: Guilford Press. (원호택 외 공역, 『우울증의 인지치료』, 학지사, 1996).

Berkowitz, L. (1993). *Aggression: Its cause, consequences, and control*. New York: McGraw-Hill.

Bilodeau, L. (1992). *The anger workbook*. Minnesota, MN: Hazelden.

Bowlby, J. (1980). *Attachment and loss*. New York: Basic Books.

Deffenbacher, J. L., & McKay, M. (2000). *Overcoming situational and general anger*. Oakland: New Harbinger.

DiGiuseppe, R. (1995). Developing the therapeutic alliance with angry clients. In H. Kassinove (Ed.), *Anger disorders: Definition, diagnosis and treatment* (pp. 131-149). Washington, DC: Taylor and Francis.

Ekman, P. (1984). Expression and the nature of emotion. In P. Ekman & K. Scherer (Eds.), *Approaches to emotion* (pp. 319–343). Hillsdale, NJ: Erlbaum.

Ellis, A. (1958). Rational psychotherapy. *Journal of General Psychology, 59,* 35–49.

Ellis, A. (1962). *Reason and emotion in psychotherapy.* New York: Lyle Stuart.

Ellis, A. (1977). *Anger: How to live with it and without it.* New York: Citadel Press.

Ellis, A. (2000). Spiritual goals and spiritual values in psychotherapy. The *Journal of Individual Psychology, 56,* 277–284.

Ellis, A., & Dryden, W. (1997). *The practice of rational–emotive therapy* (2nd ed.). New York: Springer.

Ellis, A., & Harper, R. A. (1997). *A guide to rational living* (3rd ed.). North Hollywood, CA: Melvin Powers. (이은희 역, 『마음을 변화시키는 긍정의 심리학』, 황금비늘, 2007).

Evenden, J. L. (1999). Varieties of impulsivity. *Psychopharmacology, 146,* 348–361.

Hooley, J. M. (1985). Expressed emotion: A review of the critical literature. *Clinical Psychology Review, 5,* 119–139.

Izard, C. E. (1977). *Human emotion.* New York: Plenum Press.

Izard, C. E. & Kobak, R. (1991). Emotions system functioning and emotion regulation. In J. Garber & K. Dodge (Eds.) *The development of affect regulation* (pp. 303–321). Cambridge: Cambridge University Press.

Lazarus, R. S. (1981). The stress and coping paradigm. In C. E. Eisdorfer, D. Cohen, A. Kleinman & P. Maxim (Eds.), *Models for clinical psychopathology* (pp. 1771–214). New York: S. P. Medical & Scientific Books.

Lazarus, R. S. (1991). *Emotion and adaptation.* New York: Oxford University Press.

Lazarus, R. S., Kranner, A. D., & Folkman, S. (1980). An ethological assessment of emotion. In R. Plutchick & H. Kellerman (Eds.), *Emotion: Theory, research, and experience* (Vol. 1). (pp. 198–201). New York: Academic Press.

Masters, J. C., Burish, T. G., Hollon, S. D., & Rimm, D. C. (1987). *Behavior therapy.* San Diego: Harcourt, Brace & Jovanovich.

Novaco, R. W. (1994). Anger as a risk factor for violence among the mentally disordered. In J. Monahan & H. J. Steadman (Eds.), *Violence and mental disorder.* Chicago: The University of Chicago Press.

Plutchik, R (2002). Nature of emotions. *American Scientist, 89,* 344–350.

Russell, J. A. (1980). A circumplex model of affect. *Journal of Personality and Social Psychology, 39,* 1161–1178.

Saarni, C., Campos, J. J., Camras, L. A., &Witherington, D. (2006). Emotional development: Action, communication, and understanding. In R. M. Lerner, N. Eisenberg, & W. Damon (Eds.), *Handbook of child psychology* (Vol. 3, pp. 226 - 299). Hoboken, NJ: Wiley.

Siegman, A. W., & Smith, T. W. (1994). *Anger, hostility and the heart.* Hillsdale, NJ: Lawrence Erlbaum.

Spielberger, C. D. (1980). *Preliminary manual for the State–Trait Anger Scale(STAS).* Tampa, FL: University of South Florida, Human Resources Institute.

Spielberger, C. D., Johnson, E. H., Russell, S., Crane, R. S., Jacobs, G. A., & Worden, T. J. (1985). The experience and expression of anger: Construction and validation of an anger expression scale. In M. A. Chesney and R. H. Rosenman (Eds.), *Anger and hostility in cardiovascular and behavioral disorder* (pp. 5–30). New York: Hemisphere.

Spielberger, C. D., Krasner, S. S., & Solomon, E. P. (1988). The experience, expression, and control of anger. In M. P. Janisse (Ed.), *Heath psychology: Individual differences and stress* (pp. 89–108). New York: Springer Verlag.

Tangney, J. P., Hill-Barlow, D., Wagner, P. E., Marschall, D. E., Borenstein, J. K., Sanftner, J., Mohr, T., & Gramzow, R. (1996). Assessing the individual differences in constructive versus destructive responses to anger across the life span. *Journal of Personality and Social Psychology, 70,* 780~796.

Tangney, J. P., Wagner, P. E., Gavlas, J., & Gramzow, R. (1991). *The Anger Response Inventory for Adolescent(ARI-A).* Fairfax, VA: George Mason University.

Thich, N. H. (2001). *Anger: Wisdom for cooling the flame.* New York: eRiverhead Books (최민수 역, 『화: 화가 풀리면 인생도 풀린다』, 명진출판사. 2002).

Whiteside, S. P., & Lynam, D. R. (2001). The Five Factor Model and impulsivity: Using a structural model of personality to understand impulsivity. *Personality and Individual Differences, 30,* 669~689.

Zaitsoff, S. L., Geller, J., & Srkameswaran, S. (2002). Silencing the self and suppressed anger: Relationship to eating disorder symptoms in adolescent females. *European Eating Disorders Review, 10,* 51~60.

서양의학 | 뇌과학적 견지에서 보는 분노

Damasio, A. R. (1996). The somatic marker hypothesis and the possible functions of the prefrontal cortex. *Philosophical transactions of the Royal Society of London. Series B, Biological sciences, 351*(1346), pp.1413~1420.

Kandel, E. R. (2013). *Principles of neural science* (5th ed.). New York: McGraw-Hill Medical.

Kragel, P. A., & LaBar, K. S. (2016). Decoding the Nature of Emotion in the Brain. [Review]. *Trends in cognitive sciences, 20*(6), pp.444~455.

LaVelle Hendricks, E., Sam Bore, P., Dean Aslinia, P., & Morriss, G. (2013). The Effects of Anger on the Brain and Body. *NATIONAL FORUM JOURNAL OF COUNSELING AND ADDICTION, 2*(1), pp.1~12.

Lenroot, R. K., & Giedd, J. N. (2006). Brain development in children and adolescents: insights from anatomical magnetic resonance imaging. [Review]. *Neuroscience and biobehavioral reviews, 30*(6), pp.718~729.

Lewis, M. D. (2005). Bridging emotion theory and neurobiology through dynamic systems modeling. *The Behavioral and brain sciences, 28*(2), 169~194; pp.194~245.

Liberzon, I., Phan, K. L., Decker, L. R., & Taylor, S. F. (2003). Extended amygdala and emotional salience: a PET activation study of positive and negative affect. *Neuropsychopharmacology : official publication of the American College of Neuropsychopharmacology, 28*(4), pp.726~733.

Nummenmaa, L., Glerean, E., Hari, R., & Hietanen, J. K. (2014). Bodily maps of emotions. *Proceedings of the National Academy of Sciences of the United States of America, 111*(2), pp.646~651.

Ohl, F., Michaelis, T., Vollmann-Honsdorf, G. K., Kirschbaum, C., & Fuchs, E. (2000). Effect of chronic psychosocial stress and long-term cortisol treatment on hippocampus-mediated memory and hippocampal volume: a pilot-study in tree shrews. *Psychoneuroendocrinology, 25*(4), pp.357~363.

Savage, R. A., Lipp, O. V., Craig, B. M., Becker, S. I., & Horstmann, G. (2013). In search of the emotional face: anger versus happiness superiority in visual search. *Emotion, 13*(4), pp.758~768.

Talarico, J. M., Berntsen, D., & Rubin, D. C. (2009). Positive Emotions Enhance Recall of Peripheral Details. *Cognition & emotion, 23*(2), pp.380~398.

한의학 | 감정과 기에서 본 분노

경전

전재성 역주, 『쌍윳따니까야 전집』, 한국빨알리성전협회, 2014.

『불의경佛醫經』(大正藏 第17冊 No.0793).

『대지도론大智度論』 권14(大正藏 第25冊 No.1509).

한의학 경전

강관 지음, 구병수 옮김, 『명의유안』, 동국대학교출판부, 2005.

소원방, 『제병원후론』 권13, 인민위생출판사, 1982.

손사막, 『비급천금요방』, 인민위생출판사, 1998.

왕도王燾, 『외대비요방 고금제가환방 일십칠수』, 북경, 華夏出版社, 1993,

유완소 찬, 조공수 주석, 『소문현기원병식(주석본)』, 인민위생출판사, 1983

이동원, 『금원사대가의학전서(上)』, 비위론, 천진과학기술출판사, 1993,

이제마 저, 『정교동의수세보원 초판본』, 동국대학교 한의과대학, 2001.

장개빈 저, 안영민 譯, 『유경(상)』, 한미의학, 2009.

장종정 저, 구병수 이동원 譯, 『유문사친』, 동국대출판부, 2001.

주단계, 『금원사대가의학전서(下)』, 격치여론, 천진과학기술출판사, 1993.

진무택, 『진무택삼인방』 권2, 台聯國風出版社, 1967.

『황제내경』.

허준 저, 『동의보감』 권1, 대성문화사, 서울, 1981.

출판 및 연구물

Henry Gleitman, James Gross, Daniel Reisberg, *Psychology*, W. W. NORTON & COMPANY, New York·London, 2010.

Nummenmaa L, Glerean E, Hari R, Hietanen JK, *Bodily maps of emotions*, JK.Proc Natl Acad Sci U S A. 2014.

게리 웬크 지음, 김윤경 옮김, 『감정의 식탁』, 알에이코리아, 2015.

김명우, 『인간의 마음구조 알아보기』(현대불교연구원 1회 특강), 현대불교연구원, 2007.

김하나, 『七情의 감정표현 방식에 대한 설문 연구』, 동신대학교 대학원, 2014, p.11.

게리 웬크 지음, 김윤경 옮김, 『감정의 식탁』, 알에이코리아, 2015.

노먼 커즌즈 지음, 이정식 옮김, 『희망, 웃음과 치료』, 범양출판사, 1992.

주

편집자 서문 | 분노, 왜 생기고 어떻게 다스려야 하는가

1 아리스토텔레스, 『수사학』, 2권, 1378a 31-32.

2 아리스토텔레스, 『니코마코스윤리학』, 1126a 6-9.

3 『대학』.

4 『논어』 「옹야」 2장, "顔回 …… 不遷怒."

5 『금강경』, "我於往昔, 節節支解時, 若有我相人相, 衆生相壽者相, 應生瞋恨."

6 『법구경』.

7 『잡아함경』, 470경(『대정장』 2권, 119하~120상).

8 『잡아함경』, 335경(『대정장』 2권, 92하), "有業報, 無作者."

초기불교 | 붓다의 분노

1 정준영, 「사띠논쟁」, 『불교평론』 62호, 2015.

2 Nyanatiloka Thera. *Buddhist Dictionary*. The Corporate Body of the Buddha Educational Foundation, 1987, p.94.

3 A. I. 216 ; A. V 261.

4 Malalasekera. G. P. ed. *Encyclopedia of Buddhism*. Vols. Colombo, Government of Sri Lanka. p.665.

5 그리고 어리석음은 악한 생각이나 행위에서 비롯된다. 어리석음은 탐욕과 성냄의 원인인 동시에 결과이기도 하다.

6 Dhs. 84 ; 각묵 옮김, 『담마상가니 1』, 초기불전연구원, 2016, p.490.

7 Dhs. 190 ; 참고) 각묵 옮김, 『담마상가니 2』, 초기불전연구원, 2016, p.285.

8 나라고 하는 자아관념에 대한 문제는 정준영, 『나, 버릴 것인가 찾을 것인가』, 운주사, 2008.

9 DhsA. 367 ; 참고) 각묵 옮김, 『담마상가니 2』, 초기불전연구원, 2016, p.285.
: 여기서 언급된 (10가지 가운데) 앞의 아홉에서는 중생들을 두고 일어났기 때문에 업의 길로 분류된다. 그러나 이 근거가 없이 원한이 생긴 것은 형성된 것들에 대해서 일어난 것이고 업의 길로 분류되지 않는다.

10 T. W. Rhys Davids and William, Stede. *Pali-English Dictionary*(PED) p.95
; 참고) D. I. 31 ; D. III. 72 ; S. I. 179 ; Vism. 306.

11 D. I. 3 : 참고) 전재성, 『디가니까야』, 한국빠알리성전협회, 2011, p.75.

12 S. I. 150 ; 참고) 전재성, 『쌍윳따니까야』 1, 한국빠알리성전협회, 2007, p.434.

13 S. I. 152 ; 참고) 전재성, 『쌍윳따니까야』 1, 한국빠알리성전협회, 2007, p.438.

14 PED. 393 ; 참고) D. I. 25, 34 ; D. III. 257, 282 ; S. IV. 71 ; A. I. 87,
200 ; Dhs 1060 ;Monier Williams 1988. *Sanskrit English Dictionary* Oxford.
p.1287.

15 D. I. 24 ; 참고) 전재성, 『디가니까야』, 한국빠알리성전협회, 2011, p.102.

16 S. I. 13 ; 참고) 전재성, 『쌍윳따니까야』 1, 한국빠알리성전협회, 2006, p.138.

17 SA. I. 50.

18 Sn 371 ; 참고) 전재성, 『숫타니파타』, 한국빠알리성전협회, 2004 p.235.

19 PED. 399, 635 ; Pug 18 ; Dha. 1060 ; 참고) paṭivirata D. I. 5 ; M. III.
23 ; S. V. 468.

20 PED. 229 ; M. I. 27, 96 ; D. III. 159 ; S. IV. 305 ; A. I. 124.

21 M. I. 30 : 참고) 전재성, 『맛지마니까야』, 한국빠알리성전협회, 2009. p.124
; 대림, 『맛지마니까야』 1권, 초기불전연구원, 2012, p.236.

22 A. I. 124 ; 참고) 전재성, 『앙굿따라니까야』 3, 한국빠알리성전협회, 2007,
p.71 ; 대림, 『앙굿따라니까야』 1권, 초기불전연구원, 2006, p.341.

23 참고) PED. 654 : vi+āpajjati, to go wrong, to fail, disagree, to be troubled,
to do harm, to injure. 비고) PED. 101 : āpajjati, to under go, to make,

to produce.

24 Vism. III. § 80~1.

25 PED. 332 ; 참고) DA. I. 116.

26 S. I. 98 ; M. I. 47, 489 ; A. I. 134, 201 ; It 45.

27 D. III. 45, 246 ; A. V. 156 ; Sn. 116 ; S. II. 206 ; 참고). 또한 adhikodhita는(PED.
28) 매우 화난 상태를 표현하기도 한다.(J. V. 117).

28 PED. 228 : A. I. 91, 95, 283 ; M. I. 36 ; S. I. 41, 169, 240 ; Sn 245, 537.

29 D. III. 45 ; 참고) 전재성, 『디가니까야』, 한국빠알리성전협회, 2011. p.1089,
1093.

30 PED. 654 ; D. I. 71, 246 ; D. III. 70 ; S. I. 99 ; S. II. 151 ; A. I. 194,
280 ; A. II. 14, 210. A. III. 92.

31 D. III. 70 : 참고) 전재성, 『디가마니까야』, 한국빠알리성전협회, 2011, p.1148.

32 A. I. 194 ; 참고) 전재성, 『앙굿따라니까야』 3, 한국빠알리성전협회, 2007,
p.202.

33 M. I. 287 ; 참고) 전재성, 『맛지마니까야』 한국빠알리성전협회, 2009, p.511.

34 S. IV. 343 ; 참고) 전재성, 『쌍윳따니까야』 4, 한국빠알리성전협회, 2007, p.1074.

35 PED. 260 ; D. I. 90 ; S. I. 176 ; S. II. 242 ; A. II. 109.

36 D. I. 90 ; 참고) 전재성, 『디가니까야』, 한국빠알리성전협회, 2011, p.191
; A. II. 46 : 분노에 빠져 올바른 가르침을 존중하지 않는 자.

37 PED. 89 ; Pug 18 ; Dhs 418, 1066, 1115, 1341.

38 PED. 24.

39 It. 87 : 이띠웃다까는 이 마음이 성냄의 원인이라고 설명한다.

40 PED. 577 ; J. IV. 316.

41 A. I. 185 : 사선정과 사무량심을 통한 탐진치 삼독심의 제거에 대해서 설법.

42 A. I. 135 : 참고) 전재성, 『앙굿따라니까야』 3권, 한국빠알리성전협회, 2007,
p.96.

43 A. III. 338 : 참고) 전재성, 『앙굿따라니까야』 6권, 한국빠알리성전협회, 2007,
p.135.

44 A. II. 146 : so aparena samayena taṇhaṃ nissāya taṇhaṃ pajahati, Taṇha-

sambhūto ayaṃ bhagini kāyo taṇhaṃ nissāya taṇhā pahātabbā ti. 비고) 대림, 「앙굿따라니까야」 2권, 초기불전연구원, 2006, p.344 ; 전재성, 「앙굿따라니까야」 4권, 한국빠알리성전협회, 2007, p.325.

45 참고) 홍사성 옮김, 「근본불교 이해」, 불교시대사(增谷文雄, 「根本佛敎」), 1992, p.174f : 부처님의 설법이 모두 욕망을 일방적으로 부정하는 것이라고 생각한다면, 그것은 부처님의 가르침을 정당하게 이해하고 받아들였다고 보기 어렵다. 그 반증은 다음 세 가지를 통해 확인 할 수 있다. 1) 부처님은 언제나 이욕離欲이 아니라 이탐離貪을 설명하고 있다. 욕망을 다 없애라는 것이 아니라 갈애를 다 없애라고 가르치고 있는 것이다. 2) 고행이란 인간의 욕망을 금압하는 행위를 말한다. 그런데 그와 같은 고행, 즉 금욕주의는 아무런 쓸모가 없다는 것이다. 3) 부처님의 설법이 자주 소욕少欲을 칭찬하고 지족知足을 강조하고 있다.

46 It. 2 ; 참고) 전재성, 『이띠붓따까―여시어경』, 한국빠알리성전협회, 2012, p.56.

47 S. IV. 19 : 참고) 전재성, 『쌍윳따니까야』 4권, 한국빠알리성전협회, 2007, p.116.

48 정준영, 「대념처경에서 보이는 수념처의 실천과 이해」, 『불교학연구』 제7호. 2003 ; 참고) 초기불교의 열반은 빠알리어로 '닙바나(nibbāna)'이다. '닙바나'는 초기불교 안에서 언어적으로 다양한 의미로 해석된다. 먼저 가장 자주 볼 수 있는 닙바나는 '불을 끈다'는 의미이다. 이러한 이해에는 크게 두 가지 방식이 있다. 열반의 의미를 지닌 산스크리트어 'nirvāṇa'의 'vā'는 '불다(to blow, nir+vā)'는 의미를 지니고 있다. 여기서 '분다'는 것은 불어서 '불을 끈다'는 의미를 지닌다. 다시 말해 번뇌의 불을 불어서 소멸시키는 것이다. 타오르는 불을 소멸시키는 방법으로는 부는 것 외에도 재료를 공급하지 않거나 타고 있는 재료를 빼내는 방법도 있다. 따라서 'vṛ'를 '불을 덮는다(to cover, nir+vṛ)'로 이해하는 방식 역시 가능하다. '불을 불어서 끈다'는 해석은 마치 외부의 바람이나 어떤 외적 힘에 의해서 소멸시킨다는 뉘앙스를 지닌 반면에, '불을 덮는다'는 해석은 불에 더 이상의 연료를 공급하지 않거나 불이 만들어지는 원인을 없애는 것으로, 외적 영향이 아닌 내적인 해결책으로 볼 수 있다. 아상가 틸라까라뜨네 (Asanga Tilakaratne)는 열반은 어떤 외부의 힘을 가해 번뇌의 불을 끄는 것이 아니라 자기 자신의 노력으로 그렇게 하는 것이기 때문에 번뇌의 원인을 제공하

기 않는다는 차원(vṛ)이 열반의 의미와 가깝다고 설명한다. 참고) Asanga Tilakaratne, *Nirvana and Ineffability*. Postgraduate Institute of Pali and Buddhist Studies, University of Kelaniya, 1993 p.56 ; 공만식, 장유진 옮김, 『열반, 그리고 표현불가능성』, 씨아이알, 2007, p.129.

49 Sn. 235 : nibbanti dhīrā yathāyampadīpo idampi saṅgha ratanaṃ paṇītaṃ ; 전재성, 『숫타니파타』, 한국빠알리성전협회, 2004 : "그에게 과거(의 業)은 소멸하고 새로운 태어남은 없으니, 마음은 미래의 생존에 집착하지 않고, 번뇌의 종자를 파괴하고 그 성장을 원치 않으니, 현자들은 등불처럼 꺼져서 열반에 드시나니, 상가에게야말로 이 훌륭한 보물이 있으니, 이러한 진실로 인해서 모두 행복하여 지이다."

50 T. W. Rhys Davids and William, Stede. *Pali-English Dictionary*(PED) p.33, p.38 ; *(anu + passati)* to look at, contemplate. (반복하여) 보다, 관찰, 응시하다.

51 D. II. 299, M. I. 59 : Kathañ ca bhikkhave bhikkhu citte cittānupassī viharati? Idha bhikkhave bhikkhu sarāgaṃ vā cittaṃ 'sarāgaṃ cittan ti' pajānāti, vītaragaṃ vā cittaṃ 'vītarāgaṃ cittan ti' pajānati ······ vimuttaṃ vā cittaṃ 'vimuttaṃ cittan ti' pajānāti, avimuttaṃ vā cittaṃ 'avimuttaṃ cittan ti' pajānāti. 참고) D. I. 80, S. II. 122.

52 정준영, 「대념처경에서 나타나는 심념처에 대한 연구」, 『한국불교학』 53호, 2009 ; PED. 332쪽 sadosa : corrupted, depraved, wicked (D. I. 80, A. I. 112).

53 S. I. 41.

54 PED. p.643 vītadosa : without anger (Sn. 12) free from hate ; Maurice Walshe, 1996, p.340 ; without anger ; Anālayo, 2003, p.173 ; 성냄이 없는(중앙승가대학교 역경학과 2006, p.50).

55 「상윳따니까야」를 통하여 탐욕의 제거는 수행자를 열반으로 이끈다고 설명한다. '벗이여, 탐욕(rāga)과 성냄과 어리석음이 제거된 것을 열반(涅槃, nibbāna)이라고 부릅니다.'(S. IV. 251) 즉 탐욕을 제거하는 것이 삶의 짐을 덜어내는 것이며 윤회의 고리로부터 벗어나는 길이다.(S. I. 16, S. I. 220, Sn v.706, A. V. 261, A. III. 43, M. I. 5, I. 65, I. 236 비고) Dhp. 251 : 탐욕과 같은 불이

없고 성냄에 견줄 포획자가 없다. 어리석음과 같은 그물이 없고 갈애에 견줄 강이 없다.

56 세 번째는 (3) '사도사' 마음으로, 주석서에 따르면 두 가지 정신적 괴로움과 함께한 마음을 말한다. 이들은 『아비담맛따상가하』의 '성냄을 뿌리로 하는 마음' 2가지 마음과 비교될 수 있다. 이 두 가지는 정신적 괴로움을 수반하고 분노와 결합되고, 자극받지 않고 일어나는 마음 하나(Domanassasahagataṃ paṭighasampayuttaṃ asankhārikam ekaṃ)와 '정신적 괴로움을 수반하고 분노와 결합되고, 자극받고 일어나는 마음 하나(Domanassasahagataṃ paṭigha-sampayuttaṃ sasankhārikam ekaṃ)이다. 네 번째 마음은 (4) '위따도사(vītado-sa)' 마음이다. 이 마음은 대상을 향한 성냄이나 싫어함이 없는 상태를 말한다. 이 상태 역시 단지 성냄이 없는 상태만을 나타내는 것이 아니라 성냄이 없음으로 인하여 자비롭고(metta), 관대하고, 친절한 적극적인 선한 상태를 말한다. 주석서에 따르면 이 마음은 10가지 마음으로 해로운 마음 12가지 중에서 성냄을 뿌리로 하는 2가지 마음을 뺀 것을 말한다. 다시 말해 탐욕을 뿌리로 하는 8가지와 어리석음을 뿌리로 하는 2가지 마음을 합한 것에 해당한다고 볼 수 있다.

57 Bhikkhu Khantipalo, *Calm and Insight - A Buddhist Manual for Meditators*, Curzon Press, 1981, p.38.

58 Sn. 499 : 치달지도 않고 뒤처지지도 않아, 모든 것이 허망한 것임을 알고 탐욕을 버린(vītarāga), (성냄을 버린〔vītadosa〕, 어리석음을 버린〔vītamoha〕) 수행승은 마치 뱀이 묵은 허물을 벗어버리는 것처럼 이 세상도 저 세상도 다 버린다 ; 참고) 전재성, 『숫타니파타』, 한국빠알리성전협회, 2004, p.59. 비고) Sn. 11, 12, 13.

59 D. II. 300.

60 S. V. 63, 140.

61 S. V. 121ff, A. III. 230 ; 참고) 정준영, 「사마타와 위빠사나의 의미와 쓰임에 대한 일고찰」, 『불교학연구』 12호, 2005.

62 D. II. 313 : "비구들이여, 바른 집중(Sammā-samādhi, 正定)이란 무엇인가? 여기 비구는 감각적 욕망에서 벗어나고 불선한 법으로부터 떠나서, 일으킨

생각이며 머무는 생각이며, 벗어남에서 일어난 희열과 즐거움인 첫 번째 선정을 성취하며 머무른다. 일으킨 생각과 머무는 생각이 가라앉음으로써 내적인 고요와 마음이 한곳으로 집중된, 일으킨 생각과 머무는 생각이 없는 집중에서 생겨나는 희열과 즐거움을 갖춘, 두 번째 선정을 성취하며 머무른다. 희열이 사라짐으로써, 평정과 마음챙김과 바른 알아차림으로 머문다. 그리고 몸으로 즐거움을 느낀다. 성인들은 이것을 일컬어 평정과 마음챙김이 있는 즐거움으로써 머무는 자라고 말하는 세 번째 선정을 성취하며 머무른다. 즐거움과 괴로움이 끊어짐으로써, 그리고 예전의 정신적인 즐거움과 정신적인 괴로움이 제거됨으로써 괴롭지도 않고 즐겁지도 않은, 맑고 청정한 평정과 마음챙김인 네 번째 선정을 성취하며 머무른다. 이것을 바른 집중이라고 한다."

63 위슷디막가(Vism. 141)에 따르면 5가지 선정의 요소는 5가지 장애와 상충하여 나타난다 : samādhi kāmacchandassa paṭipakkho, pīti vyāpādassa, vitakko thīnamiddhassa, sukhaṃ uddhacca-kukkuccassa, vicāro vicikicchāyā.

64 ①자관慈觀을 닦을 것(慈相의 획득 mettāimittassa uggaho), ②자관慈觀에 전념할 것(慈觀 수행에의 노력 mettāhāanāuyogo), ③업은 자신의 것임을 생각할 것(자신이 지은 업의 자성을 관찰kammassakatāaccavekkhaṇā), ④자관의 좋은 점과 분노의 해로움에 대해서 깊이 생각할 것(관찰을 많이 닦을 것 paṭsaṅhāabahulīatā), ⑤분노를 잘 다스리는 좋은 벗을 가까이 할 것(선지식 kalyāṇ-mittatā), ⑥자관의 이로움과 분노의 불이익에 대한 말을 할 것.

65 M. I. 424 ; 참고) 전재성, 『맛지마니까야』, 한국빠알리성전협회, 2009, p.708.

66 참고) 박성현 공역, 『자비의 심리학』, 학지사, 2014.

67 M. I. 424 : mettaṃ hi te Rāhula bhāvanaṃ bhāvayato yo byāpādo so pahīyissati.

68 A. III. 446 ; A. IV. 353, 358 : dosa(vyāpāda)ssa pahānāya mettā bhāvitabbā. 참고) A. I. 183, A. I. 136, 196 ; A. II. 128, 184 ; A. III. 225 ; A. V. 299, 344. ; D. I. 250 ; M. I. 38, 283, 297, 351, 369 ; M. II. 76, 195, 207 ; M. III. 81, 146 ; S. IV. 296, 322, 351 ; S. V. 115.

69 Vism 97, 295~325.

70 참고) 일중, 「남방 상좌불교 전통에서의 자애관 수행법」, 『구산논집』, 2004.

71 정준영·성승연, 「초기불교의 상담사례 연구」, 『불교학보』 71집, 불교문화연구

원, 2015.

72 A. I. 197 : 참고) 전재성,『앙굿따라니까야』3, 한국빠알리성전협회, 2007, p.208.

73 A. II. 46 ; 참고) 전재성,『앙굿따라니까야』4, 한국빠알리성전협회, 2007, p.138.

74 D. I. 94 ; 참고) 전재성,『디가니까야』, 한국빠알리성전협회, 2011, p.195.

75 Sn. 354.

76 Dhp. 260.

77 PED. 542.

78 각묵 옮김,『디가니까야』, 초기불전연구원, 2006, p.265.

79 Rhys Davids, *Dialogues of the Buddha*. III PTS. 1977.

80 Maurice Walshe, *The Long Discourses of the Buddha*. BPS. 1996, p.371.

81 Bhikkhu Bodhi, *The Middle Length Discourses of the Buddha*. BPS. 1995, p.350.

82 D. III. 3 ; 참고) 전재성,『디가니까야』, 한국빠알리성전협회, 2011, p.1048.

83 M. I. 69.

84 M. I. 257 ; 참고) 전재성,『맛지마니까야』, 한국빠알리성전협회, 2009, p.465.

85 '모가뿌리사'라는 표현은 경전의 여러 곳에서 나타난다. M. II. 428 : 전재성, 『맛지마니까야』, 한국빠알리성전협회, 2009, p.715 ; M. III. 208 : 전재성, 『맛지마니까야』, 한국빠알리성전협회, 2009, p.1473.

86 D. II. 154 : 참고) 전재성,『디가니까야』, 한국빠알리성전협회, 2011, p.800.

87 D. II. 135f ; 참고) 전재성,『디가니까야』, 한국빠알리성전협회, 2011, p.780.

88 M. I. 320 : 참고) 전재성,『맛지마니까야』, 한국빠알리성전협회, 2009, p.566.

89 Vin. I. 349 : 참고) 전재성,『마하박가-율장대품』1, 한국빠알리성전협회, 2014, p.872.

90 Vin. I. 9 : 참고) 전재성,『마하박가-율장대품』1, 한국빠알리성전협회, 2014, p.104.

91 M. III. 221 ; 참고) 전재성,『맛지마니까야』, 한국빠알리성전협회, 2009, p.1,490.

92 It. 84 ; 참고) 전재성,『이띠붓따까-여시어경』, 한국빠알리성전협회, 2012,

p.168.

93 Asanga Tilakaratne, "Personality Differences of Arahats and the Origin of Theravada." *Dhamma-Vinaya*. SriLanka Association for Buddhist Studies, 2005.

94 M. I. 523 ; 참고) 전재성, 『맛지마니까야』, 한국빠알리성전협회, 2009, p.844.

95 성인(ariya-puggala)의 성취는 어떠한 특정한 경험에 의해서 결정되기보다 수행자가 스스로 수행을 통하여 자신이 속박(족쇄, samyojana)(A. IV. 70 ; A. III. 85 ; Sn. 231 ; D. III. 234.)들로부터 얼마나 벗어났는가를 확인하는 것이 더욱 적절할 것이다. 성냄은 10가지 족쇄 중 오하분결의 하나로 불환과를 성취해야 완전히 제거된다. 같은 성인이라고 할지라도 일래과까지는 미세한 성냄이 남아있는 것이다. 따라서 불환과를 성취한 이후의 성인에게서 성냄을 찾아보기는 어렵다. 『마할리 숫따(Mahāli sutta)』는 '고귀한 여덟 가지 길(八正道)'을 따라 성인이 되는 과정을 설명하고 있다. "세존이시여, 무엇이 더 높고 더 훌륭한 법들이며 이것들을 깨닫기 위한 원인으로 비구들은 세존에게서 종교적 삶을 삽니까?" "마할리여, 여기 한 비구는 세 가지 속박(samyojana)들을 제거함으로 인해 결코 악계에 떨어지지 않으며 최상의 깨달음을 얻도록 확정되어진 예류과입니다. 마할리여, 실로 이것이 더 높고 더 훌륭한 법들이며 이것을 깨닫기 위한 원인으로 비구들은 나에게서 종교적 삶을 삽니다. 더 나아가 마할리여, 한 비구가 세 가지 속박들을 제거함으로써 탐, 진, 치를 줄임으로써 일래과입니다. 실로 한 번 이 세상을 돌아온 후에 고통의 끝을 만듭니다. ...... 더 나아가 마할리여, 한 비구가 다섯 가지 낮은 속박들(五下分結)을 제거함으로써 그 세상으로부터 다시 돌아오지 않는 화생자(化生者, 不還果)입니다. ...... 더 나아가 마할리여, 한 비구가 번뇌들을 제거함으로써 번뇌 없는 심해탈과 혜해탈을 지금 이 순간 특별한 지혜로 스스로 깨달아 성취하여 머무릅니다." ...... "세존이시여, 이러한 법들을 깨닫기 위한 방법과 길이 무엇입니까?" "이것은 바로 고귀한 여덟 가지 길(八正道)입니다." (D. I. 156).

1 『大智度論』卷31(大正藏 25, p.286下), "我心이 있기 때문에 我所가 발생한다. 아소의 마음이 발생하기 때문에 이익의 我가 있고 탐욕이 발생한다. 我에 거슬려 진에가 발생한다. 이 번뇌는 지혜로부터 발생하는 것이 아니라 狂惑으로부터 발생한다. 때문에 그것을 癡라 말한다. 삼독은 일체 번뇌의 근본이 된다(以我心故 生我所 我所心生故 有利益我者生貪欲 違逆我者而生瞋恚 此結使不從智生 從狂 惑生故 是名爲癡 三毒爲一切煩惱之根本)."

2 『華嚴經』卷33(大正藏 9, p.607上), "佛子 若菩薩摩訶薩起一瞋恚心者 一切惡中 無過此惡 何以故 佛子 菩薩摩訶薩起瞋恚心 則受百千障礙法門."

3 『大般涅槃經』卷15(大正藏 12, p.453中), "瞋有二種 一瞋衆生 二瞋非衆生 修慈心 者斷瞋衆生 修悲心者斷非衆生 復次瞋有二種 一有因緣 二無因緣 修慈心者斷有 因緣 修悲心者斷無因緣 復次瞋有二種 一者久於過去修習 二者於今現在修習 修 慈心者能斷過去 修悲心者斷於現在 復次瞋有二種 一瞋聖人 二瞋凡夫 修慈心者 斷瞋聖人 修悲心者斷瞋凡夫."

4 그것은 본고의 경우, 선종의 경우에 한정되는 만큼 수행납자들의 입장에서 분노에 대하여 번뇌의 측면과 발심 및 정진의 측면이라는 두 가지 인식과 그 해결에 중점을 두고, 나아가서 승화된 보살심으로 사회에 회향하려는 실천의 측면이 있음을 전제한 것이다.

5 達磨宗은 보리달마의 선법을 중심으로 형성된 선을 지칭하고, 佛心宗은 붓다의 심법을 전승한다는 것을 의미하며, 楞伽宗은 달마가 제자들에게 유훈으로 제시한 『능가경』의 전통을 계승했다는 것을 의미한다.

6 김호귀, 『달마어록』, 정우서적, 2012, pp.16~17.

7 이후에 선종에서 특히 중시되었던 『금강경』·『유마경』·『승만경』·『열반경』·『법 화경』·『화엄경』 등의 대승경전의 사상은 선종의 초조인 달마의 사상과 더불어 선종사상의 정체성을 형성시켜왔다.

8 鳩摩羅什, 『金剛般若波羅蜜經』(大正藏 卷8, p.748下), "世尊 善男子 善女人 發阿耨多羅三藐三菩提心 應云何住 云何降伏其心."

9 鳩摩羅什, 『金剛般若波羅蜜經』(大正藏 8, p.749上), "諸菩薩摩訶薩應如是降伏
其心 …… 何以故 須菩提 若菩薩有我相人相衆生相壽者相 卽非菩薩 復次須菩提
菩薩於法應無所住行於布施 所謂不住色布施 不住聲香味觸法布施."

10 天親, 『金剛般若波羅蜜經論』卷上(大正藏 25, p.781下), "廣大第一常 其心不顚
倒 利益深心住 此乘功德滿."

11 鳩摩羅什, 『金剛般若波羅蜜經』(大正藏 8, p.750中), "須菩提 忍辱波羅蜜如來說
非忍辱波羅蜜 何以故 須菩提 如我昔爲歌利王割截身體 我於爾時無我相無人相
無衆生相無壽者相 何以故 我於往昔節節支解時 若有我相人相衆生相壽者相應
生瞋恨 須菩提 又念過去於五百世作忍辱仙人 於爾所世無我相無人相無衆生相
無壽者相 是故須菩提 菩薩應離一切相發阿耨多羅三藐三菩提心 不應住色生心
不應住聲香味觸法生心 應生無所住心 若心有住則爲非住 是故佛說菩薩心不應
住色布施."

12 가리왕이 인욕보살에 대하여 할절신체를 가한 행위는 五蘊皆空에 대한 空의
바탕에서 이루어진 바라밀행으로 간주되기도 한다. "저 인욕한 것은 곧 지계바라밀
이었고, 안색이 불변한 것은 곧 선정바라밀이었으며, 오백 세 동안 인욕한 것은
곧 정진바라밀이었고, 중간에 있는 아상·인상·중생상·수자상이 없었다는 것은
곧 반야바라밀이었다(如灭辱 卽是持戒 顏色不變 卽是禪定 忍至五百世 卽是精
進 而中無我人等相 卽是般若也)." 『金剛經宗通』卷4(卍續藏 25, p.20上).

13 『天聖廣燈錄』卷8(卍續藏 78, p.455上~中), "僧問黃檗 如我昔爲歌利王割截身體
如何 檗云 仙人者 卽是你心 歌利王好求也 不守王位 謂之貪利 如今學人不積功
累德 見者便擬學 與歌利王何別 如見色時 壞却仙人眼 聞聲時 壞却仙人耳 乃至
覺知時 亦復如是 喚作節節支解 云 祇如仙人忍時 不合更有節節支解 不可一心
忍 一心不忍也 檗云 你作無生見 忍辱解 無求解 總是傷損 云 仙人被割時 還知痛
否〈檗云痛+?〉又云 此中無受者 是誰受痛 檗云 你旣不痛 出頭來覓箇甚麼
又僧問 何者是精進 檗云 身心不起 是名第一牢强精進 纔起心向外求者 名爲歌
利王愛遊臘去 心不外遊 卽是忍辱仙人 身心俱無 卽是佛道."

14 『佛祖歷代通載』卷9(大正藏 49, p549上), "又謂光統律師 菩提流支 數下毒害師
師遂不救 嗚呼甚哉." 이러한 일화는 "오호라. 이 얼마나 한심한 기록인가!
광통율사와 보리유지는 法門의 龍象이었는데, 어찌 달마대사에게 그럴 수 있었

겠는가. 이것들은 모두 글을 기록한 사람들의 오류이다"라는 말처럼 당시의
사회적인 분위기를 반영한 것에 불과하다. 그러나 달마의 선법이 보급되어가는
과정에서 교학과 선법 사이의 상호 오해에서 발생한 사실임은 분명하다.

15 『少室六門』「二種入」(大正藏 48, pp.369~370), "云何報冤行 謂修道行人 若受苦
時 當自念言 我從往昔 無數劫中 棄本從末 流浪諸有 多起冤憎 違害無限 今雖無
犯 是皆宿殃 惡業果熟 非天非人 所能見與 甘心忍受 都無冤訴 經云 逢苦不憂
何以故 識達故 此心生時 與理相應 體冤進道故 說言報冤行."

16 『碧巖錄』卷1(大正藏 48, p.140上), "擧梁武帝問達磨大師 如何是聖諦第一義
磨云 廓然無聖 帝曰 對朕者誰 磨云 不識 帝不契 達磨遂渡江至魏 帝後擧問志公
志公云 陛下還識此人否 帝云 不識 志公云 此是觀音大士 傳佛心印 帝悔 遂遣使
去請 志公云 莫道陛下發使去取 闔國人去 他亦不回."

17 그 가운데 하나는 제자들에게 『능가경』에 의하여 수행할 것을 유훈으로 부탁하였
다. 그럼에도 불구하고 지속적으로 자신에게 가해지는 해코지는 궁극적으로
자신의 신체에 대한 五蘊皆空 및 報怨行을 통한 安心法의 실천이었다.

18 隻履達磨의 모습은 선법이 중국의 땅에 뿌리내리게 되었다는 것을 상징적으로
표현한 것이다. 달마가 중국에 도래하여 정법안장의 후계자를 얻어 불법의
영원함을 실현했음을 보여주고 있다.

19 「大乘開心顯性頓悟眞宗論」(大正藏 85, p.1279中), "五種下心者 一誓觀一切衆
生作賢聖想自身作凡夫想 二者誓觀一切衆生作國王想自身作百姓想 三者誓觀
一切衆生作師僧想自身作弟子想 四者誓觀一切衆生作父母於自身作男女想 五
者誓觀一切衆生作曹主想自身作奴婢想."

20 김호귀 역, 돈황본 『달마어록』, 정우서적, 2012. pp.133~134. "又言 與弟子懺悔
答 將儞罪來 與汝懺悔 又言 罪無形相可得 知將何物來 答 我與汝懺悔竟 向舍去
意謂有罪須懺悔 旣不見罪 不須懺悔 又言 敎我斷煩惱 答 煩惱在何處 而欲斷之
又言 實不知處 答 若不知處 譬如虛空 知似何物 而言斷虛空."

21 『少室六門』「悟性論」(大正藏 48, p.371下), "迷時有罪 解時無罪 何以故 罪性空
故 迷時無罪見罪 若解時卽罪無罪 何以故 罪無處所故."

22 『景德傳燈錄』卷3(大正藏 51, p.219中), "光曰 我心未寧 乞師與安 師曰 將心來與
汝安 曰覓心了不可得 師曰 我與汝安心竟."

23 『景德傳燈錄』卷3(大正藏 51, p.220下), "師曰 弟子身纏風恙 請和尙懺罪 師曰 將罪來與汝懺 居士良久云 覓罪不可得 師曰 我與汝懺罪竟."

24 『景德傳燈錄』卷3(大正藏 51, p.221下), "有沙彌道信 年始十四 來禮師曰 願和尙 慈悲乞與解脫法門 師曰 誰縛汝 曰無人縛 師曰 何更求解脫乎 信於言下大悟服 勞九載."

25 『緇門警訓』卷1「長蘆慈覺賾禪師坐禪儀」(大正藏 48, p.1047中~下), "一切善惡 都莫思量 念起卽覺 覺之卽失 久久忘緣自成一片 此坐禪之要術也."

26 『宗鏡錄』卷29(大正藏 48, p.587上), "昔有禪師在山坐 見一孝子 擎一死屍來 向禪師前著 便哭云 何故 殺我阿母 禪師知是魔 思云 此是魔境 我將斧斫卻可不 得解脫 便於柱上取斧 遂斫一斧 孝子走去 後覺股上濕 便看 乃見血 不期自斫 斯乃正坐禪時 心中起見 遂感外魔 來入 行人心 不知皆由自心 或自歌舞等 元是 自心影像 故知若了唯心 諸境自滅 何處心外別有境魔耶 又昔有禪師坐 時見一豬 來在前 禪師將是魔 則緩擎把豬鼻拽 唱叫 把火來 乃見和尙自把鼻唱叫 明知由 心變 但修正定 何有魔事."

27 長水子璿, 『起信論疏筆削記』卷19(大正藏 44, p.402中).

28 여기에서는 개념의 혼동을 지양하기 위하여 선종의 의미를 전자의 경우에 해당하는 종파 내지 교단이라는 보편적인 의미로 대표하여 활용하기로 한다. 그리고 후자의 경우에 해당하는 경우에는 선의 종지라는 의미로 제한적으로 활용하기로 한다.

29 『大般涅槃經』卷29(大正藏 12, p.793中~下).

30 『宏智禪師廣錄』卷2(大正藏 48, p.26上), "擧 俱胝和尙 凡有所問 只竪一指."

31 天龍은 마조도일 — 대매법상으로 이어지는 법맥을 계승하였다. 항상 납자들에게 一指를 치켜들어 지시하였기 때문에 '天龍一指禪'이라 불렸다.

32 이와 같은 경우는 달마를 찾아갔던 神光의 발심과 참회를 비롯하여, 홍인의 의발을 혜능에게 양보해야 했던 神秀의 참회와 정진, 신라인으로서 사천성에서 크게 활약했던 淨衆無相의 발심과 정진, 혜능을 정통으로 내세우기 위하여 북종의 선자들에게 도전했던 하택신회의 분노와 정치적인 수단, 황벽에 대한 임제의현의 분발심 등 수많은 일례를 찾아볼 수가 있다.

33 『宏智禪師廣錄』卷2(大正藏 48, p.26上), "俱胝老子指頭禪 三十年來用不殘

信有道人方外術 了無俗物眼前看 所得甚簡 施設彌寬 大千刹海飮毛端 鱗龍無限落誰手 珍重任公把釣竿 師復豎起一指云看."

34 『宏智禪師廣錄』卷2(大正藏 48, p.26上~中), "臨濟問黃蘗 如何是佛法的的大意 蘗便打 如是三度 乃辭蘗見大愚 愚問 什麼處來 濟云 黃蘗來 愚云 黃蘗有何言句 濟云 某甲三問佛法的的大意 三度喫棒 不知有過無過 愚云 黃蘗恁麼老婆 爲爾得徹困 更來問有過無過 濟於言下大悟."

35 淨衆無相에 대한 기록은 無住, 『歷代法寶記』(774년 무렵 성립) 「無相傳」(大正藏 51, p.184下) ; 神淸, 『北山錄』卷6(大正藏 52, p.611中) ; 宗密, 『中華傳心地禪門師資承襲圖』와 『圓覺經大疏抄』卷三之下(卍續藏經 14, p.278中~下) ; 贊寧, 『宋高僧傳』卷19, 感通篇, 「唐成都淨衆寺無相傳」(大正藏 50, pp.832中~833上) ; 贊寧, 『宋高僧傳』卷9, 唐成都府淨衆寺神會傳(大正藏 50, p.764上~中) ; 贊寧, 『宋高僧傳』卷29, 唐資州山北蘭若處寂傳(大正藏 50, p.836中) ; 李商隱, 『唐梓州慧義精舍南禪院四證堂碑銘幷序』(836~840年 성립. 『全唐文』卷780) 등에 전한다.

36 『宋高僧傳』卷19(大正藏 50, p.832中), "入深溪谷巖下坐禪 有黑犢二交角盤礴於座下 近身甚急毛手入其袖 其令如氷 捫摸至腹 相殊不傾動 每入定多是五日爲度 忽雪深有二猛獸來 相自洗拭裸臥其前 願以身施其食 二獸從頭至足嗅匝而去 往往夜間坐床下搯虎鬚毛 旣而山居稍久衣破髮長 獵者疑是異獸將射之復止."

37 「勸修定慧結社文」(『普照全書』, 보조사상연구원, 1989), p.7, "罷會後 當捨名利隱遁山林 結爲同社 常以習定均慧爲務 禮佛轉經 以至於執勞運力 各隨所任而經營之 隨緣養性 放曠平生 遠追達士眞人之高行 則豈不快哉."

38 「勸修定慧結社文」(『普照全書』, 보조사상연구원, 1989), p.7, "噫夫欲出離三界而未有絶塵之行 徒爲男子之身 而無丈夫之志 上乖弘道 下闕利生 中負四恩 誠以爲恥."

39 『高峰原妙禪師語錄』(卍續藏 70, p.687中), "若謂着實參禪 決須具足三要 第一要有大信根 明知此事 如靠一座須彌山 第二要 有大憤志 如遇殺父冤讐 直欲便與一刀兩段 第三要 有大疑情 如暗地做了一件極事 正在欲露未露之時."

40 『高峰原妙禪師語錄』(卍續藏 70, p.690上), "入淨慈 立三年死限學禪 請益斷橋和尙 令參箇生從何來 死從何去 意分兩路 心不歸一 又不曾得他說做工夫處分曉

看看擔閣 一年有餘 每日只如箇迷路人相似 那時因被三年限逼 正在煩惱中 忽見
台州淨兄 說雪巖和尙當問儞做工夫 何不去一轉 於是欣然懷香 詣北磵塔頭請益
方問訊揷香 被一頓痛拳打出卽關却門 一路垂淚 回至僧堂."

41 깨달음을 궁극적인 목표로 간주하는 선수행에서는 보리달마 이후 중국에서
조사선이 형성되면서 깨달음이 지향해야 하는 방향을 보살도의 실천에서 추구
하였다. 이로써 선수행의 납자에 대하여 소승적인 이미지를 불식하고 대승의
이타행을 실천하는 이미지로 승화시켜가려는 의도에서 보살행을 강조하였다.
때문에 달마는 관음보살의 화현으로 간주되었고, 포대화상은 미륵보살의 화현
으로 간주되었으며, 한산과 습득은 각각 문수보살과 보현보살의 화현으로 간주
되었다.

42 『維摩詰所說經』卷中(大正藏 14, p.544中), "以一切衆生病 是故我病 若一切衆生
病滅 則我病滅."

43 『勝鬘師子吼一乘大方便方廣經』(大正藏 12, p.217下), "世尊 我從今日乃至菩提
若見捕養衆惡衆律儀及諸犯戒終不棄捨 我得力時 於彼彼處見此衆生 應折伏者而
折伏之 應攝受者而攝受之 何以故 以折伏攝受故令法久住 法久住者 天人充滿惡
道減少 能於如來所轉法輪 而得隨轉 見是利故救攝不捨."

44 『宏智禪師廣錄』卷3(大正藏 48, p.28下), "擧 睦州示衆云 裂開也在我 捏聚也在
我 僧問 如何是裂開 州云 三九二十七 菩提涅槃眞如解脫卽心卽佛 我且恁麼道
汝又作麼生 僧云 某甲不恁麼道 州云 盞子落地 楪子成八片 僧云 如何是捏聚
州斂手而坐."

45 『宏智禪師廣錄』卷3(大正藏 48, p.32中~下), "擧 壽聖云 月半前用釣 月半後用錐
僧便問 正當月半時如何 聖云 泥牛踏破澄潭月."

46 『宏智禪師廣錄』卷3(大正藏 48, p.32下), "師云 兩頭得用 壽聖作家 直下忘功
是誰體得 放行也互換尊賓 把住也不留朕跡 還有體得底麼 玉女夜抛梭 織錦於
西舍."

47 「저술과 번역에 대한 연기」(『용성대종사전집』 제5권, pp.274~276).

48 김광식, 「일제하의 역경」(『대각사상』 제5집, pp.64~78) 참조.

1 Kandel, E. R. (2013). *Principles of neural science* (5th ed.). New York: McGraw-Hill Medical.

2 LaVelle Hendricks, E., Sam Bore, P., Dean Aslinia, P., & Morriss, G. (2013). The Effects of Anger on the Brain and Body. *NATIONAL FORUM JOURNAL OF COUNSELING AND ADDICTION, 2*(1), 1-12.

3 Damasio, A. R. (1996). The somatic marker hypothesis and the possible functions of the prefrontal cortex. *Philosophical transactions of the Royal Society of London. Series B, Biological sciences, 351*(1346), pp.1413~1420.

4 Nummenmaa, L., Glerean, E., Hari, R., & Hietanen, J. K. (2014). *Bodily maps of emotions.* Proceedings of the National Academy of Sciences of the United States of America, 111(2), pp.646~651.

5 Purves D, Augustine GJ, Fitzpatrick D, et al., editors. Neuroscience. 2nd edition. Sunderland (MA): Sinauer Associates; 2001. Physiological Changes Associated with Emotion. Available from: http://www.ncbi.nlm.nih.gov/books/NBK10829/

6 Talarico, J. M., Berntsen, D., & Rubin, D. C. (2009). Positive Emotions Enhance Recall of Peripheral Details. *Cognition & emotion, 23*(2), pp.380~398.

7 Talarico, J. M., Berntsen, D., & Rubin, D. C. (2009). Positive Emotions Enhance Recall of Peripheral Details. *Cognition & emotion, 23*(2), pp.380~398.

8 Ohl, F., Michaelis, T., Vollmann-Honsdorf, G. K., Kirschbaum, C., & Fuchs, E. (2000). Effect of chronic psychosocial stress and long-term cortisol treatment on hippocampus-mediated memory and hippocampal volume: a pilot-study in tree shrews. *Psychoneuroendocrinology, 25*(4), pp.357~363.

9 Kragel, P. A., & LaBar, K. S. (2016). Decoding the Nature of Emotion in the Brain. [Review]. *Trends in cognitive sciences, 20*(6), pp.444~455.

10 Liberzon, I., Phan, K. L., Decker, L. R., & Taylor, S. F. (2003). Extended

amygdala and emotional salience: a PET activation study of positive and negative affect. *Neuropsychopharmacology : official publication of the American College of Neuropsychopharmacology, 28*(4), pp.726~733.

11 Savage, R. A., Lipp, O. V., Craig, B. M., Becker, S. I., & Horstmann, G. (2013). In search of the emotional face: anger versus happiness superiority in visual search. 〔Research Support, Non-U.S. Gov't〕. *Emotion, 13*(4), pp.758~768.

12 Lenroot, R. K., & Giedd, J. N. (2006). Brain development in children and adolescents: insights from anatomical magnetic resonance imaging. 〔Review〕. *Neuroscience and biobehavioral reviews, 30*(6), pp.718~729.

한의학 ｜ 감정과 기에서 본 분노

---

1 이동식 저, 『한국인의 주체성과 도』, 일지사, 1997, p.104 참조.

2 http://biz.chosun.com/site/data/html_dir/2016/07/25/2016072500213.html

3 약물배합의 원리에도 七情의 용어를 사용하고, 침구학 경전인 『황제내경, 영추』에도 많은 감정적인 용어를 인용한다.

4 게리 웬크 지음, 김윤경 옮김, 『감정의 식탁』, 알에이코리아, 2015 참조.

5 『도와 정신치료』(소암 이동식선생 고희기념논문집, 1991), pp.370. 또한 같은 책 pp.372~373에 "동양은 비언어적 지각, 실천, 현실, 그리고 인격 중심입니다. 서양은 무엇을 하는 데 관심이 있고, 동양에서는 어떻게 살아야 되나, 존재에 대한 관심이 있습니다. 서양은 계약 중심이고 동양은 신뢰 중심입니다. 그리고 공감(empathy)이란 것은 유교의 仁, 불교의 자비로서 완전하게 이루어질 수 있습니다. …… 환자에게 봄을 가져다줍니다. '인仁이란 동東이고 봄이다' …… 불교에서 보살은 수연응기제도隨緣應機濟度를 합니다. 환자의 근기에 맞추어서 인연(관계)에 따라 제도합니다. …… 정심淨心을 통해서 투사를 없앤다, 그리고 애증憎愛를 벗어난다, 이것이 궁극적인 수도의 목표입니다"라는 구절 참조.

6 정신치료는 精을 움직여서(移) 기운(氣)을 바꾼다(變)는 이정변기의 기본원리를

가지고 있다. 한의학 이론을 근거로 한 정신상담과 유사하다. 『類經』의 祝由 참조. "그러므로 반드시 먼저 그 병이 생긴 원인을 안 연후에 승법으로 이를 승하면 이정변기로 사기를 없앨 수가 있다(然必先知其病所從生之由 而後以勝法 勝之 則可移精變氣 祛其邪矣)."

7 진무택 저, 『진무택삼인방(권2)』, 台聯國風出版社, 1967, p.7, "七情者喜怒憂思悲 恐驚是也."

8 왕미거 저, 『중국고대의학심리학』, 貴州, 1988, p.21.

9 『靈樞·本神』, "必順四時而適寒暑, 和喜怒而安居處 …… 長生久視."

10 위의 책, "盛怒者, 迷惑而不治."

11 『素門·陰陽應象大論』에서는 "희노(기쁨과 분노)는 기를 상하게 하고, 한서(추움 과 더움)는 형(몸)을 상하게 한다. 지나친 노는 음기를 상하게 하고, 지나친 희는 양기를 상하게 한다(故喜怒傷氣, 寒暑傷形. 暴怒傷陰, 暴喜傷陽)"라고 말한다.

12 노먼 커즌즈 지음, 이정식 옮김, 『희망, 웃음과 치료』, 범양출판사, 1992, pp.170~205.

13 『소문·擧痛論』, "怒則氣上, 喜則氣緩, 悲則氣消, 恐則氣下, 寒則氣收, 炅則氣泄, 驚則氣亂, 勞則氣耗, 思則氣結."

14 『영추·憂恚無言』, "人之卒然憂恚, 而言無音."

15 『소문·음양응상대론』, "在變動爲握."

16 『소문·至眞要大論』의 戰慄, 驚, 惑, 悲, 笑, 譫妄, 衄衊血汗의 병은 모두 熱에 속한다. 예컨대 瞀瘛(갑자기 눈이 안 보이는 것), 冒眛(당황해서 어쩔 줄 몰라 하는 것), 躁擾(병으로 몸이 괴로워서 엎치락뒤치락하면서 안절부절 하는 것), 狂越(욕하는 것), 驚駭(놀라고 두려워하는 것), 부종(붓는 것), 疼痠(아프고 시림), 귀가 들리지 않는 것, 嘔·湧·溢(세 가지 모두 넘치는 것, 토하는 것과 연관), 음식이 내려가지 않는 것, 눈이 캄캄한 것, 설사, 瞤瘛(눈을 깜박이는 것처럼 떨고 경풍이 이는 것), 갑자기 병이 나거나 갑자기 죽는 병은 모두 火에 속한다.

17 『소문·음양응상대론』, "壯火之氣衰, 少火之氣壯, 壯火食氣, 氣食少火; 壯火散 氣, 少火生氣."

18 임은 지음, 문제곤 옮김, 『한의학과 유교문화의 만남』, 예문서원, 1999, pp.144~154.

19 이총보·유병범 편저, 『금원사대의가 학술사상연구』, 성보사, 1985, pp.12~16.

20 이총보·유병범, 위의 책, pp.72~73 ; 『儒門事親·九氣感疾更相爲治衍』.

21 이동원 『금원사대가의학전서』(上)(비위론, 안양심신조치비위론), 천진과학기술출판사, 1993, p.583. "凡怒忿悲思恐懼皆損元氣 陰火之熾盛 由心生凝滯 七情不安也."

22 이동원, 위의 책, p.574, "元氣之賊也. 火與元氣不兩立."

23 주단계, 『금원사대가의학전서(下)』 격치여론, 상화론, 천진과학기술출판사, 1993, p.934, "太極 動而生陽 靜而生陰 陽動而變 陰靜而合 …… 天主生物故恒於動 人有此生 亦恒於動 其所以恒於動 皆相火之爲也." ; 주단계, 같은 책, p.920, 양노론 참조.

24 주단계, 위의 책, p.918, "心君火也, 爲物所感則易動, 心動則相火亦動, 動則精自走. 相火翕然而起." 양유여음부족론 참조.

25 송대교, 『상화에 대한 현대의학적 인식』, 절강중의학잡지, 1993(권영규 총편, 논문으로 보는 중의학 총론 2), pp.146~150.

26 『영추·壽夭剛柔』, "伯高答曰 風寒傷形, 憂恐忿怒傷氣. 氣傷藏, 乃病藏; 寒傷形, 乃應形. 風傷筋脈, 筋脈乃應. 此形氣外內之相應也."

27 김하나, 『七情의 감정표현 방식에 대한 설문 연구』, 동신대학교 대학원, 2014, p.11.

28 『소문·風論』, "肝風之狀 …… 嗌乾善怒 …… 心風之狀 …… 善怒嚇."

29 성우용, 『칠정연구― 황제내경의 정서론을 중심으로』, 동의신경정신과학회지, 권244호, 2013. pp.452~467.

30 『소문·疏五過論』, "憂恐喜怒."

31 진혁, 『窮源正本論七情』, 吉林中醫藥, 2007, 27권 제2기, pp.3~4.

32 『영추·본신』, "肝氣虛則恐, 實則怒."

33 『소문·藏氣法時論』, "肝病者, 兩脇下痛引少腹, 令人善怒."

34 『소문·調經論』, "血有餘則怒."

35 『소문·生氣通天論』, "大怒則形氣絶而血菀於上, 使人薄厥."

36 『소문·거통론』, "怒則氣逆, 甚則嘔血及飧泄."

37 『영추·본신』, "腎盛怒而不止則傷志, 志傷則喜忘其前言."

38 『소문·음양응상대론』;『소문·육미지대론』 참고.

39 『소문·음양응상대론』, "故淸陽出上竅, 濁陰出下竅; 淸陽發腠理, 濁陰走五藏; 淸陽實四支, 濁陰歸六府."

40 周學海 著, 백상용 역,『국역평주 評註 讀醫隨筆』, 집문당, 2014, p.36.

41 『영추·본신』, "肝氣虛則恐 實則怒 心氣虛則悲 實則笑不休."

42 전합록 편저,『중의내상화병학』, 산서과학기술출판사, 1992, pp.109~132.

43 『영추·본신』, "德氣生精神魂魄心意志思智慮, 請問其故, 岐伯答曰, 天之在我者 德也, 地之在我者氣也, 德流氣薄而生者也, 故生之來謂之精, 兩精相搏謂之神, 隨神往來者, 謂之魂, 並精而出入者, 謂之魄."

44 장개빈 저, 안영민 譯,『유경(상)』, 한미의학, 2009, p.151.

45 『영추·본신』, "所以任物者, 謂之心, 心有所憶, 謂之意, 意之所存, 謂之志, 因志而 存變, 謂之思, 因思而遠慕, 謂之慮, 因慮而處物, 謂之智." ; 왕극근『중의신주학 설』, 중의고적출판사풀판, 1988, pp.33~39.

46 장개빈 저, 안영민 譯, 위의 책, pp.147~159.

47 賀娟,『內經對認知過程的解析及認知與五臟的對應關係』, 북경중의약대학학 보, 2007, 제30권 제3기, pp.153~159.

48 杜文東,『論"思"的事實及其臨床意意義』, 남경중의약대학학보(사회과학판), 2000, 1권 제2호, pp.100~101.

49 장종정 저, 구병수·이동원 譯,『儒門事親』권3, 동국대출판부, 2001, p.174 참조.

50 장종정, 위의 책, p.330, "以怒而激之, …… 其人大怒汗出."

51 왕미거·황신남 저,『중의심리학계량여비교연구』, 상해중의학원출판사, 1993, p.44.

52 『소문, 음양응상대론』, "悲勝怒, …… 恐勝喜, …… 怒勝思, …… 喜勝憂, …… 思勝恐."

53 『儒門事親·九氣感疾更相爲治衍』, "悲可以治怒, 以愴惻苦楚之言感之."

54 장종정, 위의 책 pp.174~178 참조.

55 『儒門事親·不寐』, "一富家婦人, 傷思慮過甚, 二年不寐, 無藥可療, 其夫求戴人治之. 戴人曰, 兩手脈俱緩, 此脾受之也. 脾主思故也, 乃與其夫, 以怒而激之, 多取其財, 飮酒數日, 不處一法而去, 其人大怒汗出, 是夜困眠. 如此者, 八九日不寐, 自是而食進 脈得其平."

56 『경악전서·詐病』, "一日二妾相競, 燕妾理屈, 其母助惡, 叫跳撒賴, 遂至氣厥若死. …… 予初入室, 見其肉厚色黑, 面靑目暝, 手撒息微, 及診其脈, 則伏渺如脫, 亦意其眞危也. …… 及著手再診, 則似有相嫌不容之意, 而拽之不能動, 此更可疑也. 因出其不意, 卒猛一扎, 則頓脫有聲, 力强且勁. 由是前疑始釋, 謂其將死之人, 豈猶力有如是乎? 乃思其脈之若此者, 或以肉厚氣滯, 此北人稟賦多有之也, 或以兩腋夾緊, …… 使聞灸法, 以恐勝之. …… 經曰 憂可胜怒, 正此謂也.

57 두통과 우울증을 앓고 있는 제민왕을 격노법을 사용하였다가 병은 완치하였으나 결국 임금의 분노로 죽음을 당한 일이 있다.

58 정보가 들어오는 것은 구심신경으로, 정보에 의한 행동양식은 원심신경(체신경과 자율신경)이 있는 것과 같다.

59 이제마 저, 『精校東醫壽世保元 초판본』, 동국대학교한의과대학 사상체질과, 2001. p.6, "棄禮而放縱者 名曰鄙人, 棄義而儌逸者名曰 懦人, 棄智而飾私者名曰薄人, 棄仁而極慾者名曰貪."

60 이제마, 위의 책, pp.6~7, "太陽人, 哀性遠散, 而怒情促急, …… 少陽人, 怒性宏抱, 而哀情促急."

61 이제마, 위의 책, p.7, "哀氣直升 怒氣橫升 喜氣放降 樂氣陷降."

62 이제마, 위의 책, p.8, "哀性極則怒情動, 怒性極則哀情動"

63 이제마, 위의 책, p.8, "太陽人, 哀極不濟, 則忿怒激外, …… 少陽人, 怒極不勝, 則悲哀動中."

64 이제마, 위의 책, p.7, "太陽人, 有暴怒深哀, 不可不戒, …… 少陽人, 有暴哀深怒, 不可不戒."

65 이제마, 위의 책, p.8, "行於交遇, 而怒別人之侮己也, … 怒衆人之相侮也."

66 이제마, 위의 책, p.8, "太陽少陽人, 但恒戒哀怒之過度, 而不可强做喜樂, 虛動不及也. 若强做喜樂而煩數之, 則喜樂不出於眞情, 而哀怒益偏也."

67 허준 저, 『동의보감 권1』, 대성문화사, 서울, 1981, pp.72~74.

68 허준, 위의 책, p.132, "眼耳鼻舌意〔是謂六慾, 皆由是氣."

69 허준, 위의 책, p.88, "自然六欲不生, 三毒消滅."

70 마백영·고희·홍중립 저, 정우열 역,『중외의학문화교류사』, 전파출판사, 1997, p.181.

71 다카사키 지키도 지음, 이지수 옮김,『유식입문』, 시공사, 2003, p.14.

72 橫山紘一 저, 묘주 譯,『유식철학』, 경서원, 1989, p.25.

73 서광 지음,『현대심리학으로 풀어본 유식 30송』, 불광출판사, 2003. p.184.

74 TD:『大正新修大藏經, 摩訶般若波羅蜜經釋論』『불의경』"得病有十因緣, …… 三者憂愁, …… 六者瞋恚."

75 TD:『大正新修大藏經, 摩訶般若波羅蜜經釋論』『대지도론』권14, "瞋恚其咎最深, 三毒之中無重此者, 九十八使中此爲最堅, 諸心病中第一難治."

76 전재성 역주,『쌍윳따니까야 전집』, 한국빨리성전협회, 2014, p.91.

77 https://ko.wikipedia.org/wiki/%EC%A7%84_(%EB%B6%88%EA%B5%90) 참조.

78 深浦正文 저, 전관응 역,『유식론해설』, 명심회간, 1993, pp.325~346 ; 김명우 엮음,『인간의 마음구조 알아보기』(현대불교연구원 1회 특강), 현대불교연구원, 2007, pp.116~131.

79 지산 엮음,『붓다의 길 위빠사나의 길』, 한길, 2005, p.187.

80 劉完素 찬, 조공수 주석,『素門玄機原病式(주석본)』, 인민위생출판사, 북경, 1983, p.116 참조.

81 고려대학교의 '물결21'프로젝트 http//corpus.korea.ac.kr

82 Henry Gleitman, James Gross, Daniel Reisberg,『Psychology』, W. W. NORTON & COMPANY, New York, London, 2010, p.493.

83 Nummenmaa L, Glerean E, Hari R, Hietanen JK.『Bodily maps of emotions』, JK.Proc Natl Acad Sci U S A. 2014, 14;111(2):646-51.

84 孫思邈,『備急千金要方 第二十七·調氣法』第五, 인민위생출판사, 1998, pp.582~583.『동의보감·氣』편에 조기결調氣訣에서도 비슷한 나온다. 예방적인 측면이 많이 있으며, 임상적인 활용 근거가 많을 것으로 보인다. "調氣之時, 則仰臥, 床鋪厚軟, 枕高下, 共身平, 舒手展脚, 兩手握固, 去身四五寸, 兩脚相去四五寸, 數數叩齒, 飮玉漿. 引氣從鼻入腹, 足則停止, 有力更取. 久住氣悶, 從口

細細吐出盡, 遠以鼻細細引入, 出氣一準前法, 閉口以心中數數, 令耳不聞, 能至
千則去仙不遠矣. 若天陰風雨, 大寒暑, 勿取氣, 但閉之."

85 정우열, 『불교의학과 한의학』, 제3의학 제2권 제2호(통권 제4호), 1997,
pp.489~497.

86 손사막 저, 이경영 校釋, 『備急千金要方 校釋』 인민위생출판사, 1998, p.582.

87 손사막 저, 이경영 校釋, 위의 책, p.580, "天竺國按摩, 此是婆羅門法. 兩手相捉紐
捩, 如洗手法. 兩手淺相叉, 翻覆向胸. 兩手相捉共按脛, 左右同. 兩手重按髀,
徐徐振身, 左右同. 以手如挽五石力弓, 左右同. 作拳向前筑, 左右同. 如拓石法,
左右同. 作拳却頓, 此是開胸, 左右同. 大坐斜身, 偏敧如排山, 左右同. 兩手抱頭,
宛轉髀上, 此是抽脅. 兩手据地, 縮身曲脊, 向上三擧. 以手反捶背上, 左右同.
大坐伸兩脚, 卽以一脚向前虛掣, 左右同. 兩手拒地回顧, 此是虎視法, 左右同.
立地反拗身, 三擧. 兩手急相叉, 以脚踏手中, 左右同. 起立, 以脚前後虛踏, 左右
同. 大坐伸兩脚 用當相手勾所伸脚著膝中, 以手按之, 左右同. 上十八勢, 但是老
人日別能依此三遍者, 一月后百病除, 行及奔馬, 補益延年, 能食, 眼明輕健, 不夏
疲乏."

88 그림은 지인의 아들인 장원석 군이 그렸고, 노고에 감사드린다.

89 손사막 저, 이경영 校釋, 위의 책, p.576, "莫憂思, 莫大怒, 莫悲愁, 莫大懼, 莫
跳踉, 莫多言, 莫大笑. 勿汲汲于所欲, 勿悁怀忿恨, 皆損壽命. 若能不犯
者, 則得長生也. …… 戒勒身心, 常修善事也 …… 夫殺生求生."

90 巢元方, 『諸病源候論』 권13, 인민위생출판사, 1982, p.75. "『養生方·導引法』
云: 兩手向后, 合手拓腰向上, 急勢, 振搖臂肘, 來去七. 始得手不移, 直向上向下,
盡勢, 來去二七, 去脊, 心, 肺氣, 壅悶消散. 正坐, 幷膝頭, 足; 初坐, 先足指相對,
足跟外扒. 坐上, 少欲安穩, 須兩足跟向內相對. 坐上, 足指外扒, 覺悶痛, 漸漸擧
身似款便, 坐上. 待共兩坐相似, 不痛, 始雙豎脚跟向上, 坐上, 足指并反向外.
每坐常學. 去膀胱內冷, 膝風冷, 足疼, 上氣, 腰痛, 盡自消適也. 又云: 兩足兩指相
向, 五息止. 引心肺, 去咳逆, 上氣. 極用力, 令兩足相向, 意止引肺中氣出, 病人行
肺內外, 展轉屈伸, 隨適, 無有違逆."

91 소원방, 위의 책, p.78, "『養生方·導引法』云: 偃臥, 以左足踵拘右足拇指, 鼻內氣,
自極七息, 除癖逆氣."

92 허재석,『제병원후론에 기재된 양생방도인법의 연구』, 동국대학교대학원 한의학과, 2003.

93 본 처방을 근저로 해서 한의학선도기술개발사업(2009~2011)이 국가지원으로 치매 치료제(KSOP1009) 개발을 수행했다.

94 王燾,『외대비요방·고금제가환방 일십칠수』, 북경, 華夏出版社, 1993, p.601. 영릉향薰陸香은 유향乳香을 의미한다. 이 약은『법화경』,『불설다라집경』,『광대보루각선주비밀다라니경』7 결단장법품에 나온다. 민태영 지음,『마음을 밝히는 붓다의 식물 108가지-불교경전 속 식물이야기-』, 운주사, 2014 참조.

95 지금의 우황청심환에는 황련, 우려량, 대극, 완화, 쌍백피, 감수, 천초, 세신, 전호, 자환, 정력자, 오공, 석석척은 들어가지 않는다. 우황청심환 30가지 중 16가지 약은 동일하게 일치한다.

96 강관 지음, 구병수 옮김,『名醫類案』, 동국대학교출판부, 2005, pp.863~864, "鄭子元由翰林補外十餘年矣, 不得賜還, 嘗佗傺無聊, 遂成心疾. 每疾作, 輒昏瞶如夢, 或發譫語, 有時不作, 無異平時. 或曰: 眞空寺有老僧, 不用符藥, 能治心疾. 往叩之, 老僧曰: 相公貴恙, 起于煩惱, 生于妄想. 夫妄想之來, 其幾有三, 或追憶數十年前榮辱恩仇, 悲歡離合, 及種種閑情, 此是過去妄想也. 或事到跟前, 可以順應, 卽乃畏首畏尾, 三番四復, 猶豫不決, 此是見在妄想也. 或期望日後富貴榮華, 皆如所願, 或期功成名遂, 告老歸田, 或期望子孫登榮, 以繼書香, 與夫不可必成, 不可必得之事, 此時未來妄想也. 三者妄想, 忽然而生, 忽然而滅, 禪家謂之幻心. 能昭見其妄, 而斬斷念頭, 禪家謂之覺心. 故曰: 不患念起, 惟患覺遲. 此心若同太虛, 煩惱何處安脚? 又曰: 相公貴恙, 亦原于水火之交, 何以故? 凡溺愛冶容而作色荒, 禪家謂之外感之欲. 夜深枕上思得冶容, 或成宵寐之變, 禪家謂之內生之欲. 二者之欲, 綢繆染著, 皆消耗元精. 若能離之, 則腎水滋生, 可以上交于心. 至若思索文字, 忘其寢食, 禪家謂之理障. 經綸職業, 不告劬勞, 禪家謂之事障. 二者之障, 雖非人欲, 亦損性靈. 若能遣之, 則心火不致上炎, 可以下交于腎. 故曰: 塵不相緣, 根無所偶, 返流全一, 六欲不行. 又曰: 苦海無邊, 回頭是岸. 子元如其言, 乃獨處一室, 掃空萬緣, 靜坐月餘, 心疾如失."

■ 책을 만든 사람들

박찬욱 (밝은사람들연구소장)

윤희조 (서울불교대학원대학교 불교와심리연구원장)

한자경 (이화여자대학교 철학과 교수)

정준영 (서울불교대학원대학교 불교학과 교수)

김호귀 (동국대학교 불교학술원 HK연구교수)

김문조 (고려대학교 사회학과 명예교수)

권석만 (서울대학교 심리학과 교수)

김광기 (동국대학교 일산병원 신경과 교수)

구병수 (동국대학교 일산한방병원 한방신경정신과 교수)

'밝은사람들연구소'에서 진행하는 학술연찬회에 관심이 있으신 분은
전화(02-720-3629)나 메일(happybosal@hanmail.net)로 연락하시면
관련 소식을 받아보실 수 있습니다.

분노, 어떻게 다스릴 것인가

초판 1쇄 인쇄 2016년 11월 8일 | **초판 1쇄 발행** 2016년 11월 16일
집필 구병수 외 | **펴낸이** 김시열
펴낸곳 도서출판 운주사

  (02832) 서울시 성북구 동소문로 67-1 성심빌딩 3층

  전화 (02) 926-8361 | **팩스** 0505-115-8361

ISBN 978-89-5746-472-4 94000   값 20,000원

ISBN 978-89-5746-411-3 (세트)

http://cafe.daum.net/unjubooks 〈다음카페: 도서출판 운주사〉